Einführung in die Industriebetriebslehre

von

Dr. Marcell Schweitzer
o. Prof. an der Universität Tübingen

Mit 51 Abbildungen

Sammlung Göschen Band 6046

Walter de Gruyter
Berlin · New York · 1973

ISBN 3 11 004146 4

Printed in Germany.

Satz und Druck: Saladruck, 1 Berlin 36.

Vorwort

Dieser Göschenband verfolgt den Zweck, in geraffter und leicht zugänglicher Form einen Überblick über den Wirtschaftsprozeß industrieller Unternehmungen zu geben. Er wurde in erster Linie für Studierende der Wirtschaftswissenschaft geschrieben. Wegen seines einführenden Charakters ist er aber auch geeignet, kaufmännischen Praktikern, Technikern und Ingenieuren den Weg zur neueren Konzeption der Industriebetriebslehre zu ebnen.

Bei der Wahl der Darstellungsweise bin ich davon ausgegangen, daß die möglichen Leser zwei verschiedene Gruppen bilden: die verbal orientierten und die mathematisch interessierten Leser. Daher habe ich die Problemgruppen qualitativer Art fachsprachlich-verbal dargestellt, während die Probleme quantitativer Art unter zusätzlicher Verwendung mathematischer Aussagensysteme modellmäßig formuliert und gelöst werden. Zum Verständnis der behandelten Modelle reichen jedoch Grundkenntnisse der Linearen Algebra und Analysis aus. Außerdem habe ich mich bemüht, den Zugang zu den Modellen dadurch zu erleichtern, daß ich in den meisten Fällen einfache, praktische Beispiele diskutiere. Durch dieses Vorgehen soll dem Leser zugleich eine Reihe von Anwendungsmöglichkeiten industriebetrieblicher Modelle gezeigt werden.

Die Industriebetriebslehre hat in den vergangenen Jahren eine deutlich erkennbare Entwicklung zu einer industriellen Unternehmungspolitik durchgemacht. Bei den faktischen Gestaltungsaufgaben, die damit auf sie zukommen, müssen Wechselbeziehungen zwischen technischen, sozialen und ökonomischen Komponenten gründlich erwogen werden. In dieser Situation müssen die Fachsprache, die theoretischen Erkenntnisse sowie die Gestaltungsmodelle gründlichen Analysen unterzogen werden, um bei der Bewältigung der täglichen industriebetrieblichen Praxis bestehen zu können. Diesen Anforderungen versuche ich sowohl in den betont verbalen als auch in den modellmäßigen Teilen dieses Bandes gerecht zu werden.

Bei der Überarbeitung des Manuskripts und bei der Drucklegung hat mich Herr Dipl.-Kfm. *Günter Otto Hettich* durch zahlreiche Hinweise und Anregungen unterstützt. Für diese wertvolle Hilfe bin ich ihm zu Dank verpflichtet.

Tübingen, im August 1972

Marcell Schweitzer

Inhalt

Vorwort 3

A. Grundlagen der Industriebetriebslehre 9

I. Das Verhältnis der Industriebetriebslehre zur Allgemeinen Betriebswirtschaftslehre 9

II. Charakterisierung des Industriebetriebes 10

1. Der Begriff des Industriebetriebes 10

2. Abgrenzung von Industriebetrieben und Handwerksbetrieben 11

3. Klassifikation von Industriebetrieben 13

III. Wissenschaftsziele der Industriebetriebslehre . . . 16

1. Theoretisches Wissenschaftsziel 16

2. Pragmatisches Wissenschaftsziel 17

IV. Das Modell als Aussagenform industriebetrieblicher Erkenntnisse 18

1. Begriff des Modells 18

2. Modellklassifikationen 19

3. Zwecke der Modellbildung 24

4. Anforderungen an industriebetriebliche Aussagensysteme 25

V. Zielkonzeptionen von Industriebetrieben 26

1. Stellung der Entscheidungsziele im Entscheidungsmodell 26

2. Arten industriebetrieblicher Entscheidungsziele . . 27

a) Materiale Entscheidungsziele 27

b) Soziale Entscheidungsziele 28

c) Formale Entscheidungsziele 28

3. Zielkombinationen industrieller Unternehmungen . 30

VI. Literaturhinweise zum Abschnitt A (Grundlagen der Industriebetriebslehre) 30

B. Die industriebetrieblichen Einsatzgüter 36

I. Industriebetriebliches Wirtschaften als Einsatzgüterkombination 36

1. Merkmale der Einsatzgüterkombination 36

2. Ordnungszusammenhänge industriebetrieblichen Wirtschaftens 38
a) Rechtsnormen als Ordnungsrahmen 38
b) Organisation als Ordnungsrahmen 40

II. Die menschliche Arbeitskraft als Einsatzgut 40
1. Der Einsatz menschlicher Arbeitskraft 40
a) Bestimmungsgrößen der Ergiebigkeit menschlicher Arbeitskraft 41
b) Optimierung des Einsatzes menschlicher Arbeitskraft 42
2. Die Entlohnung in Industriebetrieben 44
a) Prinzipien der Entlohnung 44
b) Industrielle Arbeitsbewertung 45
c) Industrielle Lohnformen 49
d) Industrieller Soziallohn 56
3. Industriebetriebliche Mitbestimmung 58

III. Der Werkstoff als Einsatzgut 59

IV. Die Betriebsmittelleistung als Einsatzgut 61

V. Literaturhinweise zum Abschnitt B (Die industriebetrieblichen Einsatzgüter) 63

C. Die Wahl des industriebetrieblichen Standorts 68

I. Die Standortwahl als Entscheidungsproblem 68

II. Bestimmungsgrößen des industriebetrieblichen Standorts 69

III. Modelle zur Bestimmung des optimalen Standorts . 71
1. Heuristische Standortmodelle 71
2. Optimierungsmodelle zur Standortbestimmung . 74

IV. Literaturhinweise zum Abschnitt C (Die Wahl des industriebetrieblichen Standorts) 78

D. Phasen der industriebetrieblichen Produktion 81

I. Industriebetriebliche Beschaffung 81
1. Abgrenzung von Beschaffung und Materialwirtschaft 81
2. Teilaufgaben der Beschaffung 83
3. Gegenstände der Beschaffungsentscheidungen . . 85
4. Planungsmodelle des Beschaffungsbereichs . . . 87
a) Prognosemodelle des Teilebedarfs 87
aa) Prognosemodell für den Bedarf an Baugruppen und Einzelteilen 87
bb) Prognosemodell der exponentiellen Glättung 93

b) Optimierungsmodelle zur Bestimmung optimaler Beschaffungsmengen 96
aa) Einvariablige Optimierungsmodelle des Beschaffungsprogramms 96
bb) Mehrvariablige Optimierungsmodelle des Beschaffungsprogramms 102

II. Industriebetriebliche Fertigung 111
1. Fertigungswirtschaftliche Grundprobleme 111
a) Reifephasen industrieller Produkte 111
aa) Forschung und Entwicklung 111
bb) Konstruktion und Berechnung 112
cc) Produktgestaltung 114
b) Standardisierung 115
c) Schutzrechtwesen 116
d) Organisation des Fertigungsprozesses 118
aa) Organisationstyp der Werkstattfertigung . 118
bb) Organisationstyp der Fließfertigung . . . 121
e) Fertigungsvorbereitung 126
aa) Fertigungsplanung 129
bb) Fertigungssteuerung (Ablauforganisation der Fertigung) 132
f) Die EDV als Hilfsmittel der Fertigungsvorbereitung 133
2. Planungsmodelle des Fertigungsbereichs 144
a) Netzwerke als Prognosemodelle des Fertigungsbereichs 144
b) Optimierungsmodelle des Fertigungsbereichs . 153
aa) Einvariablige Optimierungsmodelle . . . 153
α) Optimale Fertigungslosgröße 153
β) Optimale Werkstattlosgröße 154
bb) Mehrvariablige Optimierungsmodelle . . 157
α) Optimales Fertigungs- und Absatzprogramm 157
β) Optimales Fertigungs- und Absatzprogramm mit Teilefertigung 163
γ) Optimales Investitions- und Fertigungsprogramm 170
δ) Optimale Prozeßstrukturierung . . . 174
αα) Grundfragen der Reihenfolgeplanung 174

ββ) Minimierung der Terminüberschreitungen 177
γγ) Maschinenbelegungsplanung mit Prioritätsregeln 179
III. Literaturhinweise zum Abschnitt D (Phasen der industriebetrieblichen Produktion) 181

Sachverzeichnis 197

A. Grundlagen der Industriebetriebslehre

I. Das Verhältnis der Industriebetriebslehre zur Allgemeinen Betriebswirtschaftslehre

Die *Betriebswirtschaftslehre* ist die Lehre des Wirtschaftens in und zwischen Betrieben. Unter *Wirtschaften* ist dabei ein System menschlicher Handlungen zu verstehen, das die Bereitstellung und Verwendung knapper Mittel zum Zwecke der Bedarfsdeckung umschließt. *Betriebe* sind selbständige Wirtschaftseinheiten, die in einer Volkswirtschaft als *Haushaltungen (Konsumbetriebe)* oder *Unternehmungen (Produktionsbetriebe)* tätig sind. Sie können unter ökonomischem, technologischem, rechtlichem, soziologischem, medizinischem und anderem Aspekt betrachtet werden. Die Betriebswirtschaftslehre wählt von diesen Aspekten den ökonomischen zur Abgrenzung ihres Betrachtungsgegenstandes aus, wobei unter diesem Aspekt die Handlungen der Bereitstellung und Verwendung knapper Mittel analysiert, systematisiert, auf Regelmäßigkeiten überprüft und zielorientiert gestaltet werden.

Die Betriebswirtschaftslehre umfaßt neben einer Allgemeinen Betriebswirtschaftslehre eine Reihe von Besonderen Betriebswirtschaftslehren. Das Satzsystem der *Allgemeinen Betriebswirtschaftslehre* enthält rechnungs-, informations-, beschaffungs-, produktions-, kosten-, organisations-, investitions-, finanzierungs- und absatzbezogene Aussagen, die von einzelnen Wirtschaftsbranchen unabhängig sind. Dagegen richten die traditionalen *Besonderen Betriebswirtschaftslehren* ihre Aussagen auf abgrenzbare Wirtschaftszweige der Volkswirtschaft aus. Als wichtige Betriebswirtschaftslehren besonderer Wirtschaftszweige sind zu nennen: Industriebetriebslehre, Handelsbetriebslehre, Bankbetriebslehre und Verkehrsbetriebslehre. Diese Sonderlehren werden nach dem *institutionalen* Prinzip gebildet. Sonderlehren können jedoch auch nach dem *funktionalen* Prinzip abgegrenzt werden, das zu den speziellen

Lehren der Finanzierung, der Produktion, des Absatzes, usw. führt. Zweckmäßig verwendet man zur Konstituierung einer branchenbezogenen Speziallehre zunächst das institutionale und zur tieferen Unterteilung das funktionale Prinzip. Bei diesem Vorgehen wird erkennbar, daß die nach Funktionsbereichen untergliederten Einzelaussagen einer Speziallehre Konkretisierungsfälle der Einzelaussagen der Allgemeinen Betriebswirtschaftslehre darstellen. Streng genommen müßten nach diesem Muster die Aussagen der Allgemeinen Betriebswirtschaftslehre *Aussagen höherer Ordnung* sein, die bei branchenbezogener Konkretisierung ihrer Elemente unmittelbar zu den Aussagen einer Speziallehre mit einem niedrigeren Ordnungsgrad führen. Diese *Aussagenhierarchie* ist erst zu Teilen verwirklicht. Gegenwärtig nimmt die Industriebetriebslehre noch einen sehr starken Einfluß auf die Form und den Inhalt der Aussagen der Allgemeinen Betriebswirtschaftslehre.

II. Charakterisierung des Industriebetriebes

1. Der Begriff des Industriebetriebes

Unter einem *Industriebetrieb* versteht man eine selbständige Wirtschaftseinheit, die materielle Güter (Sachgüter) zum Zwecke der Fremdbedarfsdeckung in Verlags-, Manufaktur- oder Fabrikform produziert und absetzt.

Industriebetriebe haben in der Wirtschaftspraxis sehr viele Ausprägungsformen. Um zu erreichen, daß wissenschaftliche Aussagen für eine größere Zahl von ihnen gültig sind, müssen sie typisiert werden. Eine allgemeingültige *Typologie der Industriebetriebe* bzw. Industrieunternehmungen existiert nicht. Sie ist auch nicht angebracht, da eine Typenbildung nur in bezug auf einen bestimmten Untersuchungszweck oder eine Gruppe von Untersuchungszwecken sinnvoll ist. Eine Typisierung unterscheidet sich dadurch von einer Klassifikation, daß man zur Kennzeichnung eines Betrachtungsgegenstandes abstufbare Merkmale verwendet, deren verschiedene Ausprägungen durch eine Meßskala geordnet werden können. Bei Verwendung von n abstufbaren Beschreibungsmerkmalen wird allgemein von n-dimensionalen Typen gesprochen. Die bekanntesten Typisierungsansätze in der Industriebetriebslehre beziehen sich auf

a) industrielle Betriebstypen *(H. Funke / H. Blohm, K. Hax, W. Kalveram, W. Kern, E. Kosiol, K. Mellerowicz, E. Schäfer)*
b) industrielle Arbeitstypen *(K. Pentzlin)*
c) industrielle Verfahrenstypen *(P. Riebel)*
d) industrielle Programmtypen *(A. Heber/P. Nowak, E. Kosiol)*.

Nach ihrem Realitätsbezug sind *Idealtypen* und *Realtypen* zu unterscheiden. Idealtypen beschreiben faktisch nicht beobachtbare, erwünschte oder fiktive Erscheinungen. Realtypen dagegen beziehen sich auf Erscheinungen, die in der Realität beobachtbar und nachweisbar sind. Als Ansatz für die Bildung von Realtypen kann ein in Anlehnung an *E. Kosiol* entwickeltes Schema der Werksysteme angeführt werden (Abbildung 1). Dieses Schema stellt eine Klassifikation dar, die eine Reihe von Merkmalen enthält. Die verwendeten Merkmale sind in ihren Ausprägungen abstufbar und können daher zum Aufbau einer *Typologie der Werksysteme* herangezogen werden.

2. Abgrenzung von Industriebetrieben und Handwerksbetrieben

Die im Klassifikationsschema der Werksysteme erscheinende Grenze zwischen *Industriewerk* und *Handwerk* ist in der Realität des Wirtschaftens fließend. Das Klassifikationsschema ist lediglich ein erster Anhalt zur Präzision abstufbarer Merkmale, die in jeweils zu untersuchender Kombination und Ausprägung die einzelnen Werktypen kennzeichnen. Neben den im besprochenen Gliederungsschema verwendeten Merkmalen Art der Bedarfsdeckung, Organisation der Fertigungsstätten, Absatzorganisation, Werkleistungsentgelt und Grad der Technisierung können auch die Mitarbeiterzahl, das Unternehmungskapital, der Einsatz von Rechen- und Buchungsmaschinen (-automaten) und andere abstufbare Merkmale herangezogen werden. Ein Merkmal in einer bestimmten Ausprägung determiniert allein nur selten die Zugehörigkeit zu einem Werktyp. Schwächere Merkmalsausprägungen werden tendenziell die Handwerksbetriebe und stärkere die Industriebetriebe kenn-

<table>
<tr><th colspan="5">Gegenstand</th><th colspan="3">Bezeichnung</th></tr>
<tr><td colspan="5">Eigenbedarfsdeckung (Produktion für den eigenen Bedarf)</td><td colspan="3">Hauswerk</td></tr>
<tr><td rowspan="8">Fremdbedarfsdeckung (Produktion für den Markt)</td><td rowspan="6">Dezentralisierte Werkwirtschaft</td><td rowspan="3">Dezentralisierter Absatz</td><td rowspan="2">Uneigentliches Handwerk</td><td>Unständige Betriebsstätte (Wanderbetrieb)</td><td rowspan="8">Unternehmungswerk</td><td rowspan="3">Handwerk</td><td rowspan="2">Lohnwerk</td></tr>
<tr><td>Ständige Betriebsstätte</td></tr>
<tr><td colspan="2">Eigentliches Handwerk</td><td>Preiswerk</td></tr>
<tr><td rowspan="3">Zentralisierter Absatz</td><td rowspan="2">Heimarbeit</td><td>Eigenes Werkzeug und Material</td><td rowspan="5">Industriewerk</td><td rowspan="3">Verlagswerk</td></tr>
<tr><td>Fremdes Werkzeug und Material</td></tr>
<tr><td colspan="2">Werkstattarbeit (Werkstätten des Verlegers)</td></tr>
<tr><td rowspan="2">Zentralisierte Werkwirtschaft</td><td colspan="3">Manuelle Arbeitsteilung</td><td>Manufakturwerk</td></tr>
<tr><td colspan="3">Maschinelle Arbeitsteilung</td><td>Fabrikwerk</td></tr>
</table>

Abb. 1 Werksysteme

zeichnen. So lassen sich *Industriebetriebe* durch eine zentralisierte Werkwirtschaft, zentralisierten Absatz, einen höheren Technisierungsgrad, eine größere Mitarbeiterzahl, höheres Unternehmungskapital, einen intensiveren Einsatz von Rechen- und Buchungsmaschinen (-automaten) u. a. typisierend von *Handwerksbetrieben* mit entsprechend schwächeren Ausprägungen der erwähnten Merkmale abgrenzen. Eine klare und für alle Fälle verbindliche Grenze zwischen Industriebetrieben und Handwerksbetrieben existiert nicht. Dasselbe gilt auch für wissenschaftliche Aussagen erklärender und gestaltender Art in bezug auf diese zwei Betriebstypen.

3. Klassifikation von Industriebetrieben

Da das typisierende Vorgehen mit vielen Schwierigkeiten der Beschreibung und des Messens verbunden ist, soll als Vorstufe zur näheren Kennzeichnung der verschiedensten Industriebetriebsarten die *klassifizierende Beschreibung* gewählt werden. Nach der *Art der Produktionsaufgabe* bzw. der Stufe im volkswirtschaftlichen Produktionsprozeß lassen sich trennen:

a) Gewinnungsindustrie
   1. Gewinnung natürlicher Stoffe
      - Urproduktion (Abbau von Rohprodukten aus dem Naturverbund: z. B. Erze, Kali, Kohle)
      - Schlüsselindustrie (Aufbereitung der Rohprodukte: z. B. Hüttenwerke, Kokereien, Aufbereitungsanlagen)
   2. Gewinnung künstlicher Stoffe (z. B. Buna, Plastik, Perlon)

b) Energieerzeugung (z. B. Gas, Strom)

c) Verarbeitende Industrie
   1. Mischung von Stoffen (z. B. Futtermittelindustrie)
   2. Verbindung von Stoffen (z. B. Chemische Industrie)
   3. Bearbeitung von Stoffen (z. B. Walzwerke, Spinnereien)
   4. Montage von Teilen (z. B. Autoindustrie, Fertighausbau, Raketenbau)

d) Anlagenbau (z. B. Brückenbau, Schiffsbau, Hausbau, Straßenbau)

Nach dem *vorherrschenden Einsatzgut* lassen sich unterscheiden:

a) Materialintensive Industrie (z. B. Schuhindustrie, Bekleidungsindustrie, Kabelindustrie, Sägeindustrie)
b) Arbeitsintensive Industrie (z. B. Optische Industrie, Uhrenindustrie, Porzellanindustrie, Möbelindustrie, Maschinenbau, Hohlglasindustrie)
c) Energieintensive Industrie (z. B. Aluminium-Erzeugung, Stickstoffgewinnung, Hochofenwerke)
d) Anlagenintensive Industrie (z. B. Chemiefaser-Industrie, Erdölindustrie, Brauereiindustrie, Papierindustrie, Zementindustrie)
e) Umlaufintensive Industrie (z. B. Maschinenbau, Webereien, Schuhindustrie)

Nach dem *Absatzgut* (Marktleistung) sind u. a. zu differenzieren:

a) Autoindustrie
b) Bauindustrie
c) Fahrradindustrie
d) Kosmetische Industrie
e) Möbelindustrie
f) Pumpenindustrie
g) Verpackungsmaschinenindustrie

Nach dem *Einrichtungsbedarf* kann man beispielsweise trennen:

a) Baumaschinenindustrie
b) Elektromedizinische Industrie
c) Industrie für Molkereieinrichtung
d) Industrie für chirurgische Instrumente
e) Landmaschinenindustrie
f) Backofenbau-Industrie

Nach dem *Verwendungszweck* der produzierten Güter sind zu unterscheiden:

a) Investitionsgüterindustrie
b) Konsumgüterindustrie

Weitere Klassifikationen können nach einer Reihe anderer Merkmale durchgeführt werden. Einige aus dem Statistischen Jahrbuch für die Bundesrepublik Deutschland 1970 entnom-

Industriegruppe		Zahl der Betriebe (mit ≥ 10 Besch.)	Beschäftigte (in Tsd.)	Umsätze (in Mill. DM)
(a)	Grundstoff- und Produktionsgüter-industrien	11.590	1.810	156.255
	davon:			
	Chemische Industrie	2.096	596	50.527
	Eisenschaffende Industrie	148	335	30.563
	Mineralölverarbeitung	113	35	19.311
(b)	Investitionsgüter-industrien	16.975	3.959	203.497
	davon:			
	Maschinenbau	5.223	1.120	56.398
	Elektrotechn. Industrie	3.113	1.095	50.873
	Straßenfahrzeugbau	688	606	42.013
(c)	Verbrauchsgüter-industrien	21.493	2.010	90.056
	davon:			
	Bekleidungsindustrie	5.207	379	14.000
	Holzverarbeitende Industrie	2.952	223	11.810
(d)	Nahrungs- und Genußmittelindustrie	5.675	514	67.390
	davon:			
	Ernährungsindustrie	5.451	483	57.082
	Tabakverarbeitende Industrie	224	31	10.308
(a-d)	Verarbeitende Industrie	55.733	8.293	517.198
(e)	Bergbau	486	310	11.669
	Industrie insgesamt	56.219	8.603	528.867

Abb. 2 Struktur der westdeutschen Industrie 1970

mene statistische Kennzahlen sollen die Klassifikation industrieller Betriebe abrunden und einen Überblick über die *Struktur der westdeutschen Industrie* für das Jahr 1970 verschaffen (Abbildung 2).

III. Wissenschaftsziele der Industriebetriebslehre

1. Theoretisches Wissenschaftsziel

Die *Industriebetriebslehre* kann als die Lehre der Theorie und Politik des Wirtschaftens von industriellen Unternehmungen bezeichnet werden. Sie ist eine *Realwissenschaft* und bezweckt das Vermitteln von Aussagen über den industriellen Unternehmungsprozeß. Diese Aussagen können beschreibender, theoretischer oder pragmatischer Art sein, so daß man der Industriebetriebslehre ein *deskriptives, theoretisches* und *pragmatisches Wissenschaftsziel* zuordnen kann. Der Schwerpunkt liegt dabei auf der Erfüllung des theoretischen und des pragmatischen Wissenschaftsziels. Der frühere Streit in der Betriebswirtschaftslehre über die Ausschließlichkeit eines dieser beiden Wissenschaftsziele ist heute weitestgehend in eine Sowohl-als-auch-Konzeption aufgelöst, die ihre fruchtbare Bestätigung in einer stattlichen Zahl von angewandten Entscheidungsmodellen findet.

Theoretisch-empirische Satzsysteme (Theorien) liefern neben einer systematischen und vollständigen Beschreibung von Betrachtungsgegenständen auch die Möglichkeit von *Erklärungen und Prognosen* zu diesen Betrachtungsgegenständen. Sie enthalten neben singulären insbesondere generelle Aussagen, mit deren Hilfe Deduktionen und Reduktionen durchgeführt werden können. In einem derartigen Satzsystem stehen alle Sätze in einem logischen Ableitungs- und Implikationszusammenhang, der insbesondere eine Prognose singulärer Tatbestände zuläßt. Liegt ein Tatbestand vor, der durch einen Satz beschrieben wird und einer Erklärung zugeführt werden soll, so besteht das Problem darin, eine nomologische Hypothese zu formulieren und zu behaupten, aus der unter gegebenen Situationsbedingungen (Randbedingungen) der formulierte Satz abgeleitet werden kann. Der geschilderte Vorgang ist eine *wissenschaftliche Erklärung* des beschriebenen Tatbestandes. Hier werden Hypothesen und Bedingungen als bewirkende Ursachen des zu erklärenden Tatbestandes gekennzeichnet. Anders liegt der Sachverhalt bei der *wissenschaftlichen Prognose*. Sie bezweckt die Vorhersage eines bestimmten Tatbestandes für bestimmte Situationsbedingungen. Ausgehend von einer gut bestätigten nomologischen Hypothese wird für besondere Randbedingungen ein faktisch wahrer Satz abgeleitet, der den vorherzusagenden Tatbestand beschreibt. Erklärung und Prognose sind die beiden Hauptaufgaben von Theorien.

2. Pragmatisches Wissenschaftsziel

In der Industriebetriebslehre kann davon ausgegangen werden, daß ihre Aussagen letztlich dazu verwendet werden sollen, den industriellen Unternehmungsprozeß zielorientiert zu gestalten. Die einzelnen Ziele können ökonomischer, sozialer, kultureller und anderer Art sein. Gewöhnlich bildet ein ganzes *Zielbündel* die Leitmaxime industriebetrieblicher Tätigkeit. Ein wissenschaftliches Satzsystem mit diesem Instrumentalcharakter heißt *instrumentales Satzsystem* bzw. *Entscheidungsmodell*. Während der wissenschaftliche Standort der empirisch-theoretischen Aussagen(-systeme) die *Unternehmungstheorie* ist, sind die instrumentalen Aussagen(-systeme) der *Unternehmungspolitik* zuzuordnen. In ihrem Satzaufbau unterscheiden sich diese zwei Teilklassen von Aussagensystemen dadurch, daß die theoretischen nur deskriptive singuläre und generelle Sätze enthalten, während die instrumentalen Aussagensysteme zusätzlich eine (präskriptive) Zielsetzung umfassen. Die instrumentalen Aussagensysteme sind stets auf die Ableitung zielorientierter Handlungs-, Gestaltungs- oder Entscheidungsregeln zugeschnitten, mit deren Hilfe ökonomische Problemstellungen zu einer *optimalen* (extremalen bzw. satisfizierenden) *Lösung* gebracht werden sollen. Mit diesem pragmatischen Wissenschaftsziel unterscheiden sie sich eindeutig von den theoretisch-empirischen Satzsystemen, die ein theoretisches Wissenschaftsziel verfolgen. Das pragmatische Wissenschaftsziel der Realitätsgestaltung kann jedoch nur wahrgenommen werden, indem in den instrumentalen Satzsystemen auf die Prognosefunktion der Theorie zurückgegriffen wird.

IV. Das Modell als Aussagenform industriebetrieblicher Erkenntnisse

1. Begriff des Modells

In der Industriebetriebslehre werden wissenschaftliche Erkenntnisse bevorzugt durch Modelle ausgedrückt. Dies gilt insbesondere für die Entwicklung des Faches in den letzten 50 Jahren. Zur Gewinnung, Formulierung und Überprüfung industriebetrieblicher Erkenntnisse wird der Unternehmungsprozeß durch ein Aussagensystem reproduziert, an welchem eine Reihe analytischer und synthetischer Operationen zur Freilegung von Implikationen vorgenommen werden kann.

Ein *Modell* wird definiert als die strukturgleiche (isomorphe) bzw. strukturähnliche (homomorphe) Abbildung eines Teilzusammenhangs aus einem Betrachtungsgegenstand. Bisher ist es in der Betriebswirtschaftslehre noch nicht gelungen, ein Gesamtmodell des Unternehmungsprozesses zu entwickeln. Was in Wissenschaft und Praxis an Modellen vorgefunden wird, trägt deutlich das Merkmal einer *Abbildung von Ausschnitten.* Alle erkennbaren Bemühungen der Modellkonstruktionen gehen jedoch deutlich in Richtung einer möglichst großen Ausschnittserweiterung, d. h., in Richtung auf ein Gesamtmodell des Unternehmungsprozesses. Auch in bezug auf die Vollständigkeit und Vollzähligkeit der Abbildung von jeweils betrachteten Eigenschaften und Relationen im Unternehmungsprozeß ergeben sich Schwierigkeiten. So beschränken sich alle bekannten Modelle von Unternehmungsprozessen (bzw. Teilen daraus) auf die Abbildung der wichtigsten Teilstrukturen, so daß weniger wichtige (bzw. als solche definierte) Teilstrukturen unberücksichtigt bleiben. Eine vollständige Übereinstimmung der Problemstruktur mit der Satzstruktur, die *Isomorphie,* ist daher eine erstrebte und noch nicht erreichte Leitmaxime der Modellkonstruktionen. Die bisher in der Industriebetriebslehre vorliegenden Modelle sind mehr oder weniger strukturähnliche (homomorphe) Abbildungen von Teilzusammenhängen industrieller Unternehmungsprozesse bzw. deren Gestaltungsprobleme.

2. Modellklassifikationen

Die Festlegung eines Modells als die strukturgleiche bzw. strukturähnliche Abbildung eines Teilzusammenhangs der Realität ist eine sehr weite Begriffsdefinition. Diese ist bei der Vielzahl von bekannten Modellarten erforderlich und hat zugleich den Vorteil, daß übersichtliche und umfassende Modellklassifikationen entwickelt werden können.

In einer Modellklassifikation sollen Teilklassen nach folgenden unterschiedlichen Merkmalen gebildet werden:

a) Verschiedenheit der Wissenschaftsziele

b) Geltungsanspruch der Aussagen

Nach dem *Wissenschaftsziel* des jeweiligen Satzsystems lassen sich *Beschreibungsmodelle, Erklärungs- und Prognosemodelle (Theorien)* sowie *Entscheidungsmodelle* unterscheiden. Ein *Beschreibungsmodell* verfolgt ein deskriptives Wissenschaftsziel und gibt eine verbale oder schriftliche Darstellung singulärer Tatbestände im Betrachtungsgegenstand. Es ist als ein Satzsystem zu verstehen, das lediglich singuläre Sätze bzw. Satzverknüpfungen enthält. Derartige Modelle enthalten keine Sätze, die darüber Auskunft geben, warum eine Größe die beobachtete und keine andere Eigenschaft hat. Ihre Sätze erfassen vielmehr einen Betrachtungsgegenstand definitorisch und dokumentarisch in klassifikatorischer, komparativer oder quantitativer Form. Besondere Bedeutung haben in der Industriebetriebslehre die quantitativen Beschreibungsmodelle gewonnen, da sie als Begriffe Maßgrößen verwenden und damit die Möglichkeit schaffen, Messungen des Unternehmungsprozesses durchzuführen. Wegen der Verwendung von Maßgrößen wird eine Beschreibung durch mathematische Funktionen möglich. Die entstehenden Satzsysteme heißen mathematische Beschreibungsmodelle oder *Ermittlungsmodelle*. In die Teilklasse der Ermittlungsmodelle fallen mehrere Rechnungssysteme der Betriebswirtschaftslehre. Beispielhaft seien genannt:

Finanzbuchhaltung und Bilanzrechnung,
Betriebsbuchhaltung und Betriebsergebnisrechnung,
Stückkostenrechnung (Kalkulation),
Deckungsbeitragsrechnung,
Kapitalflußrechnung.

Im Gegensatz zu einem Beschreibungsmodell enthalten *Erklärungs- und Prognosemodelle* neben singulären Sätzen mindestens einen generellen Satz als nomologische Hypothese. Sie verfolgen ein theoretisches Wissenschaftsziel. Mit diesen Satzsystemen können wissenschaftliche Erklärungen und Prognosen gegeben werden. Als Beispiele betriebswirtschaftlicher Theorien lassen sich aufzählen:

Produktions- und Kostentheorie,
Organisationstheorie,
Absatztheorie,
Beschaffungstheorie.

Die Teilklasse der *Entscheidungsmodelle* enthält singuläre und generelle Sätze sowie eine Zielvorstellung. Entscheidungsmodelle sind instrumentale Satzsysteme und verfolgen ein pragmatisches Wissenschaftsziel. Zu dieser Art von Satzsystemen gehören:

Lineare Entscheidungsmodelle,
Nichtlineare Entscheidungsmodelle,
Parametrische Entscheidungsmodelle,
Dynamische Entscheidungsmodelle,
Stochastische Entscheidungsmodelle.

Zwischen den besprochenen Modellklassen besteht folgender Zusammenhang: Erklärungs- und Prognosemodelle implizieren stets deskriptive Satzsysteme (Beschreibungsmodelle), während Entscheidungsmodelle stets Erklärungs- und Prognosemodelle – und damit auch Beschreibungsmodelle – implizieren.

Eine weitere Unterscheidung der Modelle kann nach dem *Geltungsanspruch* der in ihnen auftretenden Aussagen getroffen werden. Dabei kann man einem realen Geltungsanspruch von Aussagen einen nicht-realen (idealen) gegenüberstellen, so daß Aussagen(-systeme) mit einem realen und solche mit einem

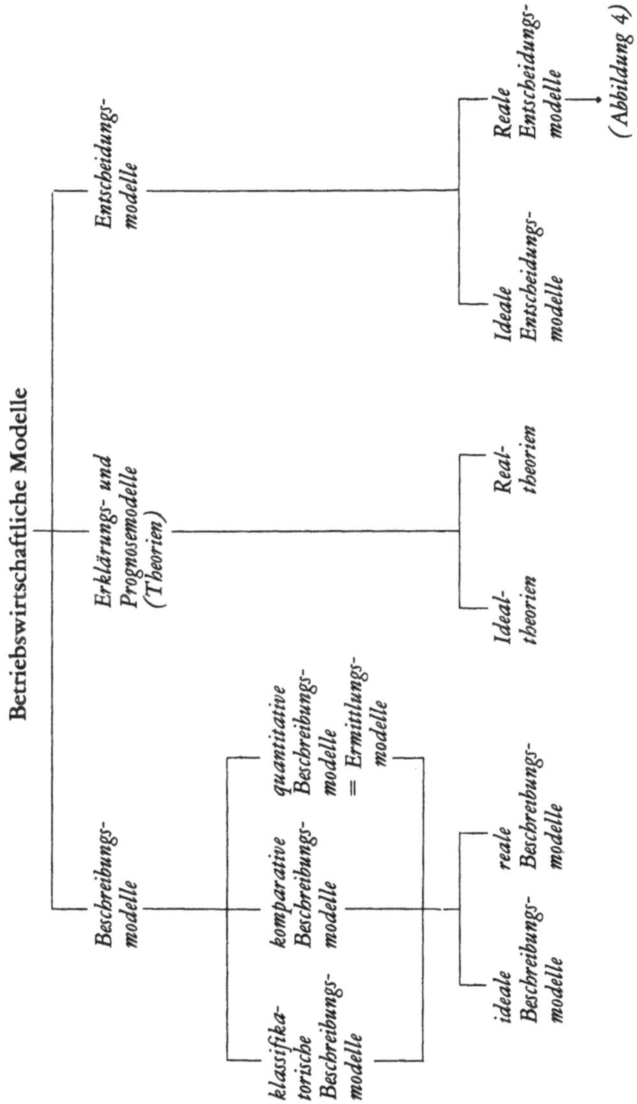

Abb. 3 Modellklassifikation

nicht-realen (idealen) Geltungsanspruch gebildet werden können, wobei die ersten *Realmodelle* und die zweiten *Idealmodelle* genannt werden. *Realmodelle* wollen reale Betrachtungsgegenstände beschreiben, d. h. Tatbestände der erfahrbaren Wirklichkeit, die beobachtet, beschrieben und gemessen werden können. Die Aussagen von Realmodellen sind faktisch wahr oder falsch. *Idealmodelle* dagegen sprechen über ideale Betrachtungsgegenstände, d. h. Gegenstände, die nur in der Vorstellung eines Betrachters vorhanden sind oder nur gewünscht bzw. befürchtet werden. Die Aussagen dieser Modelle können einer faktischen Überprüfung nicht zugeführt werden. Man kann sie lediglich auf ihren logischen Wahrheitswert hin untersuchen.

Bei Anwendung der skizzierten unterscheidenden Merkmale läßt sich die in Abbildung 3 gezeigte *Modellklassifikation* entwickeln.

Für die Entscheidungsmodelle der industriellen Unternehmungspolitik läßt sich die in Abbildung 3 entwickelte Modellklassifikation weiter verfeinern. Als Gliederungsmerkmale finden Verwendung:

c) Exaktheitsgrad der Optimumbestimmung
d) Zeitliche Stufung
e) Vollkommenheit der Information
f) Anzahl der berücksichtigten Ziele

Einengend werden nur die realen Entscheidungsmodelle systematisch untergliedert, weil ihre Bedeutung für den Entscheidungsprozeß ungleich größer ist als die der idealen Entscheidungsmodelle. In diesem Zusammenhang muß aber erwähnt werden, daß Idealmodelle häufig eine Vorstufe zu Realmodellen darstellen und eine Wegweiserfunktion (heuristische Funktion) zu diesen wahrnehmen.

Reale Entscheidungsmodelle lassen sich nach dem *Exaktheitsgrad der Optimumbestimmung* in *näherungsweise Entscheidungsmodelle (Simulationsmodelle)* und *exakte Entscheidungsmodelle (Optimierungsmodelle)* gliedern. Wählt man die *zeitliche Stufung* der Modellgrößen als Unterscheidungsmerkmal, so lassen sich *statische Modelle (Zustandsmodelle)* und

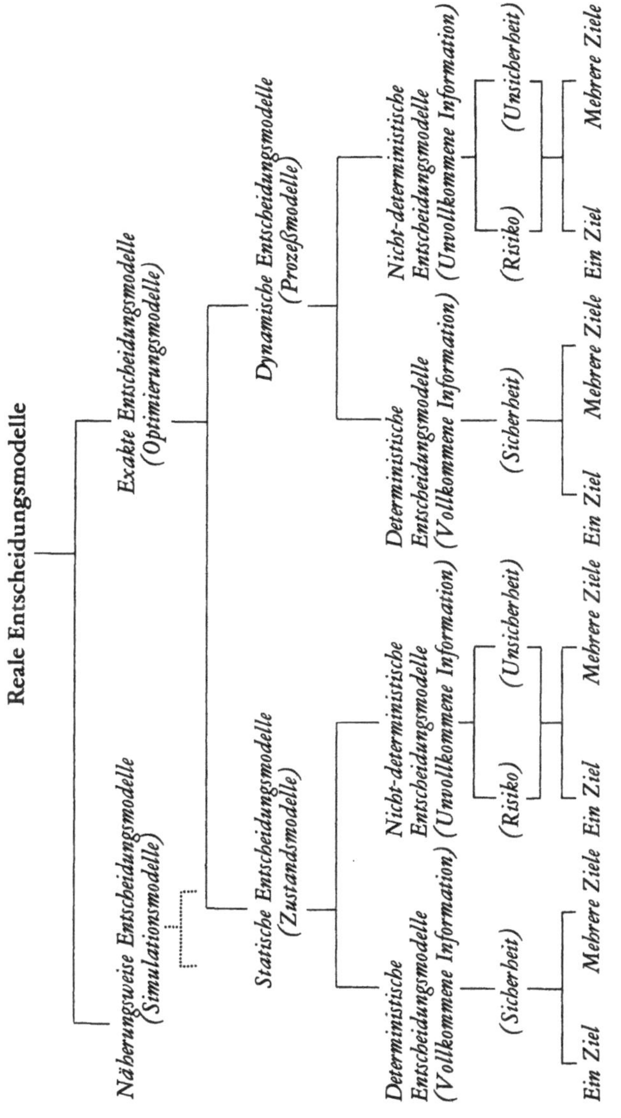

Abb. 4 Klassifikation realer Entscheidungsmodelle

dynamische Modelle (Prozeßmodelle) auseinanderhalten. Bei der Unterscheidung nach der *Vollkommenheit der Information* über die Modellgrößen lassen sich *deterministische* (mit vollkommener Information) und *nicht-deterministische Modelle* (mit unvollkommener Information) unterscheiden. Wissenschaftliche Aussagen bei vollkommener Information stellen Aussagen unter Sicherheit dar, während Aussagen bei unvollkommener Information solche bei Risiko oder Unsicherheit sein können. Schließlich können Entscheidungsmodelle auch nach der *Anzahl der berücksichtigten Ziele* in Modelle mit *einem Ziel* und andere mit *mehreren Zielen* unterteilt werden. Während die Gliederungsmerkmale „Anzahl der Ziele“ und „Exaktheitsgrad der Optimumbestimmung“ nur zur Unterscheidung von Entscheidungsmodellen herangezogen werden können, finden die Merkmale „zeitliche Stufung“ und „Vollkommenheit der Information“ auch zur tieferen Gliederung der Beschreibungs-, Erklärungs- und Prognosemodelle Verwendung. Die Anwendung der aufgezählten Unterscheidungsmerkmale zur Gliederung der realen Entscheidungsmodelle führt zum *Klassifikationsschema* der Abbildung 4.

3. Zwecke der Modellbildung

Industriebetriebliche Modelle sind Satzsysteme, die möglichst alle *wissenschaftlichen Erkenntnisse* über das Wirtschaften in industriellen Unternehmungen ausdrücken sollen. Daneben kann man Modelle dazu verwenden, eine Reihe weiterer wissenschaftlicher Aufgaben zu erfüllen. So können Modelle zur Bewältigung *heuristisch-psychologischer* Aufgaben bei der Erkenntnisgewinnung im sog. *Entdeckungszusammenhang* herangezogen werden. Hier dienen sie als Hilfsmittel zur Gewinnung von Hinweisen und Anregungen zur weiteren Hypothesensuche. Modelle können auch *analytischen* Zwecken dienen, indem sie zur Erkenntnisgewinnung über logische Beziehungen im Betrachtungsgegenstand führen. Sie sind weiter als Abbildungen besonders dazu geeignet, einen Ersatz für *Realexperimente* im Unternehmungsprozeß abzugeben, indem sie systematisch variierbare Anordnungen von Modellgrößen und die Messung ihrer Konsequenzen zulassen. Auf diese Art erfüllen sie eine experimentelle Aufgabe. Schließlich übernehmen sie in Ausrichtung auf die Unternehmungspolitik die sehr weitreichende Aufgabenstellung, *praktisch verwendbare Aussagen* zu liefern. Allgemein sind Modelle sowohl analytischen als auch synthetischen Zwecken der Wissenschaft und Praxis verpflichtet.

4. Anforderungen an industriebetriebliche Aussagensysteme

An alle Aussagen, die Modelle über das Wirtschaften industrieller Unternehmungen treffen, sind bestimmte Anforderungen zu richten, damit sichergestellt wird, daß diese Aussagen realitätskonform und praktisch verwendbar sind. Diese Anforderungen müssen gewährleisten, daß alle Aussagen der Industriebetriebslehre realwissenschaftlichen Charakter bekommen bzw. behalten: Industriebetriebliche Aussagen müssen *faktisch prüfbar* sein, d. h., sie müssen so formuliert sein, daß ihr Wahrheitswert durch intersubjektive Überprüfung an der Wirklichkeit festgestellt werden kann. Darüber hinaus müssen die Aussagen über die *wirklichen Verhältnisse* des Wirtschaftens informieren und einen *realen Geltungsanspruch* erheben. Sehr erwünscht ist es auch, daß sich alle formulierten generellen Aussagen bereits in einem großen Maße bewährt haben und damit einen *hohen Konfidenzgrad* besitzen. Von diesen Aussagen erwartet man einen *hohen Allgemeinheitsgrad (Aussagenumfang)*. Der *Grad der Genauigkeit (Aussagenschärfe)* soll ebenfalls groß sein. Dieser hängt wiederum davon ab, ob die in den Aussagen verwendeten Begriffe *operational* definiert sind. Um zu vermeiden, daß in einem Aussagensystem jede Aussage ableitbar ist, muß verlangt werden, daß es *widerspruchsfrei* ist.

Satzsysteme, die allen aufgeführten Anforderungen an ihre Aussagen genügen, können den Anspruch erheben, *reale* Beschreibungsmodelle, *Real*theorien oder *reale* Entscheidungsmodelle zu sein. In ihrer geordneten Gesamtheit konstituieren sie eine *realwissenschaftliche Industriebetriebslehre.*

V. Zielkonzeptionen von Industriebetrieben

1. Stellung der Entscheidungsziele im Entscheidungsmodell

Die *Politik* industrieller Unternehmungen befaßt sich mit den Problemen der zielorientierten Gestaltung des Unternehmungsprozesses. Sie sucht nach Handlungs-, Gestaltungs- oder Entscheidungsregeln, die den Entscheidungsträgern als Verhaltensvorschriften genannt werden können, um gesetzte Ziele erreichen zu können. Instrumente zur Bestimmung dieser Regeln sind *Entscheidungsmodelle*. Diese instrumentalen Satzsysteme treffen keineswegs industriebetriebliche Entscheidungen, sondern sie liefern lediglich Informationen über die Vorzugswürdigkeit einer (oder mehrerer) Alternative(n) zur Erreichung des gesetzten Zieles bzw. Zielbündels in Entscheidungssituationen. Die *Entscheidung* als rationale Wahl einer Alternative kann unter Verwendung dieser Informationen nur von einem verantwortlichen Menschen bzw. einer Menschengruppe getroffen werden.

Ein *quantitatives Entscheidungsmodell* enthält die Größen:

a) Zielvorstellung,

b) Lösungsraum.

Die *Zielvorstellung* eines Entscheidungsträgers besteht aus einer *Zielfunktion* und einem *Entscheidungskriterium*. Eine *Zielfunktion* ist der mathematische Ausdruck der Beziehungen zwischen den Handlungsalternativen und dem (den) verfolgten Entscheidungsziel(en). Das Entscheidungsziel gibt die Motive oder Strebungen menschlicher Handlungen an und stellt für zielorientierte Handlungen die Beurteilungsgrundlage der Alternativen dar. Die Vorzugswürdigkeit einer Alternative kann nur beurteilt werden, wenn bekannt ist, unter welchem Entscheidungsziel dies geschehen soll. Zu jeder Zielfunktion wird zusätzlich ein *Entscheidungskriterium* formuliert, das angibt, mit welcher Ausprägung diese Funktion erreicht werden soll. Da in industriellen Unternehmungen meist Ergiebigkeitsfunktionen (z. B. Gewinnfunktionen) als Zielfunktionen gewählt werden, informiert ein zugehöriges Entscheidungskriterium über die angestrebte Ergiebigkeitsausprägung. Wichtige Entscheidungskriterien sind:

a) Extremalwerte (Maximum, Minimum)
b) Satisfizierungswerte (Befriedigendes Fixum, befriedigende Variation).

Der *Lösungsraum* (das Lösungsfeld) besteht aus der Summe der zulässigen bzw. realisierbaren Alternativen, Vorgehensweisen oder Strategien des Entscheidungsproblems. Es wird begrenzt durch alle *Restriktionen* des Entscheidungsproblems. Aus dem Lösungsfeld wird ein *Entscheidungsfeld,* wenn allen zulässigen Alternativen die Handlungskonsequenzen in bezug auf die gewählte Zielfunktion zugeordnet werden. Diesen Vorgang nennt man die *Bewertung* der Alternativen. Ein gewähltes Entscheidungskriterium hat dann die Aufgabe, aus allen bewerteten Alternativen die optimale(n) zu kennzeichnen.

2. Arten industriebetrieblicher Entscheidungsziele

Im Sozialgebilde Industrieunternehmung werden keineswegs nur *ökonomische* Entscheidungsziele verfolgt, sondern in gleicher Weise eine Reihe von *materialen* und *sozialen* Entscheidungszielen, die mit den ökonomischen zusammen ein *Zielbündel* ergeben. In der Praxis haben meist die ökonomischen Entscheidungsziele gegenüber den restlichen einen gewissen Vorrang. Die Priorität der Entscheidungsziele im Zielbündel kann von Unternehmung zu Unternehmung und von Wirtschaftssystem zu Wirtschaftssystem verschieden sein. Ein nach logischen und empirischen Grundsätzen geordnetes Zielbündel kann man ein *Zielsystem* nennen.

a) Materiale Entscheidungsziele

Zum Zwecke der Bedarfsdeckung erstellen Industrieunternehmungen Sachgüter und vertreiben sie in Märkten. Auf diese Absatzgüter und das zu ihrer Erstellung notwendige technische Produktionspotential richtet sich eine Reihe von Entscheidungszielen, die zur Klasse der *materialen Entscheidungsziele* gerechnet werden: An erster Stelle sind dabei die Produktart(en) sowie ihre funktionsgerechte Gestaltung zu nennen. Dann ist eine laufende Verbesserung der Produktqualität zu erwähnen. Von der Seite des Produktionspotentials sind zu beachten die Sicherung der technischen Produktionskapazität, das Verfolgen einer technischen Perfektion der Aggregate und Anlagen, das Festlegen einer kapazitiven Wachstums- bzw. Schrumpfungsrate, usw.

b) Soziale Entscheidungsziele

In allen Sozialgebilden wird der Mensch durch den Einsatz seiner geistigen und körperlichen Arbeitskraft tätig, so daß sich stets eine Klasse von Entscheidungszielen auf ihn, seine Arbeitskraft und den Arbeitsprozeß beziehen muß. Diese heißen *soziale Entscheidungsziele.* Hierher gehören u. a. die Ziele der Freizeitbemessung und -gestaltung, das Streben nach Bequemlichkeit und Muße, das Streben nach sozialem Aufstieg und Ansehen, die Sicherung der Arbeitsplätze, die Gestaltung des Betriebsklimas, das Streben nach Mitentscheidung und Mitverantwortung, die Fürsorge und Vorsorge für Notfälle sowie für das Alter.

c) Formale Entscheidungsziele

Alle materialen und sozialen Entscheidungsziele einer Industrieunternehmung sind mit den dominierenden *ökonomischen Entscheidungszielen* zu koordinieren, die auch *formale Entscheidungsziele* genannt werden. Diese werden gewöhnlich als quantitative Gesamt-, Haupt- oder Oberziele industriebetrieblicher Tätigkeit definiert und stellen Ergiebigkeitsfunktionen dar. Zu ihnen sind zu rechnen: Aufwands-, Ertrags-, Kosten-, Leistungs-, Verlust-, Gewinn-, Deckungsbeitrags-, Kapitalwert-, Endwert-, Nutzen-, Risikofunktionen, usw. Ein bedeutendes Problem besteht für eine Unternehmung darin, das gewählte *Gesamtziel* so in *Teilziele* zu zerlegen und diese in einem mehrstufigen Planungs-, Delegations- und Kompromißprozeß für die arbeitsteiligen Bereiche zu fixieren, daß eine Erreichung des Gesamtziels durch die gesamte Unternehmung gesichert wird. Die gebildeten Unterziele bieten sich dann als Maßstab zur Beurteilung der Ergiebigkeit der Tätigkeiten einer Abteilung und ihrer Handlungsalternativen an.

Einzelne Zielfunktionen können sich *indifferent, komplementär* oder *konfliktär* zueinander verhalten. Auftretende Zielkonflikte löst man durch Auswahl der wichtigsten bei gleichzeitiger Verdrängung der restlichen Zielfunktionen *(Dominanz)*, durch Aufspaltung der in Konflikt liegenden Alternativenmenge in Teilmengen unter verschiedenen Zielfunktionen *(Schisma)*, durch Gewichtung der jeweiligen Ziele bzw. ihrer Funktionen und Überführung in eine übergeordnete Zielfunktion *(Überführung)* oder durch schrittweisen Austausch der Zielfunktionen innerhalb festzulegender Intervalle *(Sequenz)*. Das zu wählende Bündel aus materialen, sozialen und formalen Entscheidungszielen mit den jeweiligen Entscheidungskriterien ist die Grundlage für die Unternehmungsplanung, die wiederum in einer Wechselbeziehung zur Organisation steht.

Über Art und Umfang vorherrschender Zielkonflikte verschafft man sich einen ersten Überblick in einer *Polarkoordinatendarstellung* (Abbildung 5).

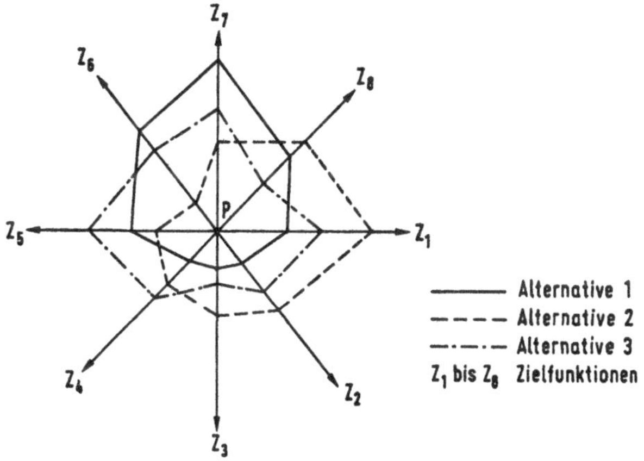

Abb. 5 Zielfunktionsbeziehungen in Polarkoordinaten

Die Entfernung vom Pol P bis zum Schnittpunkt einer Alternative mit der Zielfunktionskoordinate gibt den Wert dieser Alternative in bezug auf das jeweils betrachtete Entscheidungsziel an. So liegen die Alternativen 1 und 2 in bezug auf die Zielfunktionen Z_7 und Z_8 in Konflikt, weil auf Z_7 die Alternative 1 und auf Z_8 die Alternative 2 einen höheren Wert annimmt. Analoge Überlegungen gelten für andere Alternativen und Zielfunktionen.

3. Zielkombinationen industrieller Unternehmungen

Empirische Untersuchungen haben gezeigt, daß nur wenige Unternehmungen eine klare Vorstellung über ihr Bündel an Zielfunktionen haben. Gewöhnlich ist das Zielkonzept einer Unternehmung nur in groben Zügen formuliert und den hierarchisch gestuften Instanzen nicht hinreichend bekannt. Eine systematische Ableitung und Abgrenzung unterer Zielfunktionen aus übergeordneten erfolgt in den wenigsten Fällen. Die Rangordnung einzelner Ziele variiert von Instanz zu Instanz erheblich, und die periodisch zu planende Zielausprägung fehlt oder wird mit zu geringer Koordination zwischen den Instanzen vorgenommen. Dennoch werden das Streben nach Gewinn, nach Sicherheit und nach sozialer Verantwortung für die Belegschaft als Ziele angegeben, die es zunächst zu erfüllen gilt. Erst an späteren Stellen stehen das Streben nach Marktanteilen, Unabhängigkeit, Wachstum, Prestige, u. a.

VI. Literaturhinweise zum Abschnitt A (Grundlagen der Industriebetriebslehre)

Literaturhinweise zum Abschnitt A I:

Heinen, Edmund: Industriebetriebslehre als Entscheidungslehre. In: Industriebetriebslehre. Hrsg. von Edmund Heinen. Wiesbaden 1972, S. 21–70.

Hennig, Karl Wilhelm: Betriebswirtschaftslehre der industriellen Erzeugung. 5. Aufl., Wiesbaden 1969.

Kalveram, Wilhelm: Industriebetriebslehre. 8. Aufl., Wiesbaden 1972.

Kern, Werner: Industriebetriebslehre. Grundlagen einer Lehre von der Erzeugungswirtschaft. Stuttgart 1970.

Philipp, Fritz: Wissenschaftstheoretische Kennzeichen der Besonderen Betriebswirtschaftslehren. Ein Beitrag zur Analyse des realwissenschaftlichen Aufbaus der Betriebswirtschaftslehre. Wiesbaden 1966.

Wöhe, Günter: Einführung in die Allgemeine Betriebswirtschaftslehre. 10. Aufl., Berlin, Frankfurt a. M. 1971.

Literaturhinweise zum Abschnitt A II:

Funke, H., und *H. Blohm:* Allgemeine Grundzüge des Industriebetriebes. 2. Aufl., Essen 1969.

Grochla, Erwin: Betriebsverband und Verbandbetrieb. Wesen, Formen und Organisation der Verbände aus betriebswirtschaftlicher Sicht. Berlin 1959.

Hax, Karl: Industriebetrieb. In: Handwörterbuch der Sozialwissenschaften. Bd. 5, Stuttgart, Tübingen, Göttingen 1956, S. 243 bis 257.

Heber, A., und *P. Nowak:* Betriebstyp und Abrechnungstechnik in der Industrie. Ein Beitrag zur Branchenerforschung. In: Festschrift für Eugen Schmalenbach. Leipzig 1933, S. 141–172.

Heinen, Edmund: Industriebetriebslehre als Entscheidungslehre. In: Industriebetriebslehre. Hrsg. von Edmund Heinen. Wiesbaden 1972, S. 21–70.

Kalveram, Wilhelm: Industriebetriebslehre. 8. Aufl., Wiesbaden 1972.

Kern, Werner: Industriebetriebslehre. Grundlagen einer Lehre von der Erzeugungswirtschaft. Stuttgart 1970.

Kosiol, Erich: Einführung in die Betriebswirtschaftslehre. Die Unternehmung als wirtschaftliches Aktionszentrum. Wiesbaden 1968.

Mellerowicz, Konrad: Betriebswirtschaftslehre der Industrie. Bd. I, 6. Aufl., Freiburg i. Br. 1968.

Pentzlin, Kurt: Rationelle Produktion. Grundregeln und praktische Beispiele. Kassel 1950.

Riebel, Paul: Industrielle Erzeugungsverfahren in betriebswirtschaftlicher Sicht. Wiesbaden 1963.

Schäfer, Erich: Der Industriebetrieb. Betriebswirtschaftslehre der Industrie auf typologischer Grundlage. Bd. 1, Köln, Opladen 1969. Bd. 2, Köln, Opladen 1971.

Literaturhinweise zum Abschnitt A III:

Albert, Hans: Probleme der Theoriebildung. Entwicklung, Struktur und Anwendung sozialwissenschaftlicher Theorien. In: Theorie und Realität. Hrsg. von Hans Albert. Tübingen 1964, S. 3–70.

Beckerath, Erwin v., Norbert Kloten und *Helmut Kuhn:* Wirtschaftswissenschaft: Methodenlehre. In: Handwörterbuch der Sozialwissenschaften. Bd. 12, Stuttgart, Tübingen, Göttingen 1965, S. 288–328.

Carnap, Rudolf: Induktive Logik und Wahrscheinlichkeit. Wien 1959.

–: Einführung in die Philosophie der Naturwissenschaft. München 1969.

Chmielewicz, Klaus: Forschungskonzeptionen der Wirtschaftswissenschaft. Stuttgart 1970.

Fischer-Winkelmann, Wolf, F.: Methodologie der Betriebswirtschaftslehre. München 1971.

Grochla, Erwin: Erkenntnisgegenstand und Entwicklungstendenzen der Organisationstheorie. In: Unternehmungsorganisation (Reader + Abstracts). Hrsg. von Erwin Grochla. Reinbek bei Hamburg 1972, S. 20–41.

Hempel, Carl G.: Aspects of Scientific Explanation. New York, London 1965.

–: Philosophy of Natural Science. Englewood Cliffs/N. J. 1966.

Katterle, Siegfried: Normative und explikative Betriebswirtschaftslehre. Göttingen 1964.

Köhler, Richard: Theoretische Systeme der Betriebswirtschaftslehre im Lichte der neueren Wissenschaftslogik. Stuttgart 1966.

Kosiol, Erich: Einführung in die Betriebswirtschaftslehre. Die Unternehmung als wirtschaftliches Aktionszentrum. Wiesbaden 1968.

Leinfellner, Werner: Struktur und Aufbau wissenschaftlicher Theorien. Eine wissenschaftstheoretisch-philosophische Untersuchung. Wien, Würzburg 1965.

Popper, Karl, R.: Logik der Forschung. 3. Aufl., Tübingen 1969.

Stegmüller, Wolfgang: Probleme und Resultate der Wissenschaftstheorie und Analytischen Philosophie. Bd. I, Wissenschaftliche Erklärung und Begründung. Berlin, Heidelberg, New York 1969; Bd. II, Theorie und Erfahrung. Berlin, Heidelberg, New York 1970.

Wild, Jürgen: Grundlagen und Probleme der betriebswirtschaftlichen Organisationslehre. Entwurf eines Wissenschaftsprogramms. Berlin 1966.

–: Zur praktischen Bedeutung der Organisationstheorie. In: Unternehmungsorganisation (Reader + Abstracts). Hrsg. von Erwin Grochla. Reinbek bei Hamburg 1972, S. 42–60.

Wissenschaftstheorie und Betriebswirtschaftslehre: Hrsg. von G. Dlugos und H. Steinmann. Düsseldorf 1972.

Literaturhinweise zum Abschnitt A IV:

Adam, Adolf: Messen und Regeln in der Betriebswirtschaft. Einführung in die informationswissenschaftlichen Grundzüge der industriellen Unternehmensforschung. Würzburg 1959.

Angermann, Adolf: Entscheidungsmodelle. Frankfurt a. M. 1963.

Berthel, Jürgen: Modelle, allgemein. In: Handwörterbuch des Rechnungswesens. Hrsg. von Erich Kosiol. Stuttgart 1970, Sp. 1122 bis 1129.

Chmielewicz, Klaus: Forschungskonzeptionen der Wirtschaftswissenschaft. Stuttgart 1970.

Coombs, Clyde, H., H. Raiffa und *R. M. Thrall:* Some Views of Mathematical Models and Measurement Theory. In: Decision Processes. Ed. by R. M. Thrall, C. H. Coombs and R. L. Davis. 3rd print., New York, London 1960, S. 19–37.

Dinkelbach, Werner: Entscheidungsmodelle. In: Handwörterbuch der Organisation. Hrsg. von Erwin Grochla. Stuttgart 1969, Sp. 485–496.

Frey, G.: Symbolische und ikonische Modelle. In: The Concept and the Role of the Model in Mathematics and Natural and Social Sciences. Doordrecht 1961, S. 89–97.

Grochla, Erwin: Modelle als Instrumente der Unternehmungsführung. In: Zeitschrift für betriebswirtschaftliche Forschung (21) 1969, S. 382–397.

Heinen, Edmund: Einführung in die Betriebswirtschaftslehre. 3. Aufl., Wiesbaden 1970.

Kern, Werner: Planungsmodelle, dynamische. In: Handwörterbuch des Rechnungswesens. Hrsg. von Erich Kosiol. Stuttgart 1970, Sp. 1358–1369.

Kern, Werner: Planungsmodelle, nichtlineare. In: Handwörterbuch des Rechnungswesens. Hrsg. von Erich Kosiol. Stuttgart 1970, Sp. 1391–1402.

Klein, Heinz: Heuristische Entscheidungsmodelle. Wiesbaden 1971.

Kloidt, Heinrich: Grundsätzliches zum Messen und Bewerten in der Betriebswirtschaft. In: Organisation und Rechnungswesen. Festschrift für Erich Kosiol. Berlin 1964, S. 283–303.

Kosiol, Erich: Modellanalyse als Grundlage unternehmerischer Entscheidungen. In: Zeitschrift für handelswissenschaftliche Forschung N. F. (13) 1961, S. 318–334.

–: Die Unternehmung als wirtschaftliches Aktionszentrum. Einführung in die Betriebswirtschaftslehre. Reinbek bei Hamburg 1966.

Schweitzer, Marcell: Planungsmodelle, lineare. In: Handwörterbuch des Rechnungswesens. Hrsg. von Erich Kosiol. Stuttgart 1970, Sp. 1369–1391.

–: Struktur und Funktion der Bilanz. Grundfragen der betriebswirtschaftlichen Bilanz in methodologischer und entscheidungstheoretischer Sicht. Berlin 1972.

Swoboda, Peter: Planungsmodelle, simultane. In: Handwörterbuch des Rechnungswesens. Hrsg. von Erich Kosiol. Stuttgart 1970, Sp. 1403–1412.

Szyperski, Norbert: Zur Problematik der quantitativen Terminologie in der Betriebswirtschaftslehre. Berlin 1962.

Wild, Jürgen: Grundlagen und Probleme der betriebswirtschaftlichen Organisationslehre. Entwurf eines Wissenschaftsprogramms. Berlin 1966.

Literaturhinweise zum Abschnitt A V:

Barnard, Chester J.: Die Führung großer Organisationen (The Functions of the Executive). Essen 1970.

Bidlingmaier, Johannes: Unternehmerziele und Unternehmerstrategien. Wiesbaden 1964.

–: Zielkonflikte und Zielkompromisse im unternehmerischen Entscheidungsprozeß. Wiesbaden 1968.

Bleicher, Knut: Zentralisation und Dezentralisation von Aufgaben in der Organisation der Unternehmung. Berlin 1966.

Cyert, Richard M. und *James G. March:* A Behavioral Theory of the Firm. Englewood Cliffs/N. J. 1963.

Engels, Wolfram: Betriebswirtschaftliche Bewertungslehre im Licht der Entscheidungstheorie. Köln, Opladen 1962.

Gäfgen, Gérard: Theorie der wirtschaftlichen Entscheidung. Untersuchungen zur Logik und ökonomischen Bedeutung des rationalen Handelns. 2. Aufl., Tübingen 1968.

Hahn, Dietger: Industrielle Fertigungswirtschaft in entscheidungs- und systemtheoretischer Sicht. In: Zeitschrift für Organisation (41) 1972, S. 269–278, S. 369–380 und S. 427–439.

Hax, Herbert: Die Koordination von Entscheidungen. Köln u. a. 1965.

Heinen, Edmund: Grundlagen betriebswirtschaftlicher Entscheidungen. Das Zielsystem der Unternehmung. 2. Aufl., Wiesbaden 1971.

Kern, Werner: Ziele und Zielsysteme in Betriebswirtschaften. In: das wirtschaftsstudium (wisu) (1) 1972, S. 310–315 und S. 360–365.

Kirsch, Werner: Entscheidungsprozesse. 3 Bde., Wiesbaden 1970/71.

Kosiol, Erich: Einführung in die Betriebswirtschaftslehre. Die Unternehmung als wirtschaftliches Aktionszentrum. Wiesbaden 1968.

Rosenstock, Hans Adolf: Die Entscheidung im Unternehmungsgeschehen. Bern 1963.

Schmidt-Sudhoff, Ulrich: Unternehmerziele und unternehmerisches Zielsystem. Wiesbaden 1967.

Ulrich, Hans: Die Unternehmung als produktives soziales System. Bern, Stuttgart 1968.

Witte, Eberhard: Die Organisation komplexer Entscheidungsverläufe – ein Forschungsbericht. In: Zeitschrift für betriebswirtschaftliche Forschung (20) 1968, S. 581–599.

–: Phasen-Theorem und Organisation komplexer Entscheidungsverläufe. In: Zeitschrift für betriebswirtschaftliche Forschung (20) 1968, S. 625–647.

Wittmann, Waldemar: Unternehmung und unvollkommene Information. Unternehmerische Voraussicht, Ungewißheit und Planung. Köln, Opladen 1959.

Zielprogramm und Entscheidungsprozeß in der Unternehmung: Bd. 11 der Schriften zur Unternehmensführung. Hrsg. von H. Jacob, Wiesbaden 1970.

B. Die industriebetrieblichen Einsatzgüter

I. Industriebetriebliches Wirtschaften als Einsatzgüterkombination

1. Merkmale der Einsatzgüterkombination

Der *Produktionsprozeß* einer industriellen Unternehmung beginnt mit der *Beschaffung* von Einsatzgütern im Markt, umfaßt die *Vorrathaltung* mit Einsatzgütern sowie deren *Fertigung (Kombination und Transformation)* zu Gütern für den Markt und endet mit dem *Absatz* der marktreifen Güter. Die *Einsatzgüter* bezeichnet man auch als Anfangsprodukte, Input, Produktionsfaktoren oder Produktoren und die *gefertigten (erzeugten, hergestellten) Güter* als Endprodukte, Erzeugnisse, Output oder Produkte. Neben den Endprodukten, die für den Markt gefertigt werden *(Absatzgüter, Marktleistungen)*, können auch Wiedereinsatzgüter Resultate des Produktionsprozesses sein. *Wiedereinsatzgüter* sind materielle oder immaterielle Güter, die in der Industrieunternehmung erzeugt und nicht im Markt abgesetzt, sondern in den Produktionsprozeß wiedereingesetzt werden. Faßt man diesen Begriff weit, dann können alle Dienstleistungen und Informationen der Verwaltung, Planung, Organisation und Leitung als Wiedereinsatzgüter angesehen werden. Beschaffung, Fertigung und Absatz sowie die dazwischen liegenden Lagerungen sind die *Realgüterphasen* des industriebetrieblichen Produktionsprozesses. Von ihnen wirft die Fertigung die schwierigsten Probleme auf. Aktive Kreditgewährung, Kassenhaltung und passive Kreditgewährung stellen die *Nominalgüterphasen* des industriebetrieblichen Produktionsprozesses dar.

Die wichtigsten Einsatzgüter für den realen Produktionsprozeß sind die menschliche Arbeitskraft, die Werkstoffe und die Leistungen der Betriebsmittel. Ihre Kombination stellt den realen industriebetrieblichen Produktionsprozeß dar. Dieser wird in Arbeitsteilung, unter Verwendung von Technologien und in Ausrichtung auf Ziele durchgeführt. Im Fertigungsbereich bewirken die verwendeten Technologien Regelmäßigkeiten zwischen den verbrauchten Einsatzgütermengen und den Ausbringungsmengen an Endprodukten.

Die Beziehungen zwischen Gütereinsatz und Güterausbringung können formal durch eine *Produktionsfunktion* abgebildet werden. Mittels einer Produktionsfunktion werden die Abhängigkeiten zwischen Gütereinsatz und Güterausbringung unter bestimmten Bedingungen empirisch gehaltvoll sowie allgemeingültig beschrieben und erklärt. Verhältniszahlen zwischen Einsatzgütermengen und Ausbringungsgütermengen heißen in der Produktionstheorie *Produktionskoeffizienten.* Sie geben die auf eine Einheit der Ausbringungsgütermenge bezogenen Einsatzgütermengen an und treten in Produktionsfunktionen auf. Produktionsfunktionen können auch zu Prognosezwecken verwendet werden.

Bei einer Fertigung von r Produkten mit den Mengen x_1 bis x_r und der Verwendung von s Einsatzgütern a_1 bis a_s drückt die Vektorfunktion f die Abhängigkeit der Produkte von den Einsatzgütern aus. Diese Funktion der Produkte von den Einsatzgütern heißt *Produktionsfunktion:*

$$\mathfrak{x} = f(\mathfrak{a})$$

$$\text{oder: } x_i = f_i(a_j) = f_i(a_1, \ldots, a_s) \qquad \left\{ \begin{matrix} i = 1 \text{ bis } r \\ j = 1 \text{ bis } s \end{matrix} \right\}$$

$$\text{bzw.: } (x_1, \ldots, x_r) = f(a_1, \ldots, a_s)$$

Für den Fall der Einproduktfertigung ergibt sich als Produktionsfunktion:

$$x = f(a_1, \ldots, a_s)$$

Will man umgekehrt die Abhängigkeit der Einsatzgüter von den Produkten ausdrücken, so lautet die zugehörige Vektorfunktion g:

$$\mathfrak{a} = g(\mathfrak{x})$$

$$\text{oder: } a_j = g_j(x_i) = g_j(x_1, \ldots, x_r) \qquad \left\{ \begin{matrix} i = 1 \text{ bis } r \\ j = 1 \text{ bis } s \end{matrix} \right\}$$

$$\text{bzw.: } (a_1, \ldots, a_s) = g(x_1, \ldots, x_r)$$

und bei Einproduktfertigung:

$$a_j = g_j (x) \qquad (j = 1 \text{ bis } s)$$

bzw.: $(a_1, \ldots, a_s) = g(x)$

Diese Funktion der Einsatzgüter von den Produkten heißt *Verbrauchsfunktion.* Gewöhnlich gibt man diese Verbrauchsfunktion bezogen auf ein Betriebsmittel l und dessen Leistungsintensität d_l bei Konstanz aller übrigen technischen Eigenschaften des Betriebsmittels in der Form an:

$$a_{jl} = g_{jl} (d_l) \qquad (l = 1 \text{ bis } v)$$

bzw. $a_{jl} = g_{jl} [h_l (x)]$,

weil bei gegebener Leistungsdauer eine Funktion h_l die Abhängigkeit der Leistungsintensität d_l von der Produktmenge x ausdrückt. Damit ist die Verbrauchsfunktion formal die Inverse der Produktionsfunktion. Bei Zuordnung von Preisen zu den verbrauchten Einsatzgütern geht die Verbrauchsfunktion in eine *Kostenfunktion* über.

2. Ordnungszusammenhänge industriebetrieblichen Wirtschaftens

Ein Prozeß, der zielorientiert realisiert werden soll, bedarf spezifischer Ordnungsbeziehungen, die zu einem gewissen Teil durch Erfahrungswissen oder durch die verwendeten Technologien erzeugt werden. Zu einem anderen Teil entstehen diese Ordnungsbeziehungen aber erst durch das gestaltende menschliche Eingreifen. Instrumente zur Schaffung von Ordnungsbeziehungen sind die *Rechtsnorm*, die *Organisation* und die *Disposition.*

a) Rechtsnormen als Ordnungsrahmen

Das umfassendste Instrument zur Schaffung wirtschaftlicher Ordnungsbeziehungen sind die Normen des *Wirtschaftsrechts,* zu welchen das Handelsrecht, das Aktiengesetz, das Steuerrecht, die Mitbestimmungsgesetze, das Arbeits- und Sozialrecht, die internationalen Währungsabkommen, u. a. zu rechnen sind. Durch diese Rechte wird einmal ein übernationaler sowie nationaler Wirtschaftsprozeß gesichert, und zum anderen werden Daten für die Ausgestaltung der betrieblichen Organisation gesetzt. An den Beispielen des Aktiengesetzes und des Mitbestimmungsgesetzes soll dieser Zusammenhang erläutert werden.

Im *Aktiengesetz* werden allen Aktiengesellschaften der Bundesrepublik Deutschland Vorschriften über die Gründung, die Verfassungsorgane (Vorstand, Aufsichtsrat, Hauptversammlung), die Verfassung, die Rechnungslegung, die Kapitalbeschaffung und -herabsetzung, die Auflösung, Verbindung, Verschmelzung, Umwandlung und andere Tatbestände der Gesellschaft gemacht. Alle diese Normen schließen andere Ausprägungen der Gründung, Verfassung, usw. aus und setzen den Aktiengesellschaften Grenzen, innerhalb welcher sie ihre eigene Gestalt suchen und prägen können. Im Rahmen dieser Grenzen kann eine Gesellschaft diejenige Gestaltungsalternative wählen, die ihrem Zielbündel am besten genügt. Die einzelne Gesellschaft kann diese Begrenzungsdaten ihrer Gestaltungsfreiheit im allgemeinen nicht verändern.

Das Gesetz über die Mitbestimmung der Arbeitnehmer in den Aufsichtsräten und Vorständen der Unternehmen des Bergbaus und der Eisen und Stahl erzeugenden Industrie *(Mitbestimmungsgesetz)* vom 21. 5. 1951 schreibt eine paritätische Bildung des Aufsichtsrats für Anteilseigner und Arbeitnehmer im Verhältnis 4 + 1 zu 4 + 1 unter Hinzufügung eines „elften Mannes" vor. In den Vorstand ist ein Arbeitsdirektor aufzunehmen, dessen Aufgabengebiete personaler und sozialer Art sind. U. a. rechnen dazu das Einstellungs-, Kündigungs- und Urlaubswesen. Außerdem bemüht er sich um Gratifikations-, Arbeitsordnungs-, Krankenkassen-, Werkspensionsfragen u. a. m. Unter Neufestlegung der Verfügungsmacht für Kapital und Arbeit werden auch durch dieses Gesetz einer großen Zahl von Gesellschaften Begrenzungsdaten für ihre Gestaltungsfreiheit gesetzt. Das Betriebsverfassungsgesetz (BVG) geht über die Unternehmungen des Montanbereichs hinaus und regelt dort die Informations-, Mitwirkungs- und Mitentscheidungsrechte der Arbeitnehmer, insbesondere in sozialen und personalen Problemen. Organisatorisch relevante Daten aus dem BVG sind die Vorschriften zur Einrichtung des Betriebsrats (bei mehr als 5 Arbeitnehmern) und des Wirtschaftsausschusses (bei mehr als 100 Arbeitnehmern).

b) Organisation als Ordnungsrahmen

Innerhalb der Daten, die durch Rechtsnormen gesetzt werden, sucht jede Unternehmung unter Beachtung ihrer technisch-ökonomischen Gegebenheiten ihre günstigste Organisationsform. Unter *Organisation* ist dabei die integrative Strukturierung der Unternehmung zu verstehen. Hier sind bei gegebener (bzw. geplanter) Unternehmungsgröße, gegebenen (bzw. geplanten) Produktionsverfahren und -programmen die Leitungs-, Stabs-, Kommunikations- und Kollegienbeziehungen einschließlich der räumlichen und zeitlichen Prozeßstrukturen so zu gestalten, daß ein optimaler Vollzug des Unternehmungsprozesses möglich wird. Eventuelle Freiheitsgrade der Organisation können durch *Improvisationen* aufgefüllt und elastisch modifiziert werden. Die *Disposition* als fallweise Einzelentscheidung steuert in dem so entstandenen Ordnungssystem den Unternehmungsprozeß auf das gesetzte Zielbündel aus. Das komplexe Ordnungssystem ist auf Dauer festgelegt, es gibt der Unternehmung Stabilität und damit Überlebens- und Wachstumschancen. Gegenüber Veränderungen der ökonomischen und nicht-ökonomischen Umwelt muß die Unternehmung hinreichend anpassungsfähig bleiben. Kontinuierliche oder diskrete Veränderungen der Umwelt muß sie in ihre Daten, Alternativen und Zielfunktionen einfließen lassen und in einem dauernden Lern- und Anpassungsprozeß verarbeiten. Die *Systemtheorie* und die *Kybernetik* liefern für die Beschreibung der hier anfallenden Prozesse und Probleme einen zweckmäßigen Begriffsapparat.

II. Die menschliche Arbeitskraft als Einsatzgut

1. Der Einsatz menschlicher Arbeitskraft

Das wichtigste Einsatzgut, das im industriebetrieblichen Produktionsprozeß mit anderen Einsatzgütern kombiniert wird, ist die *menschliche Arbeitskraft.* Darunter versteht man alle geistigen und körperlichen Kräfte, die vom Menschen zur Erfüllung übertragener Aufgaben in den Produktionsprozeß eingebracht werden. Der Preis oder das Entgelt für die realisierten menschlichen Leistungen heißt *Lohn.*

a) Bestimmungsgrößen der Ergiebigkeit menschlicher Arbeitskraft

Der arbeitende Mensch ist Betrachtungsgegenstand einer Reihe von wissenschaftlichen Teildisziplinen, die zum Gebiet der *Arbeitswissenschaften* zusammengefaßt werden. Dazu sind zu rechnen: Arbeitsethik, Arbeitsmedizin, Arbeitsphysiologie, Arbeitspsychologie, Arbeitspädagogik, u. a. Sie sind alle darum bemüht, Hypothesen für die optimale Gestaltung des Arbeitseinsatzes und -vollzugs bereitzustellen. Leitmotiv für den Personaleinsatz ist die Vorstellung, daß die subjektive Arbeitseignung und die verlangte Arbeitsleistung in Einklang zu bringen sind. Diesem Ziel kommt man dadurch näher, daß man die Ergiebigkeitskomponenten menschlicher Arbeit analysiert, wobei sich eine Zweiteilung in persönliche (subjektive) und sachliche (objektive) Ergiebigkeitskomponenten anbietet.

Die *persönlichen Ergiebigkeitskomponenten* haben ihren Standort im Bereich des menschlichen *Könnens (Eignung)* und im Bereich des menschlichen *Willens.* Als Bestandteile des Könnens sind die konstitutionelle Eignung (Belastungsmöglichkeit, Ermüdung, Begabung, Intelligenz, Sorgfalt) und die fachliche Eignung (Ausbildung, Erfahrung, Fortbildung, Berufsdauer, u. a.) zu erwähnen. Zum Bereich des Willens rechnet man alle psychischen, sittlichen, sozialen und ökonomischen Antriebe, die sich in der persönlichen Leistungsbereitschaft äußern. Die wichtigsten Antriebe sind in der industriellen Unternehmung

a) die Höhe des Lohnes und
b) die Gestaltung der sozialen Tatbestände.

An der *Lohnhöhe* hängen alle Probleme der „gerechten“ Entlohnung, während um die *sozialen Tatbestände* alle Fragen der Sicherheit, Vorsorge, Fürsorge, Arbeitsfreude bzw. -verfremdung, organisatorischen und zwischenmenschlichen Beziehungen kreisen.

Zu den *sachlichen Ergiebigkeitskomponenten* menschlicher Arbeit gehören die Arbeitszerlegung, die Arbeitsanalyse und

-synthese sowie das individuelle bzw. kollektive Lernen im Produktionsprozeß. Die *Arbeitszerlegung* (Mengenteilung, Artteilung) von Produktionsprozessen hat die Konsequenzen der Produktivitätssteigerung, Maschinisierung, Technisierung und Automatisierung zum Gegenstand. Die *Arbeitsanalysen* als planmäßiges Zerlegen und Durchdenken von Arbeitsvorgängen bezwecken eine Rationalisierung und Ordnung von Bewegungsabläufen im Sinne einer ökonomischen Gestaltung des Leistungsvollzugs. Die *Arbeitsgestaltung* (Arbeitsplatzanordnung, Arbeitsplatzgestaltung, Arbeitszeit- und -pausenregelung, Arbeitsablaufgestaltung) schafft die Voraussetzungen und Möglichkeiten zur ökonomischen Gestaltung des Leistungsvollzugs.

Die Bestimmung von *Lernkurven* im industriebetrieblichen Fertigungsprozeß stellt einen Versuch der Hypothesenformulierung über die Abhängigkeit zwischen Arbeitsaufwand und Produkteinheit einer Serie dar. Ein derartiges Wissen über Einarbeitungs- und Eingewöhnungsstörungen bzw. über deren Überwindung kann bei kurzfristigem Programm- und Verfahrenswechsel zur Grundlage der Ablaufgestaltung gewählt werden.

b) Optimierung des Einsatzes menschlicher Arbeitskraft

In jeder Industrieunternehmung hat die Unternehmungsleitung den Wunsch bzw. die Zielvorstellung, ihre Mitarbeiter so einzusetzen, daß insgesamt eine günstige Ergiebigkeit der menschlichen Arbeitskraft erreicht wird. Jedoch existiert noch kein umfassendes Modell zur Bestimmung eines exakten Optimums im Sinne eines Entscheidungsmodells, so daß man gezwungen ist, isoliert über alle aufgezählten persönlichen und sachlichen Ergiebigkeitskomponenten befriedigende bzw. beste Ergiebigkeitsausprägungen zu verfolgen. Eine Reihe von formalen, materialen, technischen, sozialen und juristischen Daten engt den dabei zur Verfügung stehenden Gestaltungsspielraum erheblich ein.

Der *menschliche Leistungswille* wird von mehreren Größen beeinflußt, die entweder direkt oder indirekt mit der Lohnhöhe zusammenhängen. Hier sollen zunächst diejenigen besprochen werden, welche direkt mit der Arbeitsumwelt der Mitarbeiter in Verbindung stehen und zur günstigen Gestaltung des menschlichen Leistungswillens herangezogen werden können. Man spricht in diesem Zusammenhang von der Schaffung *optimaler Arbeitsbedingungen* und versteht darunter die günstige Gestaltung

a) des Kräfteeinsatzes nach arbeitswissenschaftlichen Erkenntnissen,
b) der Arbeitsplätze und
c) der Arbeitszeiten.

Die günstige Gestaltung des Kräfteeinsatzes nach arbeitswissenschaftlichen Methoden beruht auf *Arbeitsstudien,* die sich zusammensetzen aus Arbeitsgestaltungsstudien, Arbeitszeitstudien und Arbeitswertstudien. In diesen Arbeitsstudien, die in ihren Ansätzen auf die Lehre von der wissenschaftlichen Betriebsführung (*F. W. Taylor,* 1856 bis 1915) und auf Bewegungsstudien (*F. B. Gilbreth,* 1863 bis 1924) zurückgehen, kommen die Forschungsergebnisse der Arbeitspsychologie und der Arbeitsphysiologie zur Anwendung. Um deren Verbreitung hat sich der *Verband für Arbeitsstudien e. V. (REFA)* sehr verdient gemacht.

Die günstige Gestaltung der *Arbeitsplätze* versucht Komponenten des Arbeitsraums in ein ausgewogenes Verhältnis zu bringen. Zu diesen Komponenten rechnen die Anordnung der Maschinen und Werkzeuge, der Bewegungsspielraum, die Lichtverhältnisse, die Farbgebung, die Lärmbelästigung, die Temperatur, u. a.

Die günstige Gestaltung der *Arbeitszeit* bewegt sich in einem Rahmen, der durch die Arbeitszeitordnung (AZO) und eine Reihe von Verordnungen festgelegt wird. Bei fortschreitender Technisierung und Automation steigt der Wunsch der arbeitenden Menschen nach mehr Freiheit und damit nach Arbeitszeitverkürzung bei vollem Lohnausgleich. Von der 42-Stunden-Woche aus sind die Verkürzungsvorstellungen auf eine kontinuierliche Arbeitszeitreduktion gerichtet, die vielleicht um 1980 bei einer Arbeitszeit von 35 Stunden ankommen werden. Bedingung ist, daß in dieser Zeit die Ergiebigkeit der Arbeitsleistungen in demselben Verhältnis steigt, wie die Arbeitszeit sinkt, damit keine Erhöhung der Lohnkosten die Begleiterscheinung der beschriebenen Tendenz ist. Für die Unternehmungen werden zukünftig die Probleme der Arbeitszeitgestaltung teilweise substituiert durch die Probleme der Freizeitgestaltung ihrer Mitarbeiter. Vorerst liegen die Einzelprobleme der Arbeitszeitregelung bei der Gestaltung von Arbeitspausen (Länge, Häufigkeit), bei der Abstimmung von abverlangter Leistung mit der physiologischen Arbeitskurve, bei Problemen der gleitenden Arbeitszeit, u. a.

Eine günstige Gestaltung der Arbeitsplätze und der Arbeitszeiten sowie ein umfassendes Berücksichtigen arbeitswissenschaftlicher Erkenntnisse beim Einsatz menschlicher Arbeitskräfte beeinflussen den menschlichen Leistungswillen und damit die Ergiebigkeit der menschlichen Arbeitskraft positiv.

2. Die Entlohnung in Industriebetrieben

a) Prinzipien der Entlohnung

Als Grundprinzip für die Entlohnung wird häufig die *Lohngerechtigkeit* genannt. Mit dieser ethischen Kategorie, welche für die Realität des Wirtschaftens viele Interpretationen zuläßt, ist in industriellen Unternehmungen wenig anzufangen. Daher ist nach als objektiv akzeptierten Maßstäben zu suchen, mit deren Hilfe angegeben werden kann, ob zwischen einer gewählten Bemessungsgrundlage und der jeweiligen Lohnhöhe eine Entsprechung vorliegt. Diese Entsprechung kann als *relative* Lohngerechtigkeit interpretiert werden. Wählt man als Bemessungsgrundlagen die Arbeitsschwierigkeit, die Leistung und den sozialen Status, so lassen sich die drei *Entsprechungsprinzipien (Äquivalenzprinzipien)*

a) *Schwierigkeitsgerechtigkeit* (→ Arbeitsbewertung)
b) *Leistungsgerechtigkeit* (→ Lohnformen)
c) *Sozialgerechtigkeit* (→ Soziallohn)

formulieren. Diese Prinzipien sind keine Prinzipien zur Bestimmung der absoluten Lohnhöhe, sondern sie dienen der Festlegung der *relativen Lohnhöhe;* sie werden in der heutigen Entlohnung der Arbeitnehmer befolgt, da sie operational definiert sind. Ihre Zahl und Bedeutung können in naher oder ferner Zukunft für verschiedene Wirtschaftsordnungen, ideologische Systeme und Machtverteilungen zwischen Arbeit und Kapital durchaus variiert werden. In allen Fällen sind sie Grundsätze zur Gestaltung der Ergiebigkeit menschlicher Arbeitsleistungen und zur Fundierung der Vorstellung, daß der erhaltene Lohn ein angemessenes Äquivalent zur Arbeitsmühe ist.

b) Industrielle Arbeitsbewertung

Das Prinzip der *Schwierigkeitsgerechtigkeit* verlangt eine Entsprechung von Arbeitsschwierigkeit und Lohnhöhe. Die Arbeitsschwierigkeit eines Arbeitsganges oder eines Arbeitsplatzes wird bei normaler persönlicher Leistung durch den Arbeitswert gemessen. *Arbeitswerte* sind Kennzahlen bzw. Punktzahlen, die für Anforderungsarten nach objektiven Verfahren bestimmt werden müssen. Unterschiedliche Arbeitswerte drücken somit unterschiedliche Arbeitsschwierigkeitsgrade von Arbeitsgängen oder Arbeitsplätzen aus. Die Arbeitswerte gelten durch Konvention als objektive Maßstäbe der Arbeitsschwierigkeit und damit der relativen Lohnhöhe bei Normalleistung. Verhalten sich die Arbeitswerte zweier Arbeitsgänge wie 10 : 9, so stehen die Lohnsätze dieser Arbeitsgänge in demselben Verhältnis (z. B. DM 5,– : DM 4,50). Die *Lohnsatzdifferenzierung* wird somit zum Instrument der schwierigkeitsorientierten Abstufung der Lohnhöhe.

Bevor Arbeitswerte bestimmt werden können, muß durch eine Arbeitsanalyse ein Katalog von *Anforderungen* (Merkmalen) festgelegt werden, die mit Kennzahlen versehen werden können (Abbildung 6).

Für Angestelltentätigkeiten reichen die Merkmale von den Fachkenntnissen, der körperlichen Geschicklichkeit, der Umgangs- und Ausdrucksgewandtheit u. a. bis zu den Umgebungseinflüssen.

Die Bewertung von Arbeitsgängen oder Arbeitsplätzen kann global (summarisch) durch gleichzeitiges Einbeziehen aller Anforderungsarten oder isoliert (analytisch) durch getrenntes Bewerten der einzelnen Anforderungsarten und additive Berechnung des Arbeitswertes erfolgen. Entsprechend unterscheidet

Hauptmerkmale	Untermerkmale (Anforderungsarten)
A. Geistige Anforderungen	1. Fachkenntnisse 2. Nachdenken
B. Körperliche Anforderungen	3. Geschicklichkeit 4. Muskelbelastung 5. Aufmerksamkeit (Belastung der Sinne und Nerven)
C. Verantwortung für	6. Betriebsmittel und Produkte 7. Sicherheit und Gesundheit anderer 8. Arbeitsablauf
D. Arbeitsbedingungen (Umwelteinflüsse)	9. Temperatur 10. Nässe (Wasser, Feuchtigkeit, Säure) 11. Schmutz (Öl, Fett, Staub) 12. Gase, Dämpfe 13. Lärm, Erschütterung 14. Blendung, Lichtmangel 15. Erkältungsgefahr, Arbeiten im Freien 16. Unfallgefährdung

Abb. 6 Anforderungskatalog für überwiegend korporale Tätigkeiten nach *J. Wibbe (Genfer Schema)*

Bewertungsart / Meßart	summarisch	analytisch
Reihung	Rangfolgeverfahren	Rangreihenverfahren
Stufung	Katalogverfahren (Lohngruppen-verfahren)	Stufen-Wertzahl-verfahren

Abb. 7 Überblick über die Verfahren der Arbeitsbewertung

man eine *summarische Arbeitsbewertung* von einer *analytischen Arbeitsbewertung*. Nach der Zuordnung von Kennzahlen als Maßausdrücke der Arbeitsschwierigkeit unterscheidet man zwei Wege: die Reihung und die Stufung. Während die *Reihung* stets zu einer kennzahlenabhängigen Rangordnung führt, entstehen bei einer *Stufung* einzelne Anforderungsklassen mit unterschiedlichen Schwierigkeitsintervallen. Beide skizzierten Begriffspaare dienen der Kennzeichnung der vier Arbeitsbewertungsverfahren: Rangfolgeverfahren, Katalogverfahren, Rangreihenverfahren und Stufen-Wertzahlverfahren (Abbildung 7).

Das *Rangfolgeverfahren* baut auf der *Reihung* als Meßart auf und bestimmt Arbeitswerte *summarisch*. Alle Arbeitsgänge bzw. Arbeitsplätze, die in einer Unternehmung vorkommen, werden durch paarweise Gegenüberstellung nach ihrem Schwierigkeitsgrad geordnet. Als Ergebnis erhält man eine Rangfolge aller Arbeitsgänge bzw. Arbeitsplätze, welche die Grundlage der Lohnsatzdifferenzierung darstellt. Die Schwierigkeiten liegen bei diesem Verfahren in den hohen Anforderungen an die bewertende Person und in der ordinalen Skalierung der Arbeitsgänge bzw. Arbeitsplätze ohne Angabe einer kardinalen Arbeitswertskala.

Das *Katalogverfahre*n (Lohngruppenverfahren) mißt durch *Stufung* und ermittelt die Arbeitswerte *summarisch*. Ausgehend von einer bestimmten Zahl von Lohngruppen für unterschiedliche Schwierigkeitsbereiche (Lohngruppenkatalog), die durch eine größere Zahl von Musterbeispielen (Richtbeispielen) beschrieben werden, sind alle Arbeitsgänge bzw. Arbeitsplätze nach ihrem Schwierigkeitsgrad einzelnen Lohngruppen zuzuordnen. Innerhalb einer Lohngruppe gilt der Schwierigkeitsgrad als gleich. Die Brauchbarkeit dieses Verfahrens hängt von der Zahl der gebildeten Lohngruppen und der Präzision der Richtbeispiele ab. Es ist sehr übersichtlich und leicht in der Handhabung.

Das erste Verfahren der Arbeitsbewertung, das *analytisch* bewertet und durch *Reihung* mißt, ist das *Rangreihenverfahren*. Bei den analytischen Verfahren wird jede Anforderungsart isoliert bewertet, und der Arbeitswert wird durch Addition der einzelnen Kennzahlen pro Anforderungsart ermittelt. Zweck dieser tieferen Analyse der Arbeitsgänge und Arbeitsplätze ist das Zurückdrängen subjektiver Momente beim Bewertungsakt. Nach dem Rangreihenverfahren geht man so vor, daß man für jede Anforderungsart eine Rangreihe aller Arbeitsgänge bzw. Arbeitsplätze bildet. Die gefundenen Positionsziffern jeder Rangreihe werden im nächsten Schritt durch eine Umrechnung (Bewertung) in Maßgrößen (Kennzahlen) überführt, durch welche die Unterschiede im Schwierigkeitsgrad erfaßt werden sollen. Die Addition der für jede Anforderungsart ermittelten Kennzahlen ergibt den Arbeitswert eines Arbeitsganges bzw. Arbeitsplatzes.

Das *Stufen-Wertzahlverfahren* mißt, wie es der Name schon sagt, durch *Stufung* und bestimmt die Arbeitswerte *analytisch*. Für jede Anforderungsart werden Beanspruchungsstufen festgelegt, die mit einer Wertzahl (Punktzahl) versehen werden. Die maximal vergebbare Punktzahl repräsentiert die Gewichtung der einzelnen Anforderungsarten. Gebildet werden drei bis fünf Stufen (z. B. geringe – mittlere – große Beanspruchung), die genau beschrieben werden. Die Summe der jeweils erzielten Stufenpunktzahlen über alle Anforderungsarten führt zum Arbeitswert.

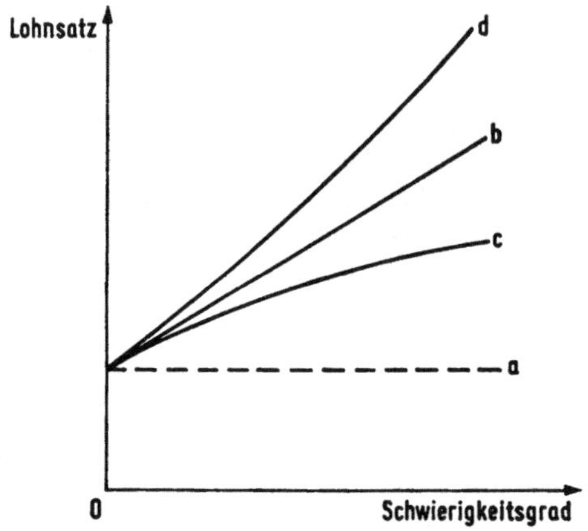

Abb. 8 Arten der Lohnsatzdifferenzierung

Ist für alle Arbeitsgänge oder Arbeitsplätze einer Unternehmung der Arbeitswert bestimmt, so ist die Grundlage für eine schwierigkeitsgerechte *Lohnsatzdifferenzierung* gelegt. Diese Basis bedarf noch der Ergänzung durch eine Aussage über die Art der Lohnsatzdifferenzierung in Abhängigkeit vom Schwierigkeitsgrad (bzw. Arbeitswert oder Anforderungsgrad).

Unter Berücksichtigung eines garantierten Mindestlohnes (a) kann die Lohnsatzdifferenzierung unternehmungsindividuell proportional (b), degressiv (c) oder progressiv (d) stetig (Abbildung 8) bzw. diskret gestaltet werden. Die Wahl der Differenzierungsart hängt ab von den Vorstellungen der Unternehmungsleitung über die Gesamtlohnsumme, die erstrebte Lohnsatznivellierung und von der Bereitschaft der Arbeitnehmer, Arbeiten mit höheren Schwierigkeitsgraden zu übernehmen. Allerdings ist das Instrument der Lohnsatzdifferenzierung nicht geeignet, kurzfristig zu einer Leistungssteigerung anzureizen, da das Erreichen eines höheren Lohnsatzes (Lohnstufe) mit einem Arbeitsplatzwechsel und/oder mit einer Beförderung verbunden ist. Diese Chancen des Berufsaufstiegs werden eher auf längere Sicht wahrgenommen, so daß Leistungssteigerungen mittels Lohnsatzdifferenzierung nur *langfristig* zu erreichen sind. Zur kurzfristigen Leistungssteigerung (bzw. -senkung) bedarf es einer leistungsgerechten Entlohnung, d. h. einer kurzfristig wirksamen Entsprechung von Leistungsgrad und Lohnhöhe.

c) Industrielle Lohnformen

Die schwierigkeitsgerechte Entlohnung unterstellt eine personelle *Normalleistung,* d. h. eine Leistung bei zureichender Eignung, voller Geübtheit, erfolgter Einarbeitung und einem Kräfteeinsatz, der auf Dauer durchgehalten werden kann. In der Realität des industriebetrieblichen Arbeitslebens weichen die tatsächlich realisierten Leistungen jedoch häufig von der Normalleistung ab. Das Verhältnis von tatsächlicher Leistung (L_t) zur Normalleistung (L_n) ist der realisierte Leistungsgrad (L_r):

$$L_r = \frac{L_t}{L_n}$$

Bei kurzfristig schwankenden Leistungsgraden innerhalb derselben Schwierigkeitsstufe erwarten die Arbeitnehmer, insbesondere die gewerblichen, daß sich diese Schwankungen voll und ebenfalls kurzfristig im Lohn ausdrücken. Diesen inter- und intrapersonalen Leistungsschwankungen kann man auf zwei Wegen kurzfristig gerecht werden:

a) durch eine leistungsabhängige *Lohnsatzänderung*,
b) durch die Wahl einer geeigneten *Lohnform*.

Der erste Weg geht von einer Trennbarkeit des Lohnsatzes in einen schwierigkeitsabhängigen und einen leistungsabhängigen Teil aus. In der Praxis des Wirtschaftsvollzugs ist diese Trennung jedoch mit erheblichen Schwierigkeiten verbunden und in der Handhabung sehr schwerfällig, so daß man auf ihn verzichtet. Dagegen ist der zweite Weg über die Wahl geeigneter Lohnformen ein sehr praktikabler und ein für Arbeitgeber sowie für Arbeitnehmer zufriedenstellender Ansatz.

Die einzelnen Lohnformen sollen bei der persönlichen Lohnbemessung sowohl dem Prinzip der *Schwierigkeitsgerechtigkeit* als auch dem der *Leistungsgerechtigkeit* genügen. Grundlagen jeder Lohnform sind daher die *Arbeitsbewertung* und die *Leistungsbewertung*. Um Leistungsschwankungen messen zu können, bedarf es der Bestimmung einer Normalleistung (Normalgröße), die (von Spezialisten) intersubjektiv nachvollziehbar sein muß, da diese Leistungsmarke von den Arbeitnehmern als Prüfstein für eine leistungsgerechte Entlohnung schlechthin angesehen wird. Die bekanntesten Verfahren zur Leistungsbewertung sind das von *Bedaux* und das von *REFA*, von welchen das letztere wegen seiner weiten Verbreitung kurz gekennzeichnet werden soll. Das *REFA-Verfahren* arbeitet wie folgt: Zunächst wird eine Arbeitsanalyse durchgeführt, dann wird die Zeitbeanspruchung für alle Arbeitselemente gemessen, es schließt sich die Leistungsgradschätzung an, es werden Verteil- und Erholungszeiten berücksichtigt, und schließlich wird die resultierende Zeit für alle Arbeiten ermittelt und als Vorgabezeit verwendet. Getroffene Leistungsgradschätzungen können mittels des Mittelwertverfahrens, des Zentralwertverfahrens, des Häufigkeitsverfahrens oder des Zeitfolgeverfahrens ausgewertet und überprüft werden.

Das Gliederungsschema für die *Arbeiterzeit* nach *REFA* hat folgenden Aufbau (Abbildung 9):

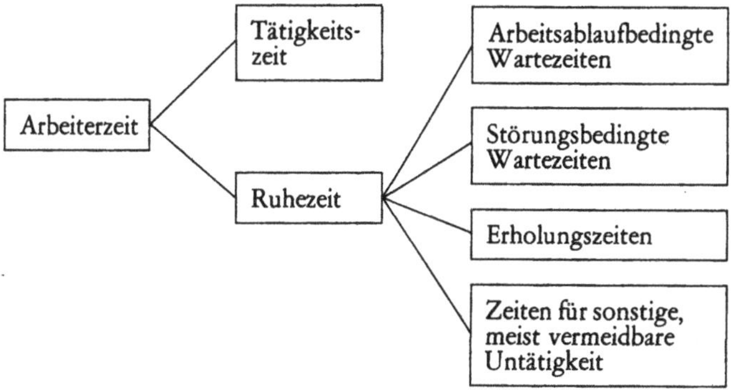

Abb. 9 Gliederung der Arbeiterzeit

Alle bekannten Lohnformen lassen sich in die folgende Systematik der Lohnformen *(E. Kosiol)* einordnen:

A. Selbständige Lohnformen
  1. Elementare Lohnformen (reine Lohnformen)
    a) Zeitlohn
    b) Stücklohn
  2. Grundprämienlöhne (zusammengesetzte Lohnformen)
    a) Nach dem Grundlohn
      α) Prämienzeitlöhne (Zeitlohn als Grundlohn)
      β) Prämienstücklöhne (Stücklohn als Grundlohn)
    b) Nach dem Bemessungsmaßstab
      α) Geschwindigkeitsprämien (Grundprämien auf Zeitbasis)
      β) Quantitätsprämien (Grundprämien auf Stückbasis)
    c) Nach der Zuschlagsgrundlage
      α) Zeitprämien (Zuschlag zu den Zeitkosten)
      β) Stückprämien (Zuschlag zu den Stückkosten)

d) Nach der Prämienform
   α) Stufige Prämien
      αα) Unregelmäßige Prämien
      ββ) Regelmäßig-stufige Prämien
   β) Stetige Prämien
      αα) Lineare Prämien
      ββ) Nicht-lineare Prämien

B. Unselbständige Lohnformen: Zusatzprämienlöhne
   1. Nach dem Bemessungsmaßstab
      a) Leistungszusatzprämien
         α) Quantitätszusatzprämien (Indirekte Stückbemessung)
         β) Qualitätsprämien (Direkte und indirekte Qualitätsbemessung)
      b) Kostenersparnisprämien
         α) Spezielle Quantitätszusatzprämien (Indirekte Stückbemessung)
         β) Spezielle Qualitätsprämien (Direkte und indirekte Qualitätsbemessung)
   2. Nach der Prämienform
      a) Stufige Prämien
         α) Unregelmäßige Prämien
         β) Regelmäßig-stufige Prämien
      b) Stetige Prämien
         α) Lineare Prämien
         β) Nicht-lineare Prämien

Auf die reinen und die wichtigsten zusammengesetzten Lohnformen sei ausführlicher eingegangen. Die beiden reinen (elementaren) Lohnformen sind der Zeitlohn und der Stücklohn. Beide Lohnformen stellen Leistungslöhne dar.

Der *Zeitlohn* läßt sich definieren als die Entlohnung einer Arbeitsleistung mit einem bestimmten Lohnsatz für eine feste Zeiteinheit. Als Zeitlohn treten in industriellen Unternehmungen auf: Stundenlohn, Schichtlohn, Tageslohn, Wochenlohn, Monatslohn bzw. -gehalt und Jahresgehalt. Diese Löhne sind ein Entgelt für realisierte Leistungen, die durch ein festes Zeitintervall gemessen werden. Zeitlohn wird gezahlt, wenn bei relativ konstanter Leistung die Zeit der *beste* Leistungsmaßstab (z. B. bei Angestelltentätigkeiten) ist oder wenn die Leistung unregelmäßig schwankt oder unvorhersehbar unterbrochen wird, so daß eine Leistungsmessung durch die Zeit den *einzigen* Meßansatz darstellt (z. B. Lager- oder Reparaturarbeiten). Der Zeitlohn kann sowohl als Funktion der Leistungszeit t (bei konstanter Leistungsmenge) als auch der Leistungsmenge q (bei konstanter Leistungszeit) dargestellt werden (Abbildung 10).

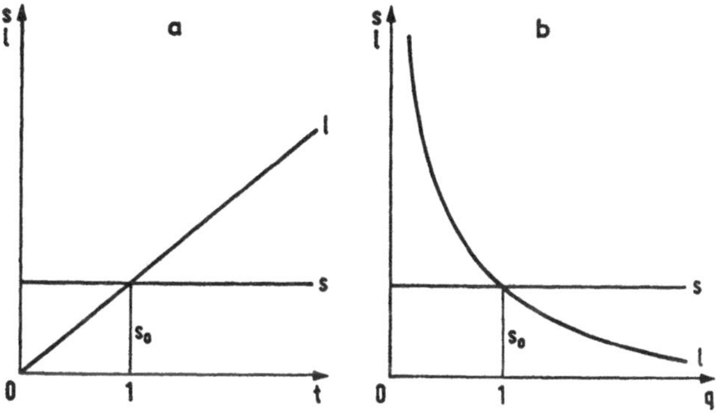

Abb. 10 Zeitlohn in Abhängigkeit von der Leistungszeit (a) und von der Leistungsmenge (b), wobei $s = s_0$

Symbolisierung:

s = Lohnkosten je Zeiteinheit (Lohnsatz)
l = Lohnkosten je Leistungseinheit
t = Zeitdauer der Bearbeitung je Leistungseinheit
q = Leistungsmenge je Zeiteinheit

Der Stundenverdienst ist gleich dem Lohnsatz (s_0). Da dieser sowohl von der Zeitdauer je Leistungseinheit (t) als auch von der Leistungsmenge je Zeiteinheit (q) unabhängig ist, fehlt der Zeitlohnform jeder Anreiz zur Leistungssteigerung. Aus demselben Grunde kann erwartet werden, daß die Arbeitnehmer zum Realisieren eines *konstanten Leistungsgrades* (Normalleistung) bei guter *Qualitätssicherung* tendieren werden.

Der *Stücklohn* wird definiert als die Entlohnung einer Leistungseinheit mit einem bestimmten Lohnbetrag. Der Stücklohn heißt auch *Akkordlohn* und hat die zwei wesensgleichen Erscheinungsformen als *Zeitakkord* oder als *Geldakkord*. Für die Berechnung des Stücklohns wird von einem normalen Stundenverdienst bei Normalleistung (Akkordrichtsatz) ausgegangen, der wegen des erfahrungsgemäß höheren Leistungsgrads des Akkordarbeiters ca. 15 bis 20 % höher liegt als der vergleichbare Stundenlohnsatz des Zeitlohnarbeiters. Der Stücklohn s läßt sich entweder als Funktion der Leistungszeit t oder als Funktion der Leistungsmenge q darstellen (Abbildung 11). Die verwendeten Symbole sind die gleichen wie in Abbildung 10.

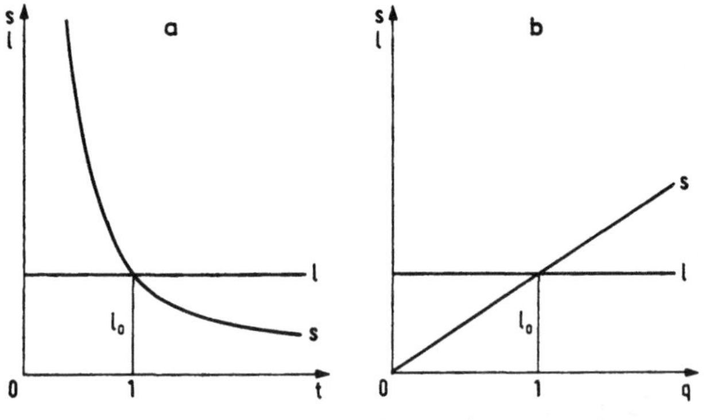

Abb. 11 Stücklohn in Abhängigkeit von der Leistungszeit (a) und von der Leistungsmenge (b), wobei $l = l_0$

In industriellen Unternehmungen kommt meist der *Zeitakkord* zur Anwendung, da er die Grundlage für vereinfachte Lohnabrechnungen sowie für die Arbeitsgestaltung und Prozeßterminierungen darstellt. Bei dieser Lohnform ist wegen einer strengen Abhängigkeit des Stundenverdienstes von der Leistungszeit bzw. von der Leistungsmenge ein unmittelbarer Anreiz zu quantitativer *Arbeitssteigerung* gegeben. Nicht zu übersehen ist die Gefahr, die dabei auf die *Qualität der Produkte* ausstrahlen oder einzelne Arbeitnehmer zum *Raubbau* ihrer Kräfte verführen kann. Stücklohn gelangt zur Anwendung, wenn regelmäßig wiederkehrende Leistungen zu erwarten sind, die akkordfähig und akkordreif sind.

Neben dem Zeitlohn und dem Stücklohn als reinen Lohnformen gibt es eine Reihe von *zusammengesetzten* Lohnformen, von welchen an dieser Stelle nur ein besonderer kurz beschrieben werden soll. Alle zusammengesetzten Lohnformen heißen auch Prämienlöhne. Sie versuchen einen Mittelweg zwischen den polaren Lohnformen Zeitlohn und Stücklohn zu beschreiten mit dem Ziel eines vertretbaren Ausgleichs zwischen Qualität und Quantität der Arbeitsleistungen. *Prämienlöhne* setzen sich stets aus einem Grundlohn und einem zweckorientierten Zuschlag (Prämie) zusammen. Dieser Zusammenhang ist für sie namengebend. Als Grundlohn verwenden sie entweder den Zeitlohn oder den Stücklohn, so daß man zwischen *Prämienzeitlöhnen* und *Prämienstücklöhnen* unterscheiden kann.

Der *Halsey-Lohn,* der hier kurz besprochen werden soll, ist ein *Prämienzeitlohn.* Dieser Lohn heißt auch Zwischenlohn oder Teilungslohn, weil er nach einem mittleren Weg zwischen dem Zeitlohn und dem Stücklohn sucht. Gelegentlich heißt er auch Mischakkord oder unterproportionales Gedinge. Die Grundidee dieser Lohnform ist, daß die Stundenverdienst-

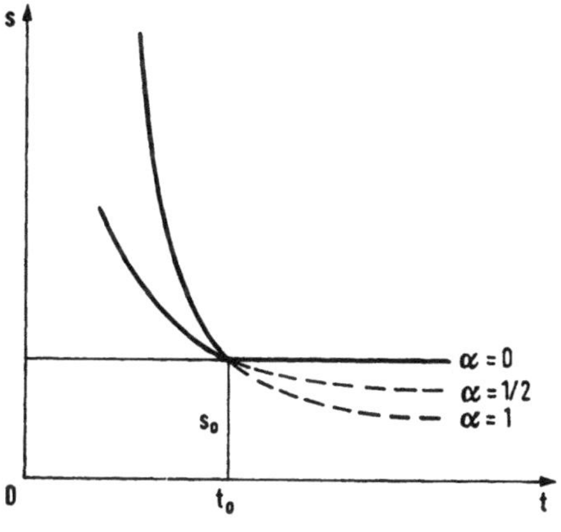

Abb. 12 Halsey-Lohn

differenz zwischen Zeitlohn und Stücklohn nur mit einem Bruchteil α ($0 \leqq \alpha \leqq 1$) ausgezahlt wird.

Beim *Halsey-Lohn* setzt sich der Stundenverdienst im Bereich $t < t_0$ aus dem festen Lohnsatz s_0 und der Prämie (Bruchteil α der Stundenverdienstdifferenz zum Stücklohn) zusammen. Gilt $\alpha = 0$, so ist auch die Prämie Null, es wird nur der Zeitlohn s_0 bezahlt. Gilt $\alpha = 1$, so wird Stücklohn ausgezahlt, und die darin enthaltene Prämie umfaßt die gesamte Differenz zwischen Stücklohn und Zeitlohn. Im Bereich $t > t_0$ wird gewöhnlich keine negative Prämie (Abschlag vom Zeitlohn) berücksichtigt, sondern es wird weiter der Zeitlohn s_0 ausgezahlt (Abbildung 12).

Durch geeignete Wahl des Prämienmaßes α kann der beim Stücklohn zu beobachtende persönliche Anreiz zu überstarker Leistungssteigerung gemildert sowie höhere Güte und Permanenz der Arbeitsleistungen erreicht werden. Der *Halsey-Lohn* ist damit ein geeignetes Verfahren zum gleichzeitigen Erreichen von qualitativen und quantitativen Fertigungszielen. Dies gilt auch für den *Rowan-Lohn* und den *Bedaux-Lohn* sowie deren Abkömmlinge, die gegenwärtig bis zu den *Kollektiv-* und *Gruppenprämienlöhnen* reichen.

d) Industrieller Soziallohn

Der gezahlte Lohn soll sowohl *schwierigkeits-* als auch *leistungsgerecht* sein, er soll aber auch *sozialgerecht* sein, d. h., er soll bestimmten sozialen Gegebenheiten des Arbeitnehmers Rechnung tragen. Soziale Komponenten sind in den auszubezahlenden Zeitlohn, Stücklohn oder Prämienlohn einzubeziehen. Zweckmäßig macht man sie jedoch in der Form sichtbar, wie sie gesetzlich vorgeschrieben oder in Lohntarifen vereinbart werden. So werden Löhne zusätzlich nach dem *Lebensalter* und nach dem *Familienstand* gestaffelt. Bei Akkordarbeit wird ein *Mindestlohn* garantiert. Dem Arbeitnehmer wird ein Anspruch auf *bezahlten Urlaub* und häufig ein *Urlaubsgeld* verbrieft. Für ungünstigere Arbeitsbedingungen wie Überstunden, Nachtarbeit, Sonn- und Feiertagsarbeit werden *Zuschläge* zur Grundvergütung gezahlt. Hinzu treten *Vereinbarungen* über eine eventuelle Kurzarbeitsvergütung, Krankheitsfälle, Unterstützung im Todesfall, Lohnfortzahlung bei Arbeitsbefreiung (z. B. Eheschließung, Todesfällen, öffentlichen Ehrenämtern, usw.) und Sonderurlaubsregelungen (wie Bildungsurlaub). Es ist ein gesetzlich normierter Arbeitgeberbeitrag zur *Sozialversicherung* (Kranken-, Renten- und Arbeitslosenversicherung) zu leisten, es sind Beiträge zu *Berufsgenossenschaften* (Unfallversicherung) und *Kindergelder* zu zahlen, usw.

Neben diesen tarifvertraglich oder gesetzlich verankerten werden häufig noch *freiwillige Sozialleistungen* zusätzlich gewährt. Zu erwähnen sind betriebliche Pensionszusagen, Weihnachtsgeld, Dienstwohnungen, u. a. Auf derartige freiwillige Sozialleistungen kann im Zeitablauf ein gewohnheitsrechtlicher Anspruch entstehen.

Dem Grundsatz sozialer Gerechtigkeit versuchen Unternehmungen auch dadurch zu genügen, daß sie ihren Mitarbeitern eine *Beteiligung* am betrieblichen Erfolg (Überschuß) unter Ausschluß einer Verlustbeteiligung vertraglich zusichern. Als Bemessungsgrundlage wählt man den Periodengewinn, einen Deckungsbeitrag (z. B. Umsatz minus Lohnsumme) oder die betriebliche Wertschöpfung (Umsatz minus Materialkosten und Fremddienste). Der *Schueler-Plan* zur Erfolgsbeteiligung basiert z. B. auf einem durchschnittlichen Verhältnis zwischen Umsatz und Lohnsumme, während der *Rucker-Plan* an die betriebliche Wertschöpfung anknüpft. Daneben gibt es noch eine Vielzahl anderer Ansätze zur Erfolgsbeteiligung, deren Zweck stets darauf ausgerichtet ist, die Arbeitnehmer finanziell zufriedenzustellen und sie auf diesem Wege zu größerer Kostenwirtschaftlichkeit, zu unternehmerischem Mitdenken, Mitverantwortung und zur Leistungssteigerung anzuregen sowie sie an die Unternehmung zu binden. Alle Ansätze zur Erfolgsbeteiligung stellen Kompromisse zur Überbrückung des unlösbaren Zurechnungsproblems von Periodenerfolgen auf die Größen Kapital und Arbeit dar. Je nach Standpunkt und Interessenvertretung können Erfolgsbeteiligungen als Überschußpartizipation oder als Lohnnachzahlung interpretiert werden. Prinzipiell kann eine Erfolgsbeteiligung der Arbeitnehmer neben der besprochenen Individualbeteiligung auch als Kollektivbeteiligung konzipiert werden. Erfolgsbeteiligung im Sinne einer sozialen Marktwirtschaft ist dann *systemkonform,* wenn sie aus abhängigen Arbeitnehmern an Chancen und Risiken des Wirtschaftens beteiligte Mitarbeiter macht.

Zusammenfassend sollen die Beziehungen zwischen den *lohnpolitischen Mitteln* und *Unternehmungszielen* in einem Schaubild (Abbildung 13) dargestellt werden.

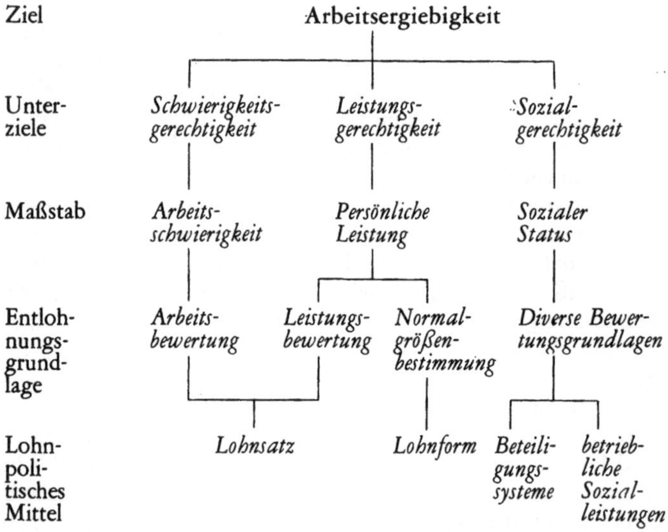

Abb. 13 Lohnpolitische Mittel und Unternehmungsziele

3. Industriebetriebliche Mitbestimmung

Die Verteilung sozialer Macht auf die Größen Kapital und Arbeit findet zum großen Teil ihren Ausdruck in der Regelung der *Mitbestimmung der Arbeitnehmer.* Wie in keinem anderen Lande der freien Welt sind in Deutschland die Informations-, Mitwirkungs- und Mitentscheidungsrechte der Arbeitnehmer rechtlich festgelegt. Der Idee einer *dispositiven Kooperation* zwischen Unternehmungsleitung und Arbeitnehmern wird damit in einem beachtlichen Ausmaße genügt. Für industrielle Unternehmungen sind diese Kooperationsrechte einmal im

„Betriebsverfassungsgesetz" (BVG) vom 15. 1. 1972 und im Abschnitt „Rechtsnormen als Ordnungsrahmen" (auf Seite 39) besprochenen „Gesetz über die Mitbestimmung der Arbeitnehmer in den Aufsichtsräten und Vorständen der Unternehmen des Bergbaus und der Eisen und Stahl erzeugenden Industrie" (Mitbestimmungsgesetz) vom 21. 5. 1951 i. d. F. d. Gesetzes vom 7. 8. 1956 und des Einführungsgesetzes zum Aktiengesetz vom 6. 9. 1965 festgelegt. Dazu kommt das Mitbestimmungs-Ergänzungs-Gesetz vom 7. 8. 1956 i. d. F. d. Änderungs-Gesetzes vom 27. 4. 1967 (Holding-Gesetz). Der Vollständigkeit halber sei auch das „Personalvertretungsgesetz" vom 5. 8. 1955 erwähnt, das die Vertretung der im öffentlichen Dienst stehenden Beamten, Angestellten und Arbeiter regelt.

Die in der Bundesrepublik Deutschland praktizierte Mitbestimmung ist eine *betriebliche* Mitbestimmung. Alle Ansätze zu einer *überbetrieblichen* Mitbestimmung sind – bis auf eine Wirtschaftskammer in Bremen – gescheitert.

Die betriebliche Mitbestimmung bezieht sich auf zwei verschiedene Unternehmungsbereiche: einmal regelt sie die Beteiligung der Arbeitnehmer an Entscheidungen der Unternehmungsspitze durch eine Vertretung im *Aufsichtsrat und Vorstand;* zum anderen bestimmt sie die Beteiligung der Arbeitnehmer an Entscheidungen über soziale, personelle und wirtschaftliche Angelegenheiten der Arbeitnehmer durch den *Betriebsrat.*

Neben der Lohnhöhe und günstigen Arbeitsbedingungen ist auch die betriebliche Mitbestimmung eine Größe, die den Leistungswillen der Mitarbeiter beeinflußt und auf diese Art indirekt auf die Ergiebigkeit der menschlichen Arbeitskraft einwirkt. Eine günstige Ausformung aller Ergiebigkeitskomponenten führt schließlich zu einem optimalen Einsatz der menschlichen Arbeitskraft in industriellen Unternehmungen.

III. Der Werkstoff als Einsatzgut

Das zweite Einsatzgut für den Produktionsprozeß ist neben der menschlichen Arbeitskraft der Werkstoff. Unter *Werkstoffen* versteht man Roh-, Hilfs- und Betriebsstoffe sowie fertige Einbauteile. In einer Maschinenfabrik rechnet man z. B.

Stahlrohlinge, Stahlträger, Stahlstangen, Bleche, Gußteile, Bandagen, u. a. zu den *Rohstoffen*. Sie werden im Fertigungsprozeß verformt, getrennt, gefügt, beschichtet, in ihrer Substanz verändert und zu neuen Produkten zusammengebaut. Zu den *Hilfsstoffen* zählen Spachtel, Rostschutzgrundierung, Lacke. Diese Güter sind im Verhältnis zu den Rohstoffen von geringerem Wert und werden rechnungstechnisch nicht genau pro Produkt erfaßt, obwohl sie direkt in dieses eingehen. *Betriebsstoffe* gehen nur indirekt in die Produkte ein. Hierher gehören Schmierstoffe, Kohle, Elektrizität, Heizöl, u. a. Zu den *fertigen Einbauteilen* werden gewöhnlich Kugellager, Ölstandsaugen, Druckfedern, Dichtungsringe u. a. gerechnet. Neben den aufgezählten Werkstoffen werden in den meisten industriellen Unternehmungen zusätzlich *Handelsprodukte (Handelswaren)* geführt. Diese werden lediglich beschafft, gelagert und als Zubehörteile bzw. Ersatzteile für gelieferte Produkte abgesetzt.

Auf die im Zusammenhang mit der Herstellung auftretenden Terminierungs-, Vorrats- und Ausnutzungsprobleme der Werkstoffe wird im Abschnitt über die „Industriebetriebliche Be-

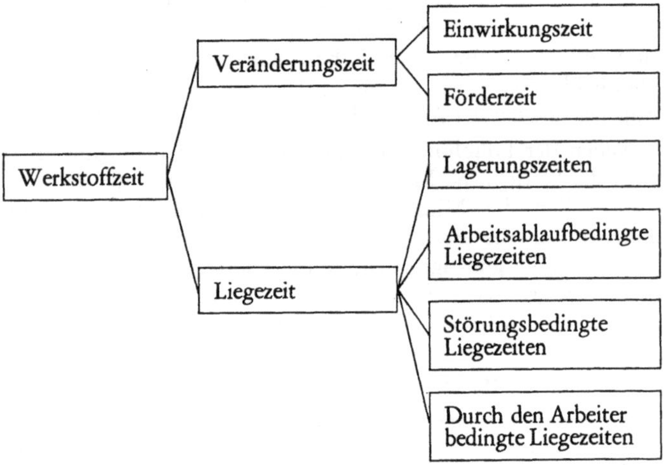

Abb. 14 Gliederung der Werkstoffzeit

schaffung" (auf S. 81 ff.) näher eingegangen. An dieser Stelle soll die Gliederung der *Werkstoffzeit* nach *REFA* angeführt werden (Abbildung 14).

Sowohl um die Veränderungszeit als auch um die Liegezeit lassen sich eine Reihe von Optimierungsproblemen formulieren, die in bezug auf eine zu wählende Zielfunktion eine optimale Gestaltung des Materialflusses bezwecken.

IV. Die Betriebsmittelleistung als Einsatzgut

Als drittes Einsatzgut für den realen Produktionsprozeß werden neben den menschlichen Arbeitsleistungen und den Werkstoffen die *Leistungen der Betriebsmittel* verbraucht. Die Betriebsmittel stellen Potentiale dar, die bei Nutzung Leistungen in den Produktionsprozeß abgeben. Zu den Betriebsmitteln zählt man Grundstücke, Gebäude, Maschinen, maschinelle Anlagen, Werkzeuge, Transportmittel und Büroeinrichtungen. In Industrieunternehmungen stehen die Betriebsmittel Maschinen und maschinelle Anlagen im Vordergrund der Betrachtung.

Entscheidungen über die Art, Menge und Kombination der Betriebsmittel fallen bereits im Gründungsstadium mit der Bestimmung der *Fertigungsverfahren (Erzeugungsverfahren, Herstellungsverfahren)* an und kehren stoßweise während der gesamten Lebensdauer der Industrieunternehmung als Entscheidungen über *Ersatz-, Erweiterungs- oder Rationalisierungsinvestitionen bzw. Desinvestitionen* wieder.

Die Wahl des Fertigungsverfahrens hängt sowohl von materialen, sozialen als auch von formalen Entscheidungszielen einer Unternehmung ab. Gewöhnlich stehen für die Produktion eines bestimmten Produkts bzw. Absatzprogramms mehrere Fertigungsverfahren zur Wahl, von welchen dasjenige ausgewählt wird, das unter gegebenen Restriktionen die gesetzten Ziele am besten erfüllt. Sobald das Fertigungsverfahren fixiert ist, liegt auch das *Betriebsmittelpotential (Kapazität)* als technisch maximales Leistungsvermögen fest. Dieses Potential wird gewöhnlich mit verschiedenen Beschäftigungsgraden gefahren. Es sollte in der Anpassung an neue Absatzprogramme elastisch sein und einen Austauschbau einzelner Elemente zulassen.

Im Zusammenhang mit dem Betriebsmittelpotential fällt eine Reihe von Entscheidungen über verschiedene Gegenstände und mit verschiedener Reichweite an. Zunächst muß zum Zwecke der Wahl die *Vorzugswürdigkeit* von Fertigungsverfahren (bzw. Betriebsmitteln) bestimmt werden. Es folgt die Wahl innerbetrieblicher *Standorte.* Danach ist für die pagatorische und die kalkulatorische Unternehmungsrechnung die technisch-wirtschaftliche *Lebensdauer* zu berechnen, um Abschreibungen verrechnen zu können. In gut organisierten und gut geführten Unternehmungen werden für die Betriebsmittel Wartungs- und Überholungspläne erstellt. Außerdem sind im Rahmen der Investitionsplanung Vorstellungen über die Art der Betriebsgrößenvariation (multiple, mutative) zu konkretisieren und deren Auswirkungen auf den Personalbedarf, das Absatzprogramm, das Finanzierungsprogramm und die betrieblichen Produktionsfunktionen (Kostenfunktionen) zu analysieren. In gleicher Weise sind Konzepte für die fortschreitende Maschinisierung, Mechanisierung und Automatisierung der industrie-

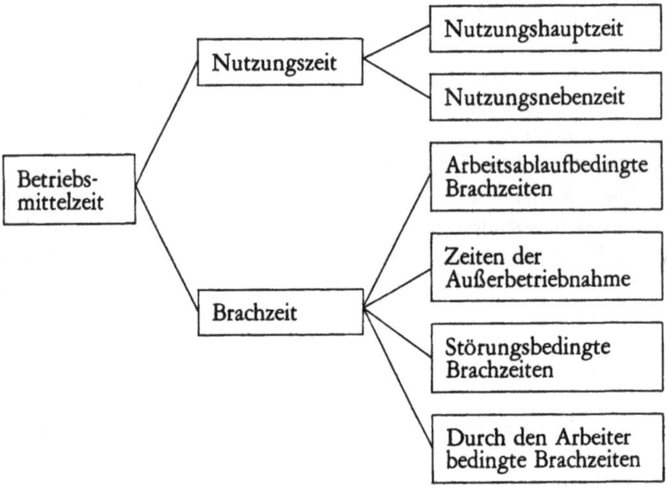

Abb. 15 Gliederung der Betriebsmittelzeit

betrieblichen Arbeitsprozesse zu entwerfen und deren Konsequenzen planerisch frühzeitig zu berücksichtigen.

Alle aufgezählten Bemühungen sind darauf ausgerichtet, das Betriebsmittelpotential über mehrere Perioden hinweg optimal zu dimensionieren, zu variieren und zu nutzen. Unter Berücksichtigung aller Wechselbeziehungen zu den menschlichen Arbeitsleistungen und Werkstoffen ist es das Bemühen der verantwortlichen Unternehmungsleiter, alle drei Einsatzgüter bei gegebenen Zielvorstellungen und Restriktionen optimal zu kombinieren.

Abschließend soll die Zeit, in der ein Betriebsmittel für die Fertigung einsetzbar ist, weiter untergliedert werden (Abbildung 15).

Während der Nutzungshauptzeit wird dem Betriebsmittel eine bestimmte Leistung abverlangt, zu welcher es in der Nutzungsnebenzeit vorbereitet wird. Die Brachzeit ist eine echte Stillstandszeit, welche auf den aufgeführten Ursachen (Außerbetriebnahme, Störung, usw.) beruht. Durch Arbeitsablaufstudien, geeignete Lohnformen und Kontrollen wird versucht, die Brachzeiten von Betriebsmitteln möglichst niedrig zu halten.

V. Literaturhinweise zum Abschnitt B (Die industriebetrieblichen Einsatzgüter)

Literaturhinweise zum Abschnitt B I:

Bohr, Kurt: Zur Produktionstheorie der Mehrproduktunternehmung. Traditionelle Theorie und lineare sowie nichtlineare Programmierung. Köln, Opladen 1967.

Castan, E.: Rechtsformen der Betriebe. Stuttgart 1968.

Chmelik, Günter, und *Ekkehard Kappler:* Konstitutive Entscheidungen. In: Industriebetriebslehre. Hrsg. von Edmund Heinen. Wiesbaden 1972, S. 71–195.

Grochla, Erwin: Unternehmungsorganisation. Neue Ansätze und Konzeptionen. Reinbek bei Hamburg 1972.

Gutenberg, Erich: Grundlagen der Betriebswirtschaftslehre. Bd. 1, Die Produktion. 18. Aufl., Berlin, Heidelberg, New York 1971.

Handwörterbuch der Organisation: Hrsg. von Erwin Grochla. Stuttgart 1969.

Heinen, Edmund: Betriebswirtschaftliche Kostenlehre. Kostentheorie und Kostenentscheidungen. 3. Aufl., Wiesbaden 1970.

Industrielle Produktion: Hrsg. von Klaus Agthe, Hans Blohm und Erich Schnaufer. Baden-Baden, Bad Homburg vor der Höhe 1967.

Kilger, Wolfgang: Produktions- und Kostentheorie. Wiesbaden 1958.

Kloock, Josef: Betriebswirtschaftliche Input-Output-Modelle. Ein Beitrag zur Produktionstheorie. Wiesbaden 1969.

Kosiol, Erich: Organisation der Unternehmung. Wiesbaden 1962.

–: Einführung in die Betriebswirtschaftslehre. Die Unternehmung als wirtschaftliches Aktionszentrum. Wiesbaden 1968.

Krelle, Wilhelm: Produktionstheorie. 2. Aufl., Tübingen 1969.

Lassmann, Gert: Die Produktionsfunktion und ihre Bedeutung für die betriebswirtschaftliche Kostentheorie. Köln, Opladen 1958.

Lohmann, Martin: Einführung in die Betriebswirtschaftslehre. 4. Aufl., Tübingen 1964.

Lücke, Wolfgang: Produktions- und Kostentheorie. 2. Aufl., Würzburg, Wien 1970.

March, James G., und *Herbert A. Simon:* Organizations. 9th print., New York, London, Sydney 1967.

Mellerowicz, Konrad: Betriebswirtschaftslehre der Industrie. Bd. 1, 6. Aufl., Freiburg i. Br. 1968.

Schäfer, Erich: Die Unternehmung. Einführung in die Betriebswirtschaftslehre. 7. Aufl., Köln, Opladen 1970.

Schmidt, Ralf-Bodo: Wirtschaftslehre der Unternehmung. 2 Bde., Stuttgart 1969 und 1973.

Schweitzer, Marcell: Probleme der Ablauforganisation in Unternehmungen. Berlin 1964.

Unternehmungsorganisation (Reader + Abstracts): Hrsg. von Erwin Grochla. Reinbek bei Hamburg 1972.

Wild, Jürgen: Neuere Organisationsforschung in betriebswirtschaftlicher Sicht. Internationale Forschungsansätze und -ergebnisse zur formalen Problematik der Aufbauorganisation. Berlin 1967.

Wittmann, Waldemar: Produktionstheorie. Berlin, Heidelberg, New York 1968.

Literaturhinweise zum Abschnitt B II:

Arbeit und Lohn als Forschungsobjekt der Betriebswirtschaftslehre: Vorträge der Tagung des Verbandes der Hochschullehrer für Betriebswirtschaft e. V. vom 24.–27. 5. 1961 in Mannheim. Sonderdruck der Zeitschrift für Betriebswirtschaft. Wiesbaden 1962.

Baierl, Friedrich: Produktivitätssteigerung durch Lohnanreizsysteme. 2. Aufl., München 1958.

Böhrs, Hermann: Leistungslohn. Wiesbaden 1959.

Braun, Walter: Die betriebliche Lohnfindung. In: Lohnpolitik und Einkommensverteilung. Verhandlungen auf der Tagung des Vereins für Socialpolitik in Berlin 1968. Hrsg. von Helmut Arndt. Berlin 1969, S. 540–587.

Euler, Hans, und *Hans Stevens:* Die analytische Arbeitsbewertung als Hilfsmittel zur Bestimmung der Arbeitsschwierigkeit. 3. Aufl., Düsseldorf 1956.

Fäßler, Klaus: Betriebliche Mitbestimmung – Verhaltenswissenschaftliche Projektionsmodelle. Wiesbaden 1970.

Fischer, Guido: Die Betriebsführung. Bd. 1, Allgemeine Betriebswirtschaftslehre. 10. Aufl., Heidelberg 1964.

Gaugler, Eduard: Die Auswirkungen der Mitbestimmung auf die unternehmerischen Entscheidungen. In: Mitbestimmung. Hrsg. von A. Rauscher. Köln 1968, S. 80–112.

Gilbreth, Frank B.: Das ABC der wissenschaftlichen Betriebsführung. Primer of Scientific Management. Bearb. von Colin Ross. 3. Neudruck, Berlin 1920.

Goossens, Franz: Erfolgsbeteiligung und Vermögensbildung. München 1961.

Gutenberg, Erich: Grundlagen der Betriebswirtschaftslehre. Bd. 1, Die Produktion. 18. Aufl., Berlin, Heidelberg, New York 1971.

Hetzler, H. W.: Die Bewertung von Bürotätigkeiten. Grundlagen und Verfahren. 2. Aufl., Köln, Opladen 1964.

Hütte: Taschenbuch für Betriebsingenieure (Betriebshütte). Hrsg. vom Akademischen Verein Hütte e. V. Bd. III, Fertigungsbetrieb. 6. Aufl., Berlin, München 1965.

Kosiol, Erich: Leistungsgerechte Entlohnung. 2. Aufl., Wiesbaden 1962.

Kupsch, Peter Uwe, und *Rainer Marr:* Personalwirtschaft. In: Industriebetriebslehre. Hrsg. von Edmund Heinen. Wiesbaden 1972, S. 445–574.

March, James G., und *Herbert A. Simon:* Organizations. 9th print., New York, London, Sydney 1967.

Martens, Helmut: Grundlagen und Formen der Entlohnung. Berlin 1958.

Mitbestimmung im Unternehmen: Bericht der Sachverständigenkommission zur Auswertung der bisherigen Erfahrungen bei der Mitbestimmung (Mitbestimmungskommission). Stuttgart, Berlin, Köln, Mainz 1970.

Neuloh, Otto: Der neue Betriebsstil. Untersuchungen über Wirklichkeit und Wirkungen der Mitbestimmung. Tübingen 1960.

Personalführung: Hrsg. von August Marx. Bd. 1, Beiträge zur Problematik menschlicher Arbeitsleistung im Betrieb. Wiesbaden 1969. Bd. 2, Personalwirtschaft im Zeichen des technischen Fortschritts und der betrieblichen Mitbestimmung. Wiesbaden 1970. Bd. 3, Motivation und Stimulans menschlicher Arbeitsergiebigkeit. Wiesbaden 1971.

Pleiß, Ulrich: Freiwillige soziale Leistungen der industriellen Unternehmung. Versuch einer Wesenserfassung und systematischen Ordnung. Berlin 1960.

Sutermeister, R. A.: People and Productivity. New York 1963.

Taylor, Frederick, Winslow: Die Grundsätze wissenschaftlicher Betriebsführung (The Principles of Scientific Management). Deutsch von R. Roesler. München, Berlin 1913.

Ulrich, Hans, und *Robert Staerkle:* Personalplanung. Köln, Opladen 1965.

Verband für Arbeitsstudien e. V. – REFA: Das REFA-Buch, Bd. 1, Arbeitsgestaltung. 10. Aufl., München 1971.
Das REFA-Buch, Bd. 2, Zeitvorgabe. 8. Aufl., München 1958.
Das REFA-Buch, Bd. 3, Methodische Grundlagen der analytischen Arbeitsbewertung. München 1965.
Das REFA-Buch, Bd. 4, Arbeitsunterweisung. 8. Aufl., München 1967.

Voigt, F.: Die Mitbestimmung der Arbeitnehmer in den Unternehmungen. Eine Analyse der Einwirkungen der Mitbestimmung in der Bundesrepublik Deutschland auf die Unternehmungsführung. In: Zur Theorie und Praxis der Mitbestimmung. Bd. 1. Hrsg. von W. Weddigen. Berlin 1962, S. 87–536.

Wagner, Helmut: Bestimmungsfaktoren der menschlichen Arbeitsleistung im Betrieb. Wiesbaden 1966.

Wibbe, Josef: Arbeitsbewertung. Entwicklung, Verfahren und Probleme. 3. Aufl., München 1966.

Wöhe, Günter: Einführung in die Allgemeine Betriebswirtschaftslehre. 10. Aufl., Berlin, Frankfurt a. M. 1971.

Literaturhinweise zum Abschnitt B III:

Grochla, Erwin: Grundlagen der Materialwirtschaft. Das materialwirtschaftliche Optimum im Betrieb. 2. Aufl., Wiesbaden 1973.

Gutenberg, Erich: Grundlagen der Betriebswirtschaftslehre. Bd. 1, Die Produktion. 18. Aufl., Berlin, Heidelberg, New York 1971.

Heinen, Edmund: Betriebswirtschaftliche Kostenlehre. Kostentheorie und Kostenentscheidungen. 3. Aufl., Wiesbaden 1970.

Hennig, Karl Wilhelm: Betriebswirtschaftslehre der industriellen Erzeugung. 5. Aufl., Wiesbaden 1969.

Henzel, Friedrich: Lagerwirtschaft. Essen 1950.

Hütte: Taschenbuch für Betriebsingenieure (Betriebshütte). Hrsg. vom Akademischen Verein Hütte e. V. Bd. I, Fertigungsverfahren. 6. Aufl., Berlin, München 1964.

Kroeber-Riel, Werner: Beschaffung und Lagerung. Betriebswirtschaftliche Grundfragen der Materialwirtschaft. Wiesbaden 1966.

Riebel, Paul: Industrielle Erzeugungsverfahren in betriebswirtschaftlicher Sicht. Wiesbaden 1963.

Verband für Arbeitsstudien e. V. – REFA: Das REFA-Buch, Bd. 1, Arbeitsgestaltung. 10. Aufl., München 1971.

Vormbaum, Herbert: Die Produktionsfunktion in betriebswirtschaftlicher Sicht. In: Industrielle Produktion. Hrsg. von Klaus Agthe, Hans Blohm und Erich Schnaufer. Baden-Baden, Bad Homburg vor der Höhe 1967, S. 53–63.

Literaturhinweise zum Abschnitt B IV:

Gutenberg, Erich: Untersuchungen über die Investitionsentscheidungen industrieller Unternehmungen. Köln, Opladen 1959.

–: Grundlagen der Betriebswirtschaftslehre. Bd. 1, Die Produktion. 18. Aufl., Berlin, Heidelberg, New York 1971.

Hütte: Taschenbuch für Betriebsingenieure (Betriebshütte). Hrsg. vom Akademischen Verein Hütte e. V. Bd. II, Fertigungsmaschinen. 6. Aufl., Berlin, München 1964.

Kaminsky, G., und *H. Pilz:* Gestaltung von Arbeitsplatz und Arbeitsmittel. Berlin 1963.

Kern, Werner: Die Messung industrieller Fertigungskapazitäten und ihre Ausnutzung. Köln, Opladen 1962.

Kosiol, Erich: Anlagenrechnung – Theorie und Praxis der Abschreibungen. Wiesbaden 1955.

Opitz, Herwart: Moderne Produktionstechnik. Stand und Tendenzen. 2. Aufl., Essen 1970.

Riebel, Paul: Die Elastizität des Betriebes. Köln, Opladen 1954.

–: Industrielle Erzeugungsverfahren in betriebswirtschaftlicher Sicht. Wiesbaden 1963.

Swoboda, Peter: Die betriebliche Anpassung als Problem des betrieblichen Rechnungswesens. Wiesbaden 1964.

Verband für Arbeitsstudien e. V. – REFA: Das REFA-Buch, Bd. 1, Arbeitsgestaltung. 10. Aufl., München 1971.

Wegner, Gertrud: Systemanalyse und Sachmitteleinsatz in der Betriebsorganisation. Wiesbaden 1969.

C. Die Wahl des industriebetrieblichen Standorts

I. Die Standortwahl als Entscheidungsproblem

Im *Gründungsstadium* einer industriellen Unternehmung sind mehrere weitreichende ökonomisch-technische Fragen in zeitlich gedrängter Form zu beantworten. Dabei geht es um die Wahl der *Absatzgüter* und der zugehörigen *Fertigungsverfahren*, um die Bestimmung der *Unternehmungsgröße*, um die Wahl der günstigsten *Unternehmungsfinanzierung*, um die Festlegung der *Rechtsform*, der *Zielkonzeption* und der *Organisationsform* sowie um die Determination des *Unternehmungsstandorts*. Alle Sachprobleme müssen in Ausrichtung auf die Zielkonzeption und unter Beachtung einer Zahl von rechtlichen, wirtschaftlichen und sozialen Nebenbedingungen sowie bestehenden Wechselbeziehungen möglichst optimal gelöst werden. In den seltensten Fällen sind diese Antworten für bereits bestehende Unternehmungen simultan, sondern gewöhnlich zeitlich gestuft und nicht mit höchster Rationalität gegeben worden. Um dem Ideal einer komplexen und optimalen Beantwortung aller Gründungsfragen nahe zu kommen, das zeigt sich heute sehr deutlich, sind sehr viele und kostspielige Informationen sowie Modellkonstruktionen erforderlich, die bei Geld- und Realgüterknappheit nach Kompromissen zwischen hohem Informationsstand und anfallenden Informationskosten verlangen.

Standortprobleme kommen auf eine Industrieunternehmung auch während der normalen Lebensdauer in der Form von Zweigwerkerrichtungen oder als Standortwechsel der gesamten Unternehmung zu. In allen Fällen haben sie die Eigenheiten, daß sie stoßweise anfallen und die Unternehmung längerfristig an die jeweils getroffene Wahl binden, d. h., sie sind kurzfristig entweder gar nicht oder nur unter hohen Opfern revidierbar. Wegen ihrer wirtschaftspolitischen und gesellschaftspolitischen Bedeutung haben Standortfragen industrieller Unternehmungen einen Platz in der Raumwirtschaftspolitik der Gemeinden, der Länder und des Bundes. Der Spielraum für eine *betriebsindividuell optimale Standortwahl* wird um so enger, je höher der Rang und der Verbindlichkeitscharakter getroffener Empfehlungen der administrativen Institution ist, welche die Standortplanung überbetrieblich durchführt. Eine optimale Standortwahl einer Industrieunternehmung findet dann ihre Planungsbasis in einer Branchenplanung und/oder in einer kommunalen, regionalen bzw. nationalen Standortplanung. Denkbar sind auch Standortplanungen, die auf einzelne Kontinente bzw. auf die ganze Erde bezogen werden.

II. Bestimmungsgrößen des industriebetrieblichen Standorts

Soweit Standorte nicht durch Bodenfunde oder sonstige (natürliche) Bindungen vordeterminiert sind, beginnt die Standortanalyse mit einer Überprüfung der *Standortbestimmungsgrößen (Standortfaktoren)*. Die erste systematische Behandlung dieser Bestimmungsgrößen geht auf *A. Weber* zurück und enthält eine Differenzierung nach den Merkmalen: Geltungsumfang, räumliche Wirkung und Natürlichkeit (Art) der Bestimmungsgrößen. Nach dem *Geltungsumfang* lassen sich generelle und spezielle Bestimmungsgrößen des Standorts unterscheiden. Als generelle Größen wären insbesondere die Preise für Einsatzgüter anzusehen (z. B. Löhne, Rohstoffpreise, u. a.), während zu den speziellen Bestimmungsgrößen etwa industriespezifische geologische Einflüsse zu zählen wären. Nach der *räumlichen Wirkung* lassen sich Agglomerations- und Deglomerationsgrößen auseinanderhalten und schließlich nach ihrer *Art* natürlich-technische Größen (z. B. eine angeborene physische und psychische Disposition beim Menschen) sowie kulturell-gesellschaftliche Bestimmungsgrößen (z. B. regionale Unterschiede in der menschlichen Einstellung) unterscheiden.

Die gegenwärtig umfassendste *Klassifikation* der Standortbestimmungsgrößen wird von *K. C. Behrens* vorgelegt (Abbildung 16).

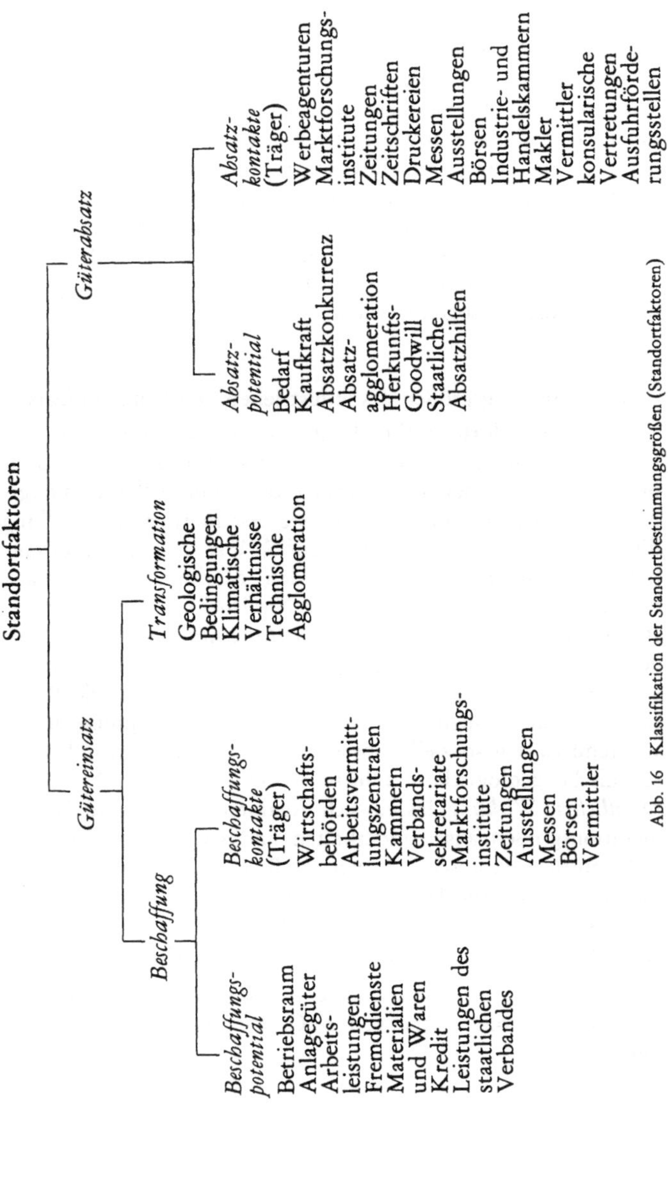

Abb. 16 Klassifikation der Standortbestimmungsgrößen (Standortfaktoren)

III. Modelle zur Bestimmung des optimalen Standorts

1. Heuristische Standortmodelle

Die Klassifikation von Standortbestimmungsgrößen kann für eine konkrete Standortentscheidung nur grobe Anhaltspunkte für einen Lösungsansatz liefern, indem auf mögliche Bestimmungsgrößen hingewiesen wird. An diesen Schritt schließt eine Analyse der relevanten Größen und deren Verdichtung zu Alternativen an, die unter einer gewählten Zielfunktion zu bewerten (gewichten) sind. Dann kann eine extremale bzw. befriedigende Standortalternative ausgewählt und realisiert werden. Dieser Ansatz zur Problemformulierung und -lösung führt zur Bewältigung der aufgeworfenen Fragen mittels eines *Entscheidungsmodells,* das nach Befolgung eines Lösungsalgorithmus exakt zur Auswahl der optimalen Standortalternative führt. Als Vorstufe oder Ersatz zu dieser schwierigen und umfangreichen exakten Optimierung existieren in der Praxis entweder einfache Return-on-Investment-Rechnungen oder systematische Näherungs- oder Probierverfahren, die sich an das Optimum herantasten, ohne den Anspruch zu erheben, es exakt zu bestimmen. Näherungsverfahren der beschriebenen Art heißen auch *heuristische Modelle.* Ihre Aufgabe ist es, im Zusammenhang mit Standortproblemen, mögliche Standortalternativen in ihren Konsequenzen miteinander zu vergleichen und Hinweise für geeignete Wege zur Lösungsverbesserung aufzuzeigen. An Techniken zur heuristischen Bestimmung von industriebetrieblichen Standorten sind das Katalogverfahren und das Etappenverfahren entwickelt worden.

Das *Katalogverfahren (Standortfaktoren-Katalog)* ist nach empirischen Forschungsergebnissen des *Österreichischen Instituts für Raumplanung* konzipiert worden. Der verfolgte Zweck dieses Verfahrens ist es, einen bestimmten Standort auf seine Vorzugswürdigkeit zu beurteilen. Man geht dabei von einem erarbeiteten Standortfaktoren-Katalog aus, der nach Branchen gruppierte, standardisierte Faktorenbewertungen enthält (Abbildung 17). Für die jeweils analysierte Standortalternative wird vom Katalogbenutzer eine Bewertungskarte ausgefüllt, deren Vergleich mit dem branchengleichen Katalog-Beispiel einen

Standortfaktoren

Bewertung:

absolut	relativ	Zusatz	
●	■	z.B.: M	sehr große Bedeutung
◉	▣	M	große Bedeutung
◎	▨	M	geringe Bedeutung
○	□		unbedeutend

Sonstige Aussagen: z.B.: m (ohne Bewertung)

Allgemein wichtig: *

Standortfaktoren			08 Eisen- und Metallwarenindustrie								
			080405 Präge- und Gravieranstalten	080406 Kraftfahrzeug- und Fahrradzubehör (619)	080407 Metallarmaturen	080408 Schrauben; Preß-, Stanz-, Zieh- und Drehteile	080409 Waffen, Munition	080410 Emailwaren	080500 Edelmetallwarenerzeugung (615)	080600 Hilfsbetriebe d. Metallwarenerzeugung (616) 080601 Galvanisierung, Beizung	080700 Feinmechanische u. optische Instrumente u. Apparate (625, 626); Uhren (627)
01 Arbeitskräfte	011 Personalkosten		●	◎	●	◎	●	◉	●	◉	●
	012 Arbeiter	Q qualifiziert, A angelernt, ungelernt, R Routinepersonal	■ Q A	■ Q A	■ Q A	■ A Q	▣ Q A	■ A Q	▣ Q A	■ Q A	▣ Q A
	013 Arbeiterinnen		□	▣ A	□	▣ A	▣ A Q	▣ A	▣ A Q	▨ A Q	▣ A Q
	014 Angestellte		□	▨ R Q	□	□	□	▨ R Q	□	□	▨ R Q
	015 Saisonschwankungen (sa), Heimarbeit (h), Schichtbetrieb (sb)		○	○	○	○	○	○	○	○	h
02 Grundstücke und Gebäude	021 Flächenbedarf	m ausschließlich Menge	◎	◎	◎	◎	◉	◉	○	◎	○
	022 Bauliche Investitionen, Nutzungskosten		○	○	○	○	◎	◎	○	○	○
	023 Erschließung		◎	○	○	◎	◎	◎	○	◎	○
03 Maschinelle Anlagen			○	○	◎	◎	◎	○	○	◎	○
04 Finanzierung			*	*	*	*	*	*	*	*	*
05 Roh- und Hilfsstoffe	051 Rohstoffe		○	○	○	◉	◉	◉	○	◉	○
	052 Hilfsstoffe, fertig bezogene Teile		○	○	○	○	○	◎	○	◎	○
06 Energie	061 Kohle		○	○	○	○	○	○	○	○	○
	062 Heizöl		○	○	○	○	○	○	○	○	○
	063 Strom		○	○	◎	◎	○	◉	○	◎	○
	064 Gas		○	○	◎	○	◎	◉	◎	◎	○
07 Wasserbedarf		M Menge, Q Qualität	○	○	◎ M	○	○	○	○	◎ M	○
08 Örtliche Kontakte	081 Lieferanten (L), Abnehmer (A), gleichartige Betriebe (G)		◎ A	○	◎ L A	○	◎ L	◎ A	◎ A	◎ A	◎ A L
	082 Zentralörtliche Dienste	P persönliche Dienste	* P	* P	* P	*	* P	*	* P	* P	* P
09 Verkehr	091 Personenverkehrs- und Nachrichtenverbindungen		*	*	*	*	*	*	*	*	*
	092 Güterverkehr 0921 Verkehrsintensität	v Transportvolumen	○	◎	◎	◉	◎	◎	○	◎ v	○
	0922 Straße		■	■	■	▣	■	▣	■	■	■
	0923 Bahn	g Gleisanschluß	▨	▣	▨	▣	▣ g	▣	▨	▣	▣
	0924 Wasserverkehr (w) Luftverkehr (l)		○	○	○	○	○	○	○	○	◎ l
10 Imissionen	101 Betrieb → Umgebung	• Erschütterung, g Gefährlichkeit, l Lärm, v Luftverunreinigung	○	◎ l	○	○	◉ g l	○	○	○	○
	102 Umgebung → Betrieb		○	○	○	○	○	○	◎ •	○	○ • v
11 Produktionsrückstände	111 Abwasser	M Menge, Q Qualität	○	○	○	○	○	○	○	◉ Q	○
	112 Sonstige Rückstände	b beseitigbar, v verwertbar	○	○	○	○	○	○	○	○	○
12 Absatz			◎	◎	◎	◎	○	◎	◎	◉	◎
Zusatzangaben (Österr. 1962)	Zahl der Mitgliedsfirmen		10	20	20	25	12	7	5	15	35; 10
	Zahl der Beschäftigten		600	3500	1500	2500	1200	2000	300	500	3000; 300
	Exportanteil am Umsatz in %		0	30	0	40	75	10	0	0	+); 30

Anmerkungen: +) Feinmechanik 30 %, Optik 80 %

Abb. 17 Standortfaktoren-Katalog für Bereiche der Eisen- und Metallwarenindustrie (entnommen aus: *Schilling, Helmut:* Standortfaktoren für die Industrieansiedlung. Standortfaktoren-Katalog Nr. 08. Stuttgart, Berlin, Köln, Mainz 1968)

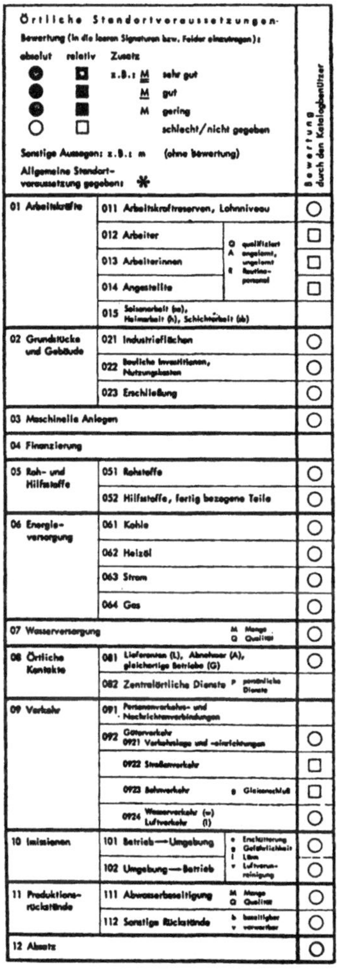

Abb. 18 Bewertungskarte zur Beurteilung der Industriestandorteignung (entnommen aus: *Schilling, Helmut:* Standortfaktoren für die Industrieansiedlung. Beilage zum Standortfaktoren-Katalog. Stuttgart, Berlin, Köln, Mainz, 1968)

Schluß auf die Vorzugswürdigkeit der Alternative zuläßt (Abbildung 18). Ein verwandtes, einfacheres Verfahren ist vom *Industrial Development Research Council* (USA) entwickelt worden.

Die Arbeitsweise des *Etappenverfahrens* beruht auf einer Aufteilung eines Standort-Gesamtproblems in eine Reihe von nacheinander isoliert lösbaren Teilproblemen, ihrer optimalen Lösung und schrittweisen Annäherung zu einer günstigen Gesamtlösung. Zur Bewältigung der Teilprobleme können durchaus exakte Optimierungsmodelle formuliert werden, deren Resultat als Eingangsinformationen für die nächste Lösungsetappe verwendet werden. Die wiederholte Durchrechnung der einzelnen Etappen auf elektronischen Rechenanlagen unter Berücksichtigung verschiedener Datenkonstellationen erlaubt schließlich einen Schluß auf diejenige Standortalternative, welche dem gesetzten Zielbündel (bestens) genügt. Eine Variante des Etappenverfahrens ist die *Next-Best-Rule („NB-Regel")* von *A. A. Kuehn* und *M. J. Hamburger,* die sich bei der Bestimmung dezentraler Standorte von Lagerhäusern bewährt hat.

2. Optimierungsmodelle zur Standortbestimmung

Die Ansätze zur Bestimmung eines *exakten Standortoptimums* reichen von den *Idealmodellen J. H. v. Thünens, W. Launhardts, A. Webers* über die *Realmodelle T. Palanders, A. Predöhls, W. W. Leontiefs* bis zu den interregionalen *Input-Output-Modellen* von *W. Isard, A. Lösch* und *R. Thoss.* Die letzteren dieser Modelle erfassen die Standortproblematik unter volkswirtschaftlichem Aspekt und sind nach ihrer Struktur *lineare Transportmodelle* unter Berücksichtigung wirtschaftssektoraler Input-Output-Beziehungen. Sie sind in besonderem Maße geeignet, den überbetrieblichen Beziehungszusammenhang der industriebetrieblichen Standortproblematik sichtbar zu machen und einer wirtschaftspolitisch vertretbaren Lösung zuzuführen. Die überbetrieblichen Standortmodelle enthalten die wichtigsten Bestimmungsgrößen der betriebsindividuellen Standortwahl und beziehen diese in den übergeordneten Zusammenhang einer Branche oder der Gesamtwirtschaft ein. Für industrielle Großunternehmungen mit mehreren Werken oder

Niederlassungen sowie für Konzerne sind diese Modelle in analoger Form unmittelbar verwendbar. Die Struktur eines derartigen Modells soll am vereinfachten Problemzusammenhang der Standortbestimmung der *Papierindustrie Westdeutschlands* erläutert werden.

Problemstellung: Gesucht wird die herstellkostenminimale Standortwahl der Produktion und des Handels von Papier in Westdeutschland bei gegebenen Nebenbedingungen.

Für die Modellkonstruktion wird die Bundesrepublik in fünf Regionen aufgeteilt (i, j = 1 bis 5). In jeder dieser Regionen ist Produktion möglich. Aus Gründen der Vereinfachung wird die Anzahl der Rohstoffe auf Holz reduziert (Gewöhnlich braucht man auch Faserstoffe, Stroh, Holzschliff, Altpapier, u. a.), und der Produktionsprozeß wird als einstufig betrachtet. Neben dem Rohstoff Holz werden noch Arbeitsleistungen und Energie als Einsatzgüter in das Modell einbezogen. Produktionsgerechtes Wasser sei in allen Regionen genügend vorhanden. Der Einsatzgüterverbrauch sei dem Output direkt proportional *(Leontief-Produktionsfunktionen)*.

Symbolisierung:

x_1^{ij} = Handelsstrom an Holz von i nach j in Tonnen
x_2^{ij} = Handelsstrom an Papier von i nach j in Tonnen
R_1^i = Vorrat an Holz in Region i in Tonnen
Q_2^i = Produktion von Papier in Region i in Tonnen
D_2^i = Nachfrage nach Papier in Region i in Tonnen
r_1^{ij} = Transportkosten einer Tonne Holz für den Transport von i nach j
r_2^{ij} = Transportkosten einer Tonne Papier für den Transport von i nach j
α = Produktionskoeffizient von Holz für Papier
β = Produktionskoeffizient von Arbeit für Papier
γ = Produktionskoeffizient von Energie für Papier
p_1^i = Preis für 1 Tonne Holz in Region i
p_3^i = Preis für 1 Stunde Arbeit in Region i
p_4^i = Preis für 1 Einheit Energie in Region i

Nebenbedingungen:

Rohstoffvorräte: Der Versand an Holz, der von einer Region ausgeht, darf nicht größer als ihr Holzvorrat sein.

$$\sum_j x_1^{ij} \leqq R_1^i \quad (i = 1 \text{ bis } 5)$$

Produktion: Die Produktion von Papier in einer Region soll gleich dem von ihr ausgehenden Versand an Papier in alle Regionen sein.

$$\sum_j x_2^{ij} = Q_2^i \quad (i = 1 \text{ bis } 5)$$

Bedarf an Holz: Die nach einer Region fließende Menge Holz soll gleich ihrem Bedarf an Holz für die Produktion sein.

$$\sum_j x_1^{ji} = \alpha Q_2^i \quad (i = 1 \text{ bis } 5)$$

Empfang an Papier: Die in eine Region fließende Menge Papier soll gleich ihrer Nachfrage nach Papier sein.

$$\sum_j x_2^{ji} = D_2^i \quad (i = 1 \text{ bis } 5)$$

Zielvorstellung:

Minimierung der gesamten Herstellkosten.

$$K = \sum_i \sum_j x_1^{ij} (p_1^i + r_1^{ij}) + \sum_i \sum_j x_2^{ij} (\beta p_3^i + \gamma p_4^i + r_2^{ij}) = \text{Min!}$$

x_1^{11}	x_1^{12}	x_1^{21}	x_1^{22}	x_2^{11}	x_2^{12}	x_2^{21}	x_2^{22}		
1	1							$\leqq R_1^1$	(1)
		1	1					$\leqq R_1^2$	(2)
				1	1			$= Q_2^1$	(3)
						1	1	$= Q_2^2$	(4)
1		1						$= \alpha Q_2^1$	(5)
	1		1					$= \alpha Q_2^2$	(6)
				1		1		$= D_2^1$	(7)
					1		1	$= D_2^2$	(8)
jeweils $(p_1^i + r_1^{ij})$				jeweils $(\beta p_3^i + \gamma p_4^i + r_2^{ij}) = K = \text{Min!}$					

In Tabellenform läßt sich das Modell wie auf S. 76 darstellen, wobei nur für zwei Regionen ausformuliert wird:

Die Anzahl der Nebenbedingungen läßt sich verringern, wenn man die 3. und 4. Nebenbedingung in die 5. bzw. 6. einsetzt.

Als Beispiel werde die 3. Nebenbedingung in die 5. eingesetzt:

$$\alpha (x_2^{11} + x_2^{12}) = (x_1^{11} + x_1^{21})$$

oder $$-\alpha (x_2^{11} + x_2^{12}) + x_1^{11} + x_1^{21} = 0$$

x_1^{11}	x_1^{12}	x_1^{21}	x_1^{22}	x_2^{11}	x_2^{12}	x_2^{21}	x_2^{22}		
1	1							$\leqq R_1^1$	(1)
		1	1					$\leqq R_1^2$	(2)
1		1		$-\alpha$	$-\alpha$			$= 0$	(3)
	1		1			$-\alpha$	$-\alpha$	$= 0$	(4)
				1		1		$= D_2^1$	(5)
					1		1	$= D_2^2$	(6)
jeweils $(p_1^i + r_1^{ii})$				jeweils $(\beta p_3^i + \gamma p_4^i + r_2^{ii}) = K = \text{Min!}$					

Dieses vereinfachte Optimierungsmodell ist ohne Schwierigkeiten um mehrere Technologien, Roh- und Halbstoffe und Papierprodukte sowie um Import- und Exportbeziehungen zu erweitern.

Nach der Durchrechnung des Modells mit Hilfe des *Simplexverfahrens* wird ein Lösungsvektor mit x_k^{ii}-Elementen bestimmt, der die Zielfunktion bestens erfüllt. Damit sind die optimalen Produktions- und Handelsströme zwischen den betrachteten Regionen berechnet, von welchen unmittelbar auf die *Kapazitätsallokation* geschlossen werden kann. Die regionale Kapazitätsallokation ist selbst der Maßstab für die *Standortwahl* von Unternehmungen der Papierindustrie. Das besprochene Modell gibt keine Antwort auf die betriebsindividuelle Standortwahl innerhalb einer Region, vielmehr gibt es eine Leitlinien-Information über die zulässige Anzahl und Größe von Industriebetrieben der Papierbranche pro Region und steckt einen Rahmen für eine *gesamtwirtschaftlich* orientierte Standortwahl ab, in welchem die Einzelunternehmung noch eine relative Wahlmöglichkeit hat. Für die westdeutsche Papierindustrie ist mit einem Modell dieses Typs berechnet worden, daß bei besserer Kapazitätsallokation von den tatsächlichen Gesamtherstellkosten ca. 20 % hätten eingespart werden können.

IV. Literaturhinweise zum Abschnitt C (Die Wahl des industriebetrieblichen Standorts)

Literaturhinweise zum Abschnitt C I:

Bloech, Jürgen: Optimale Industriestandorte. Würzburg, Wien 1970.

Chmelik, Günter, und *Ekkehard Kappler:* Konstitutive Entscheidungen. In: Industriebetriebslehre. Hrsg. von Edmund Heinen. Wiesbaden 1972, S. 71–195.

Kiehne, Rolf: Innerbetriebliche Standortplanung und Raumzuordnung. Wiesbaden 1969.

Liebmann, Hans-Peter: Die Standortwahl als Entscheidungsproblem. Ein Beitrag zur Standortbestimmung von Produktions- und Handelsbetrieben. Würzburg, Wien 1971.

Ritschl, Hans: Standort und Standortlehren. In: Handwörterbuch der Betriebswirtschaft. Hrsg. von Hans Seischab und Karl Schwantag. Bd. III, 3. Aufl., Stuttgart 1960, Sp. 5031–5050.

Rüschenpöhler, Hans: Der Standort industrieller Unternehmungen als betriebswirtschaftliches Problem. Versuch einer betriebswirtschaftlichen Standortlehre. Berlin 1958.

Schmidt, Friedhelm: Die Bestimmung des Produktionsmittelstandortes in Industriebetrieben. Berlin 1965.

Schmidt, M.: Die betriebswirtschaftliche Standortsuche. Ein Beitrag zur Standortbestimmungslehre. Diss. Braunschweig 1967.

Literaturhinweise zum Abschnitt C II:

Behrens, Karl Christian: Allgemeine Standortbestimmungslehre. 2. Aufl., Opladen 1971.

Brede, Helmut: Bestimmungsfaktoren industrieller Standorte. Eine empirische Untersuchung. Berlin, München 1971.

Schilling, Helmut: Standortfaktoren für die Industrieansiedlung. Ein Katalog für die regionale und kommunale Entwicklungspolitik sowie die Standortwahl von Unternehmungen. Veröffentlichung Nr. 27 des Österreichischen Instituts für Raumplanung. Stuttgart, Berlin, Köln, Mainz 1968.

Weber, Alfred: Über den Standort der Industrien. 1. Teil: Reine Theorie des Standorts. Tübingen 1909 (2. Aufl., Tübingen 1922).

–: Industrielle Standortslehre. Allgemeine und kapitalistische Theorie des Standortes. In: Grundriß der Sozialökonomik. VI. Abtlg.: Industrie, Bergwesen, Bauwesen. Tübingen 1923, S. 54–82.

Literaturhinweise zum Abschnitt C III:

Bloech, Jürgen: Optimale Industriestandorte. Würzburg, Wien 1970.

Fischer, K., und *R. Gunzenhäuser:* Zur Bestimmung des günstigsten Standortes einer Betriebsfiliale. In: Unternehmensforschung (7) 1963, S. 131–136.

Isard, Walter: Location and Space Economy. A General Theory Relating to Industrial Location, Market Areas, Land Use, Trade and Urban Structure. New York, London 1956.

Jacob, Herbert: Zur Standortwahl der Unternehmungen. In: Betriebswirtschaftliche Strukturfragen. Festschrift zum 65. Geburtstag von Reinhold Henzler. Hrsg. von Karl Alewell. Wiesbaden 1967, S. 233–293.

Kiehne, Rolf: Innerbetriebliche Standortplanung und Raumzuordnung. Wiesbaden 1969.

Kuehn, A. A., und *M. J. Hamburger:* A Heuristic Program for Locating Warehouses. In: Management Science (9) 1963, S. 643 bis 666.

Launhardt, Wilhelm: Mathematische Begründung der Volkswirtschaftslehre. Leipzig 1885.

Leontief, Wassily: Input-Output Economics. New York, Oxford 1966.

Lösch, August: Die räumliche Ordnung der Wirtschaft. 3. Aufl., Stuttgart 1962.

Lüder, Klaus: Die Standortwahl von Fertigungsstätten. In: Industrielle Produktion. Hrsg. von Klaus Agthe, Hans Blohm und Erich Schnaufer. Baden-Baden, Bad Homburg vor der Höhe 1967, S. 413–424.

–: Standortwahl. Verfahren zur Planung betrieblicher und innerbetrieblicher Standorte. In: Industriebetriebslehre in programmierter Form. Hrsg. von H. Jacob. Bd. I, Grundlagen. Wiesbaden 1972, S. 41–117.

Maranza, F. E.: On the Location of Supply Points to Minimize Transportation Costs. In: Operational Research Quarterly (15) 1964, S. 261–270.

Mathematische Methoden zur Standortbestimmung: Berlin 1968.

Müller-Merbach, Heiner: Modelle der Standortbestimmung. In: Handwörterbuch des Rechnungswesens. Hrsg. von Erich Kosiol. Stuttgart 1970, Sp. 1160–1168.

Optimale Zweig- und Standortplanung. Modelle und Methoden: Berlin 1969.

Predöhl, Andreas: Das Standortproblem in der Wirtschaftstheorie. In: Weltwirtschaftliches Archiv (21) 1925, S. 294–321.

Schilling, Helmut: Standortfaktoren für die Industrieansiedlung. Ein Katalog für die regionale und kommunale Entwicklungspolitik sowie die Standortwahl von Unternehmungen. Veröffentlichung Nr. 27 des Österreichischen Instituts für Raumplanung. Stuttgart, Berlin, Köln, Mainz 1968.

Schmidt, Friedhelm: Die Bestimmung des Produktionsmittelstandortes in Industriebetrieben. Berlin 1965.

Thoss, Rainer: Die Standorte der westdeutschen Papierindustrie. Ein Programmierungsmodell. Köln, Opladen 1964.

Thünen, Johann Heinrich v.: Der isolierte Staat in Beziehung auf Landwirtschaft und Nationalökonomie. Erstmals 1826 erschienen, Neudruck in: Sammlung sozialwissenschaftlicher Meister. Bd. XIII. Hrsg. von H. Waentig. Jena 1910.

Weber, Alfred: Über den Standort der Industrien. 1. Teil: Reine Theorie des Standorts. Tübingen 1909 (2. Aufl., Tübingen 1922).

–: Industrielle Standortslehre. Allgemeine und kapitalistische Theorie des Standortes. In: Grundriß der Sozialökonomik. VI. Abtlg.: Industrie, Bergwesen, Bauwesen. Tübingen 1923, S. 54–82.

D. Phasen der industriebetrieblichen Produktion

I. Industriebetriebliche Beschaffung

1. Abgrenzung von Beschaffung und Materialwirtschaft

Die industriebetriebliche Produktion umfaßt die drei *Realgüterphasen* Beschaffung, Fertigung und Absatz. Den ersten beiden dieser drei Phasen wird nachfolgend ein gesonderter Abschnitt gewidmet. Die Absatzphase wird in dieser Einführungsschrift nur punktuell behandelt. Sie wird in Schriften der Allgemeinen Betriebswirtschaftslehre und der Absatzwirtschaftslehre bzw. des Marketing geschlossen dargestellt.

Unter *Beschaffung* versteht man einen Aufgabenbereich, durch welchen die Versorgung einer Unternehmung mit erforderlichen Gütern gesichert wird. In Wissenschaft und Praxis gibt es verschieden weite Beschaffungsbegriffe. Als zweckmäßig hat sich derjenige Beschaffungsbegriff erwiesen, der als Bereitstellung ursprünglicher Realgüter definiert wird. Nach der Art der Beschaffungsobjekte läßt sich dann die *Beschaffungstätigkeit* wie folgt untergliedern (Abbildung 19):

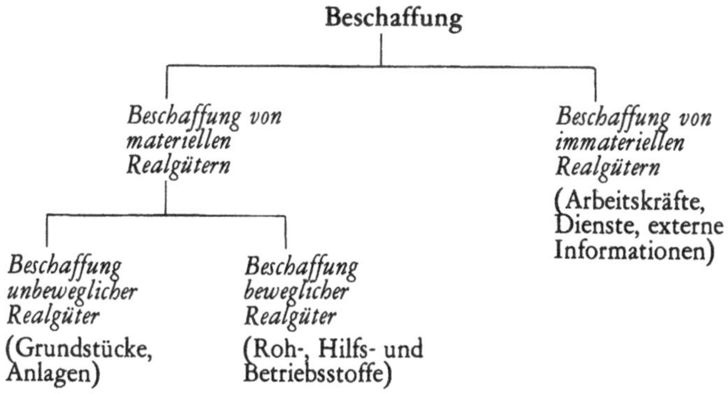

Abb. 19 Gliederung der Beschaffung

Sehr häufig findet man in der Praxis eine Verteilung der Beschaffungstätigkeiten auf die organisatorischen Einheiten *Einkauf* (Roh-, Hilfs- und Betriebsstoffe sowie Dienste und externe Informationen), *Anlagenwirtschaft* (Grundstücke und Anlagen) und *Personalwesen* (Arbeitskräfte). Die Bereitstellung von Nominalgütern (Geld und Ansprüche auf Geld) ist in der Regel der *Finanzabteilung* vorbehalten.

Ein verwandter Begriff zur Beschaffung ist die Materialwirtschaft. Gewöhnlich versteht man unter *Materialwirtschaft* die Bereitstellung beweglicher Realgüter einschließlich der zugehörigen Qualitätsprüfungen, Lagerungen, Transporte und Ab-

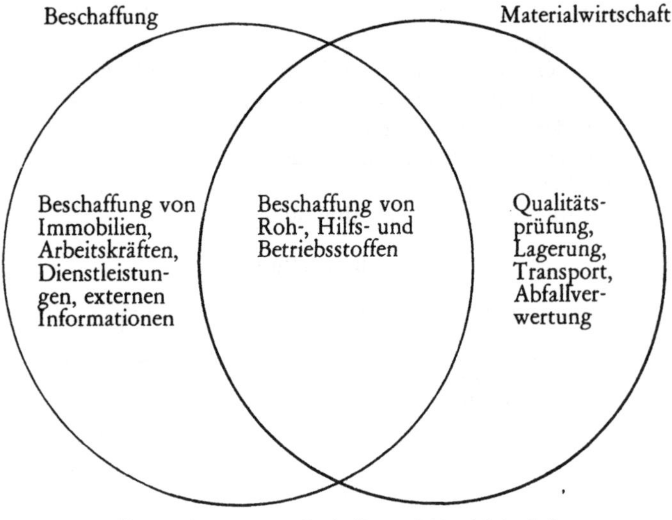

Abb. 20 Abgrenzung von Beschaffung und Materialwirtschaft

fallverwertungen. Die Verwandtschaft zwischen den Begriffen Beschaffung und Materialwirtschaft besteht darin, daß sie beide die Bereitstellung beweglicher Realgüter als Kern enthalten (Abbildung 20).

2. Teilaufgaben der Beschaffung

Die *Beschaffungsaufgabe* einer industriellen Unternehmung läßt sich in folgender Form angeben: ein art-, mengen- und terminmäßig spezifizierter Periodenbedarf der Unternehmung an ursprünglichen Realgütern ist optimal zu befriedigen. Um diese Aufgabe wirtschaftlich zu erfüllen, muß eine Planung des Beschaffungsprogramms durchgeführt werden. Sie hat gegebenen Nebenbedingungen und einem gewählten Entscheidungsziel zu genügen. Unter einem *Beschaffungsprogramm* versteht man die terminierte, art- und mengenmäßige Zusammensetzung der bereitzustellenden Realgüter einer Periode. Die dabei einzuhaltenden Nebenbedingungen können sein: die Periodenteilbedarfe, räumliche, terminliche, finanzielle und qualitative Gegebenheiten. Als Entscheidungsziel wird gewöhnlich eine Kostenfunktion minimiert. Die Beschaffungsprogramm*planung* ist das letzte Glied in der Planungskette Absatzprogrammplanung → Produktionsprogrammplanung → Beschaffungsprogrammplanung und berücksichtigt die Auswirkungen der jeweils vorgelagerten Planungen.

Jeder Planung eines Beschaffungsprogramms geht gewöhnlich eine *Beschaffungsmarkterkundung* voraus, die als Ergebnis eine Reihe von beschaffungsrelevanten Informationen erbringt. Für Routinekäufe kann eine Menge dieser Informationen bereits gesammelt und gespeichert sein. Im Beschaffungsbereich sind zahlreiche Informationen erforderlich, und es sollten systematisch und laufend Informationen gewonnen werden über:

a) Beschaffungsrelevante Märkte
   - Immobilienmärkte
   - Industrieanlagenmärkte
   - Warenmärkte (incl. Märkte für Halbwaren und Warenbörsen)
   - Arbeitsmärkte (national, international)
   - Geld- und Kapitalmärkte

b) Marktpartner
   - Lieferanten (Art, Anzahl, Konditionen, Standort)
   - Beschaffungskonkurrenz

c) Marktverhältnisse
   - Preisbewegungen
   - Warenknappheit

d) Beschaffungsformen

Dieses Wissen kann fallweise durch *Marktforschung* auf den Beschaffungsmärkten ergänzt werden. Insbesondere die Einkäufer müssen neben kaufmännischem Spezialwissen technisches und juristisches Wissen besitzen, um ihren anspruchsvollen Aufgaben gerecht werden zu können.

Im Beschaffungsbereich spielt neben der *Kostenminimierung* auch das *Sicherheitsstreben* eine große Rolle. So können die Situationen auf den Beschaffungsmärkten erheblichen Veränderungen unterliegen. Auch die eigenen Bedarfsmengen mit ihren Terminierungen können über die Planungsperioden deutlich schwanken. Diesen Risiken begegnet man dadurch, daß man Sicherheitskäufe tätigt und Sicherheitslagerbestände hält. Darüber hinaus wird auch durch Spekulationskäufe *Risikopolitik (Unsicherheitsabsorption)* betrieben. Die günstigste *Beschaffungsart* wäre in jedem Falle eine *bedarfssynchrone* Beschaffung, d. h., eine möglichst weitgehende Übereinstimmung von periodischem Bedarf und beschaffter Menge. Bei dieser Beschaffungsart können die Einsatzlager (Eingangslager) auf ein Mindestmaß reduziert werden. In der Realität des Wirtschaftens ist dieser Idealfall der Beschaffung kaum zu erreichen. Nahe kommen ihm nur Unternehmungen mit homogener Massenfertigung, Sortenfertigung und Großserienfertigung, da hier meist gut überschaubare und beherrschbare Produktions- und Absatzprogramme in ununterbrochener Folge gefertigt werden. Die Probleme der Bevorratung (Lagerung) und Terminierung verlieren bei diesen Programmtypen keineswegs an Bedeutung, nur werden sie auf den Lieferanten überwälzt, zu welchem ein festes Bindungsverhältnis entsteht. Seinen Ausdruck findet diese Kooperation in längerfristigen Lieferverträgen oder in Kapitalbeteiligungen. Der Normalfall ist jedoch die *Vorratsbeschaffung*, bei der man Schwankungen des tatsächlichen Bedarfs und der Beschaffungsmärkte, saisonale Angebotsrestriktionen und längerfristige Verhärtungen auf den Beschaffungsmärkten durch eine angemessene Lagerhaltung ausgleicht. Damit erhält das Einsatzlager die Funktion eines mehrzweckorientierten Ausgleichspuffers. Ein Einsatzlager entfällt in der Praxis nur bei der reinen Einzelbeschaffung, die ausgeprägt in Unternehmungen der Einzelfertigung vorzufinden ist und gewöhnlich in Kombination mit der Vorratsbeschaffung auftritt. Unter *Einzelbeschaffung* versteht man die einmalige auftragsabhängige Bereitstellung von speziellen Stoffen, Meßgeräten, Werkzeugen u. a., deren Bedarf fallweise und unvorhersehbar ist.

Grundlagen der Beschaffung sind der *Periodenbedarf*, der sich nach der art- und mengenmäßigen Zusammensetzung der zu produzierenden Produkte (Fertigungsprogramm) richtet, und die geplanten *Veränderungen in den Lagerbeständen.* Aus Periodenbedarf und Bestandsveränderungen wird unter Berücksichtigung der erforderlichen Termine das periodische Beschaffungsprogramm berechnet, das wiederum zum Zwecke der Realisation in terminierte Teilprogramme (terminierte Bestellmengen) aufgelöst wird. Optimierungsprobleme, die bei der Bestimmung von optimalen Beschaffungsteilmengen und von zugehörigen Bestellzeitpunkten entstehen, werden im Abschnitt „Optimierungsmodelle zur Bestimmung optimaler Beschaffungsmengen" (auf Seite 96 ff.) behandelt.

3. Gegenstände der Beschaffungsentscheidungen

Die laufenden oder fallweisen unternehmerischen Entscheidungen im Beschaffungsbereich beziehen sich auf die Entscheidungsgegenstände Beschaffungs*programm,* Beschaffungs*organisation,* Beschaffungs*form,* *Lieferantenstruktur,* Beschaffungs*preise* und Beschaffungs*konditionen.* Diese Entscheidungsgegenstände haben den Charakter von *Instrumentalvariablen,* welche in allen zulässigen Kombinationen die zulässigen Beschaffungsalternativen, den *beschaffungswirtschaftlichen Lösungsraum,* ausmachen. Mit der Definition einer Zielfunktion über dieses Lösungsfeld entsteht das *beschaffungswirtschaftliche Entscheidungsfeld,* in welchem es für ein gewähltes Entscheidungskriterium (Max!, Min!) die optimale Beschaffungsalternative (-strategie) zu bestimmen gilt (purchasing mix). Dieses komplexe Entscheidungsmodell ist die Grundlage einer rationalen Beschaffungspolitik industrieller Unternehmungen. Es hat nur den Nachteil, daß nicht alle Modellvariablen, z. B. die Beschaffungsorganisation, die Beschaffungsform und die Beschaffungskonditionen voll quantifizierbar sind. Daher begnügt man sich mit partiellen Optimallösungen beschaffungswirtschaftlicher Probleme, die man durch mehrfaches Berechnen bei qualitativer Datenänderung an eine gesamt-optimale Lösung anzunähern sucht.

Die *Beschaffungsorganisation* kann zentralisiert durchgeführt werden, dann existiert nur eine zentrale Beschaffungsabteilung in der Unternehmung, die allein für die Bereitstellung von Realgütern zuständig ist. Diese Organisationsform hat die Vorteile einer einfacheren Planung und Beschaffungsverwaltung, einer besseren Markterkundung, eines durchsichtigen Mahnwesens, einer stärkeren Marktstellung gegenüber gleichen Lieferanten und einer besseren Nutzung von Kostenvorteilen bei größeren Bestellmengen. Demgegenüber hat die dezentralisierte Beschaffungsorganisation, nach welcher mehrere Abteilungen einer Unternehmung für die Güterbereitstellung zuständig sind, die Vorteile engerer Kontakte und Abstimmungsmöglichkeiten mit der Fertigung und einer Verkürzung der innerbetrieblichen Transport- und Informationswege.

Die *Beschaffungsform* behandelt die Betriebszugehörigkeit der einzusetzenden Beschaffungsorgane. Diese können betriebseigen oder betriebsfremd (z. B. Gemeinschaftsbeschaffung durch Einkaufsgenossenschaften) sein.

Unter der *Lieferantenstruktur* versteht man die Anzahl und Größe der Lieferanten sowie die qualitativen und quantitativen Beziehungen zu und zwischen ihnen. Hierher gehört auch die Problematik direkter bzw. indirekter Beschaffungswege. Über die Beschaffungsorganisation, die Beschaffungsform und die Lieferantenstruktur sind in jeder Unternehmung zielorientierte Entscheidungen zu treffen.

Unternehmerische Gestaltungsbemühungen zu *Beschaffungspreisen* sind auf den Einsatz aller Instrumente zur Erzielung günstigster Preishöhen gerichtet. Dazu gehört der Vergleich von Angebotspreisen, das Aushandeln fester Preise und die mengenabhängige Preisstufung (Rabatte). Die Summe dieser Anstrengungen wird als Beschaffungspreispolitik bezeichnet.

Zu den *Beschaffungskonditionen* rechnet man die Zahlungs- und Lieferbedingungen sowie die Kundendienst- und Garantievereinbarungen, unter welchen die einzelnen Kaufverträge abgeschlossen werden. Auch sie können durch Verhandlungen mit den Lieferanten zielorientiert gestaltet werden.

4. Planungsmodelle des Beschaffungsbereichs

a) Prognosemodelle des Teilebedarfs

aa) Prognosemodell für den Bedarf an Baugruppen und Einzelteilen

Die Grundlage für die Berechnung eines optimalen Beschaffungsprogramms bzw. eines optimalen Beschaffungsteilprogramms ist die *Prognose des periodischen Güterbedarfs.* Er wird im Beschaffungsbereich bestimmt, sofern keine eigenständige Abteilung der Fertigungsvorbereitung diese Aufgabenstellung übernimmt. Zunächst soll für den relativ einfachen und übersichtlichen Fall der Montagefertigung (z. B. Fahrzeugbau, Gerätebau) eine modellmäßige Bedarfsprognose für die erforderlichen Baugruppen und Einzelteile durchgeführt werden. Hilfsmittel der Bestimmung sind der *Gozintograph* und ein analoges, sukzessives *Input-Output-Modell,* die beide in die Modellklasse der *Prognosemodelle* gehören.

Gegeben sei folgendes Problem:

> Entsprechend den bekannten technologischen und quantitativen Beziehungen zwischen Endprodukten, Baugruppen und Einzelteilen (Abbildung 21) sind für das Produktionsprogramm der Planungsperiode die erforderlichen Mengen an Einzelteilen (und Baugruppen) zu prognostizieren.

Das Modell ist auf drei Endprodukte (Marktleistungen) [$\mathfrak{x} = (X_9, X_{10}, X_{11})$], vier Baugruppen [$G_5, G_6, G_7, G_8$] und vier Einzelteile [$T_1, T_2, T_3, T_4$] beschränkt. Für die gewählte Planungsperiode sollen keine Anfangs- und Endbestände an Endprodukten, Baugruppen und Einzelteilen auftreten. An den Markt werden nur Endprodukte und keine Baugruppen sowie

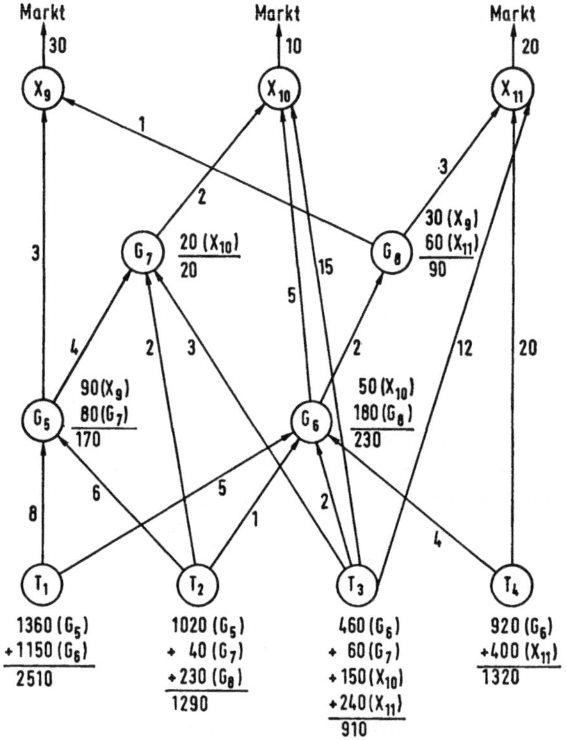

Symbolisierung:
X_i = Endprodukte (i = 9, 10, 11)
G_i = Baugruppen (i = 5, 6, 7, 8)
T_i = Einzelteile (i = 1, 2, 3, 4)

Abb. 21 Technologische und quantitative Beziehungen zwischen Endprodukten (X_i), Baugruppen (G_i) und Einzelteilen (T_i)

Einzelteile abgegeben. Es wird ferner unterstellt, daß kein Ausschuß entsteht.

Beim *Gozintographen* handelt es sich um einen Anwendungsfall der Graphentheorie, die im Jahre 1935 vom ungarischen Mathematiker *D. König* als Teilgebiet der mathematischen Topologie begründet worden ist. Ein Graph der hier verwendeten Art stellt ein Netz von Knoten und gerichteten Kanten (Pfeilen) dar, mit dessen Hilfe in diesem Falle die technologischen und quantitativen Beziehungen von Montageprozessen strukturgleich abgebildet werden. Ein weiterer Anwendungsfall wird später bei der Terminplanung und -kontrolle von Großprojekten gezeigt. Die Teilbezeichnung „Gozinto" ist angeblich durch Sprachverschandelung des Satzes „that part that *goes into*" entstanden. Der Gozintograph heißt gelegentlich auch *Produktionsstammbaum*.

Die Knoten des Gozintographen werden mit den Endprodukten, Baugruppen oder Einzelteilen bezeichnet, während die gerichteten Kanten die mengenmäßigen Direktbeziehungen *(Direktbedarf)* zwischen ihnen darstellen. Ein Stück von X_9 wird z. B. aus drei Stück G_5 und einem Stück G_8 montiert. Ein Stück G_5 wird wiederum aus acht Stück T_1 und sechs Stück T_2 zusammengebaut usw. Unterstellt man, wie in Abbildung 21, einen *Primärbedarf* (Produktionsprogramm) von $X_9 = 30$, $X_{10} = 10$ und $X_{11} = 20$, so kann mit Hilfe des Gozintographen der Gesamtbedarf an Baugruppen und Einzelteilen berechnet werden. Den jeweiligen *Gesamtbedarf* bestimmt man, indem man vom Primärbedarf die gerichteten Kanten rückläufig multiplikativ abschreitet und den durch Addition ermittelten Gesamtbedarf neben dem jeweiligen Knoten vermerkt. Zwischen den einzelnen Baugruppen sowie zwischen diesen Baugruppen und den Einzelteilen wird der jeweilige Gesamtbedarf multiplikativ weiterverrechnet, bis schließlich der Gesamtbedarf für alle Baugruppen und Einzelteile feststeht. Der Graph der Abbildung 21 enthält keine Schleifen, d. h., daß eine reifere Baugruppe (z. B. G_7) nur in ein Endprodukt (hier X_{10}) und nicht in eine Baugruppe niederer Stufe (z. B. G_5) oder in ein beliebiges Einzelteil eingeht. In der chemischen Industrie kommen derartige Schleifen gelegentlich vor. Sie müssen nach Sonderverfahren eliminiert werden, um den oben beschriebenen, einfachen Rechengang der Gesamtbedarfsprognose beschreiten zu können.

Die am Gozintographen dargestellte Methode zur Prognose von Baugruppen- und Teilebedarfen wird in der industriellen Praxis angewendet, wenn die Zahl der Endprodukte, Baugruppen und Einzelteile sehr groß ist (oft mehrere Tausend). Da alle benötigten technologischen und quantitativen Beziehungen für die Prognoserechnung den sog. Stücklisten (Vgl. S. 112 f.) entnommen werden können, heißt diese Rechnung in der industriellen Praxis *Stücklistenauflösung*. Wegen der großen Datenmengen, die dabei anfallen, laufen die Stücklistenauflösungen über elektronische Rechenanlagen. In der Maschinen- und Apparatebauindustrie z. B. belegen Stücklistenauflösungen die Rechenanlagen mehrere Tage im Monat. Die unterstellten Beziehungen zwischen den Einsatzgütern (Baugruppen, Einzelteilen) und den Endprodukten sind proportional, d. h., daß bei dieser Prognoserechnung limitationale Produktionsfunktionen mit konstanten Produktionskoeffizienten *(Leontief-Produktionsfunktionen)* verwendet werden. Umgekehrt kann der Gozintograph in Abbildung 21 auch als Darstellungsform einer *Leontief-Produktionsfunktion* angesehen werden.

Das besprochene Problem der Teilebedarfsprognose bei Montagefertigung läßt sich auch analog mit expliziten Gleichungssystemen und somit in *Matrizenform* darstellen und lösen. Dieses Abbildungsverfahren hat den Vorzug, daß die Mengenverflechtung von Endprodukten, Baugruppen und Einzelteilen unabhängig von der jeweiligen Mengenstruktur des Produktionsprogramms bestimmt werden kann. Es hat jedoch den erheblichen Nachteil, daß es bei einer großen Zahl von Endprodukten, Baugruppen und Einzelteilen nicht mehr wirtschaftlich durchgeführt werden kann.

Die quadratische *Direktbedarfsmatrix* $\mathfrak{D}$ nimmt als Zeilen- und als Spalteneingänge die Einzelteile (T_1 bis T_4), die Baugruppen (G_5 bis G_8) und die Endprodukte (X_9 bis X_{11}) nach zunehmendem Reifestadium geordnet auf. Definiert man die Größen der Spalteneingänge als liefernde ($j = 1$ bis 11) und die der Zeileneingänge als empfangende Einheiten ($i = 1$ bis 11), so lassen sich die Knoten und bewerteten Kanten des Gonzintographen der Abbildung 21 durch die Direktbedarfsmatrix $\mathfrak{D}$ wiedergeben; $\mathfrak{D}$ ist eine quadratische Zahlenanordnung der direkten Mengenzuordnungen im Gozintographen (Abbildung 22). Nach ihrem Aufbau ist sie eine *Dreiecksmatrix*. Sobald Schleifen im Gozintographen auftreten, ist $\mathfrak{D}$ keine Dreiecksmatrix mehr.

$\mathfrak{D}$ =

Lieferung$_j$ / Empfang$_i$	T_1	T_2	T_3	T_4	G_5	G_6	G_7	G_8	X_9	X_{10}	X_{11}
T_1	0										
T_2	0	0									
T_3	0	0	0								
T_4	0	0	0	0							
G_5	8	6	0	0	0						
G_6	5	1	2	4	0	0					
G_7	0	2	3	0	4	0	0				
G_8	0	0	0	0	0	2	0	0			
X_9	0	0	0	0	3	0	0	1	0		
X_{10}	0	0	15	0	0	5	2	0	0	0	
X_{11}	0	0	12	20	0	0	0	3	0	0	0

Abb. 22 Direktbedarfsmatrix $\mathfrak{D}$

Einzelteile werden aus keinen anderen Elementen montiert, daher stehen in den Zeilen T_1 bis T_4 nur Nullen. Endprodukte gehen in keine anderen Elemente ein, so daß in den Spalten X_9 bis X_{11} nur Nullen erscheinen. Da kein Erzeugnis sich selbst zur Montage benötigt, stehen auch auf der Hauptdiagonale nur Nullen.

Mit Hilfe der Direktbedarfsmatrix $\mathfrak{D}$ wird die *Verflechtungsmatrix* $\mathfrak{V}$ berechnet. $\mathfrak{V}$ ist quadratisch sowie von gleicher Ordnung wie $\mathfrak{D}$ und hat dieselben Zeilen- und Spaltenbezeichnungen; ihre Elemente v_{ij} geben den relativen Gesamtbedarf an j pro Einheit eines i an *(Verflechtungsbedarf)*. Der Verflechtungsbedarf an T_2 für ein Stück von X_{10} heißt $v_{(X_{10}, T_2)}$. Er setzt sich wie folgt zusammen:

$$v_{(X_{10}, T_2)} = \text{(Anzahl von } T_2\text{, die direkt in } G_5 \text{ eingeht)} \cdot \text{(Gesamtzahl der erforderlichen Stücke von } G_5\text{)}$$

+ (Anzahl von T_2, die direkt in G_6 eingeht) ·
(Gesamtzahl der erforderlichen Stücke von G_6)

+ (Anzahl von T_2, die direkt in G_7 eingeht) ·
(Gesamtzahl der erforderlichen Stücke von G_7)

Oder in Symbolen ausgedrückt, wobei für den Direktbedarf das Symbol d_{ij} gewählt wird:

$$v_{(X_{10}, T_2)} = d_{(G_5, T_2)} \cdot v_{(X_{10}, G_5)} + d_{(G_6, T_2)} \cdot v_{(X_{10}, G_6)} + d_{(G_7, T_2)} \cdot v_{(X_{10}, G_7)}$$

mit $v_{(X_{10}, G_5)} = d_{(G_7, G_5)} \cdot v_{(X_{10}, G_7)}$

Zahlenbeispiel:

$$v_{(X_{10}, G_5)} = 4 \cdot 2 = 8$$
$$v_{(X_{10}, T_2)} = 6 \cdot 8 + 1 \cdot 5 + 2 \cdot 2 = 57$$

Bezeichnet k jene Endprodukte oder Baugruppen (hier G_5, G_6 und G_7), in die das betrachtete Einzelteil T_2 direkt eingeht, so gilt für $v_{(X_{10}, T_2)}$:

$$v_{(X_{10}, T_2)} = \sum_{k=5}^{7} d_{(k, T_2)} \cdot v_{(X_{10}, k)}$$

Allgemein gilt:

$$v_{ij} = \sum_{k} d_{(k, j)} \cdot v_{(i, k)} \quad \text{mit} \quad \left\{ \begin{matrix} d_{ii} = 0 \\ v_{ii} = 1 \end{matrix} \right\}$$

Für alle zulässigen Elemente v_{ij} lautet diese Beziehung in Matrizenschreibweise:

$$\mathfrak{V} = \mathfrak{D} \cdot \mathfrak{V} + \mathfrak{E}$$

Durch Umformung ergibt sich für $\mathfrak{V}$

$$\mathfrak{V} = (\mathfrak{E} - \mathfrak{D})^{-1}$$

Zur Bestimmung der *Verflechtungsmatrix* $\mathfrak{V}$ zieht man von der Einheitsmatrix $\mathfrak{E}$ die Direktbedarfsmatrix $\mathfrak{D}$ ab und bildet zu dieser neuen Matrix die Kehrmatrix. Die zum besprochenen Beispiel gehörige Matrix $\mathfrak{V}$ hat folgenden Zahleninhalt:

$$\mathfrak{V} = (\mathfrak{E} - \mathfrak{D})^{-1} = \begin{array}{c} \\ T_1 \\ T_2 \\ T_3 \\ T_4 \\ G_5 \\ G_6 \\ G_7 \\ G_8 \\ X_9 \\ X_{10} \\ X_{11} \end{array} \begin{array}{c} \begin{array}{ccccccccccc} T_1 & T_2 & T_3 & T_4 & G_5 & G_6 & G_7 & G_8 & X_9 & X_{10} & X_{11} \end{array} \\ \left(\begin{array}{ccccccccccc} 1 & 0 & 0 & 0 & 0 & 0 & 0 & 0 & 0 & 0 & 0 \\ 0 & 1 & 0 & 0 & 0 & 0 & 0 & 0 & 0 & 0 & 0 \\ 0 & 0 & 1 & 0 & 0 & 0 & 0 & 0 & 0 & 0 & 0 \\ 0 & 0 & 0 & 1 & 0 & 0 & 0 & 0 & 0 & 0 & 0 \\ 8 & 6 & 0 & 0 & 1 & 0 & 0 & 0 & 0 & 0 & 0 \\ 5 & 1 & 2 & 4 & 0 & 1 & 0 & 0 & 0 & 0 & 0 \\ 32 & 26 & 3 & 0 & 4 & 0 & 1 & 0 & 0 & 0 & 0 \\ 10 & 2 & 4 & 8 & 0 & 2 & 0 & 1 & 0 & 0 & 0 \\ 34 & 20 & 4 & 8 & 3 & 2 & 0 & 1 & 1 & 0 & 0 \\ 89 & 57 & 31 & 20 & 8 & 5 & 2 & 0 & 0 & 1 & 0 \\ 30 & 6 & 24 & 44 & 0 & 6 & 0 & 3 & 0 & 0 & 1 \end{array} \right) \end{array}$$

Multipliziert man die *Verflechtungsmatrix* $\mathfrak{V}$ von links mit dem *Primärbedarfsvektor* (Produktionsprogrammvektor) $\mathfrak{p}' = (0\,0\,0\,0\,0\,0\,0\,0\,30\,10\,20)$, so erhält man den *Zeilenvektor* $\mathfrak{g}'$ *des periodischen Gesamtbedarfs:*

	T_1	T_2	T_3	T_4	G_5	G_6	G_7	G_8	X_9	X_{10}	X_{11}
	1020	600	120	240	90	60	0	30	30	0	0
0	890	570	310	200	80	50	20	0	0	10	0
1	+600	+120	+480	+880	+0	+120	+0	+60	+0	+0	+20
=	(2510;	1290;	910;	1320;	170;	230;	20;	90;	30;	10;	20)

Der Vektor $\mathfrak{g}'$ bestätigt die Gesamtbedarfsprognose mittels des Gozintographen.

bb) Prognosemodell der exponentiellen Glättung

Ein anderes Verfahren zur Bestimmung des periodischen Güterbedarfs ist die „exponentielle Glättung". Dabei handelt es sich um ein *approximatives Prognosemodell,* welches für eine bestimmte Güterart (bzw. Teileart) den zukünftigen Bedarf als *Mittelwert* aus unterschiedlich gewichteten Bedarfen (Meßwerten) vergangener Perioden berechnet. Je näher ein früherer Bedarf an der Planungsperiode liegt, um so mehr Gewicht wird ihm für die Berechnung des zukünftigen Bedarfs beigemessen. Der jüngste Bedarf wird mit einem Faktor a gewichtet

$(0 \leqslant \alpha \leqslant 1)$, während die in der i-ten Periode davorliegenden Bedarfe mit $\alpha\,(1-\alpha)^i$ angesetzt werden. Der Mittelwert 1. Ordnung der Periode t $\bar{y}_t^{(1)}$ wird definiert als:

$$\bar{y}_t^{(1)} = \alpha y_t + \alpha\,(1-\alpha)\,y_{t-1} + \alpha\,(1-\alpha)^2 y_{t-2} + \ldots$$

$$\bar{y}_t^{(1)} = \alpha \sum_{i=0}^{\infty} (1-\alpha)^i\, y_{t-i}$$

Symbolisierung:

$\bar{y}_t^{(1)}$ = Mittelwert 1. Ordnung für Periode t
y_t = Bedarf der Periode t
α = Gewichtungsfaktor

Entsprechend wird der Mittelwert 2. Ordnung $\bar{y}_t^{(2)}$ definiert aus den Mittelwerten erster Ordnung der Periode t und aller davorliegenden Perioden t–i mit:

$$\bar{y}_t^{(2)} = \alpha \sum_{i=0}^{\infty} (1-\alpha)^i \cdot \bar{y}_{t-i}^{(1)}$$

Als *Prognosefunktionen* bieten sich sowohl lineare als auch nicht-lineare Funktionen an. In Industrieunternehmungen werden häufig lineare Prognosefunktionen bevorzugt, weil die Berechnung der zugehörigen Werte relativ einfach ist und die Wünsche nach hinreichend genauer Voraussage durch diesen Funktionstyp erfüllt werden. Die allgemeine lineare Prognosefunktion lautet:

$$\bar{y}_{t+\tau} = a_t + b_t \cdot \tau$$

Symbolisierung:

a_t = Grundbedarf, welcher der Prognose zum Zeitpunkt t für den Zeitpunkt (Zeitraum) t entspricht
b_t = Steigungsmaß je zukünftiger Zeiteinheit τ
τ = Auf t folgende Periode(n)

Unter Vernachlässigung von zufälligen Schwankungen der Meßwerte um die Prognosefunktion lassen sich die Parameter a_t und b_t der Prognosefunktion als Schätzwerte aus den besprochenen Mittelwerten erster und zweiter Ordnung bestimmen:

$$a_t = 2\bar{y}_t^{(1)} - \bar{y}_t^{(2)}$$
$$b_t = \bar{y}_t^{(2)} - \bar{y}_{t-1}^{(2)}$$

Setzt man diese Ausdrücke in die allgemeine Prognosefunktion ein, so ergibt sich

$$\bar{y}_{t+\tau} = 2\bar{y}_t^{(1)} - \bar{y}_t^{(2)} + (\bar{y}_t^{(2)} - \bar{y}_{t-1}^{(2)}) \cdot \tau$$

Daraus folgt für die Prognose der jeweiligen Periode t + 1 mit $\tau = 1$:

$$\bar{y}_{t+1} = 2\bar{y}_t^{(1)} - \bar{y}_{t-1}^{(2)}$$

Ein Zahlenbeispiel soll die beschriebenen Zusammenhänge erläutern. Gegeben seien die Bedarfe y_t der letzten 16 Perioden (gemessen in Tonnen):

t	y_t	t	y_t
1	189	9	206
2	198	10	203
3	200	11	207
4	200	12	208
5	194	13	224
6	201	14	228
7	205	15	221
8	199	16	219

Aus den bekannten Bedarfen lassen sich für zwei verschiedene Gewichtungsfaktoren (0,1 und 0,5) die Mittelwerte erster und zweiter Ordnung sowie die Prognosewerte berechnen. Die nachfolgende Tabelle (Abbildung 23) enthält diese Werte für die fünf letzten Perioden:

Aus den näherungsweise errechneten Werten wird ersichtlich, daß sich die Prognosewerte für $\alpha = 0{,}5$ wesentlich schneller an Veränderungen der realisierten Periodenbedarfe anpassen. Das Problem dieses approximativen Prognosemodells zur Periodenbedarfsrechnung liegt in der Bestimmung von α. Die Höhe des Gewichtungsfaktors hängt u. a. davon ab, wie viele realisierte Periodenbedarfe y_t aus der Vergangenheit bekannt

Periode	realisierter Perioden-bedarf y_t	$\alpha = 0{,}1$		
		Mittelwert 1. Ordnung $\bar{y}_t^{(1)}$	Mittelwert 2. Ordnung $\bar{y}_t^{(2)}$	Prognosewert (Bedarfsprognose) $\bar{y}_{t+1}$
12	208	191,31	174,21	210,31
13	224	194,58	176,25	214,95
14	228	197,92	178,42	219,59
15	221	200,23	180,60	222,04
16	219			
		$\alpha = 0{,}5$		
12	208	206,43	204,64	210,03
13	224	215,22	209,93	225,80
14	228	221,61	215,78	233,29
15	221	221,31	218,55	226,84
16	219			

Abb. 23 Beispiel für die Prognose des Periodenbedarfs mit exponentieller Glättung

sind. Wenn nur wenige Periodenbedarfe bekannt sind, wird α groß sein und umgekehrt.

b) Optimierungsmodelle zur Bestimmung optimaler Beschaffungsmengen

aa) Einvariablige Optimierungsmodelle des Beschaffungsprogramms

An die Berechnung des periodischen Gesamtbedarfs von Realgütern knüpft im Beschaffungsbereich die Bestimmung des *optimalen Beschaffungsprogramms* an. Der terminierte Gesamtbedarf einer Periode ist so in Bestellmengen (Bestellprogramme) umzuformen, daß die mit der Beschaffung anfallenden Kosten auf ein Minimum gesenkt werden. Das *Grundmodell* der Bestellmengenberechnung für ein Bedarfsgut geht auf *F. Harris* (1915), *K. Stefanic-Allmayer* (1927) und *K. Andler* (1929) zurück. Dieses Modell ist ein *einvariabliges Entscheidungsmodell.* Es enthält die alternativ zulässigen Ausprägungen der Bestellmenge als einzige Entscheidungsvariable sowie eine Reihe von problemrelevanten Daten.

Symbolisierung:

M = Gesamtbedarf der Planperiode T (hier ein Jahr)
w_0 = Einstandspreis pro Stück (bzw. pro Einheit)
F = Bestellmengenfixe Bestellkosten
p = Zinskostensatz (als Jahressatz)
l = Lagerkostensatz (als Jahressatz)
x = Unbekannte Bestellmenge als Entscheidungsvariable
n $= \frac{M}{x}$ = Zahl der Bestellungen pro Jahr
s = Stückkosten der bestellten Güter
t = Verweildauer (Lagerdauer) einer Bestellmenge

Implizierte Bedingungen:

a) Die Lagerentnahme erfolgt kontinuierlich in gleichen Raten.
b) Für das bestellte Gut gilt: Anfangsbestand = Endbestand = Sicherheitsbestand = 0.
c) Der Einstandspreis w_0 ist weder mengen- noch zeitabhängig.
d) Fertigungsstockungen wegen fehlender Einsatzgüter treten nicht auf.
e) Das Finanzierungsvolumen ist ausreichend.
f) Der Lagerraum ist hinreichend groß.

Die wichtigsten Modelldaten sind die bestellmengenfixen Bestellkosten (F), der Zinskostensatz (p) und der Lagerkostensatz (l). *Bestellmengenfixe Bestellkosten* sind von der Anzahl der durchzuführenden Bestellungen abhängig und fallen pro Bestellung einmal in Höhe von F an; sie sind von der jeweiligen Bestellmenge x unabhängig. Sie müssen pro Bestellung abgegrenzt werden und umfassen Kosten für das Einholen und Prüfen von Angeboten, Kosten für das Erstellen der Bestellung sowie für die Lieferterminüberwachung und das Mahnwesen usw. Der *Zinskostensatz* p ist der Jahreszins für das in den durchschnittlich lagernden Vorräten gebundene Kapital (Lagerbestandswert). Der *Lagerkostensatz* l ist ein Jahreskostensatz, der die auf die Lagerbestände entfallenden Raum-, Erhaltungs-

und Pflegekosten auf der Basis des Lagerbestandwerts angibt. Die im Grundmodell der optimalen Bestellmengenberechnung implizierten Bewegungen der Lagermengen werden in Abbildung 24 dargestellt.

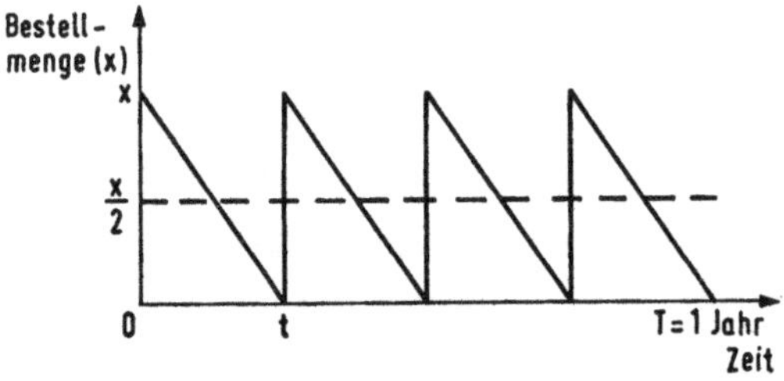

Abb. 24 Lagerbewegungen bei kontinuierlicher Lagerentnahme

Bei kontinuierlicher Entnahme vom Vorrat ist durchschnittlich die halbe Bestellmenge als Lagerbestand gebunden. Die Höhe des Kapitals, das darin gebunden ist, beträgt $\frac{x \cdot w_0}{2}$, da jedes lagernde Stück Kapital in Höhe des Einstandspreises von w_0 bindet. Man bezeichnet diesen Geldbetrag auch als *Lagerbestandswert.* Dieser Lagerbestandswert ist zu verzinsen. Die Gesamtzinsen pro Jahr ($P_{(J)}$) betragen:

$$P_{(J)} = \frac{x \cdot w_0 \cdot p}{2 \cdot 100}$$

Die Anzahl der Bestellmengen pro Jahr ist $n = \frac{M}{x}$. Werden die Jahresgesamtzinsen $P_{(J)}$ auf eine Bestellung umgerechnet, so lautet der Ausdruck für die Gesamtzinsen pro Bestellung $P_{(B)}$:

$$P_{(B)} = \frac{P_{(J)}}{n} = \frac{P_{(J)} \cdot x}{M} = \frac{x \cdot w_0 \cdot p \cdot x}{2 \cdot 100 \cdot M}$$

Die anteiligen Zinsen für ein Stück pro Bestellung $P_{(s)}$ sind dann:

$$P_{(s)} = \frac{P_{(B)}}{x} = \frac{x \cdot w_0 \cdot p}{2 \cdot 100 \cdot M}$$

Entsprechend betragen die anteiligen Lagerkosten für ein Stück pro Bestellung $L_{(s)}$:

$$L_{(s)} = \frac{x \cdot w_0 \cdot l}{2 \cdot 100 \cdot M}$$

Die *Stückkosten der Bestellung* (s) setzen sich aus dem Einstandspreis (w_0), den bestellmengenfixen Bestellkosten pro Stück ($\frac{F}{x}$), den Lagerkosten pro Stück ($L_{(s)}$) und den Zinskosten pro Stück ($P_{(s)}$) zusammen. Für die Funktion der Stückkosten der Bestellung gilt:

$$s(x) = w_0 + \frac{F}{x} + L_{(s)} + P_{(s)}$$

$$s(x) = w_0 + \frac{F}{x} + \frac{x \cdot w_0 \cdot l}{2 \cdot 100 \cdot M} + \frac{x \cdot w_0 \cdot p}{2 \cdot 100 \cdot M}$$

Zielvorstellung: $s(x) = \text{Min!}$

Zur Bestimmung des Extremums der Funktion s (x) wird ihre erste Ableitung gleich Null gesetzt:

$$\frac{ds(x)}{dx} = -\frac{F}{x^2} + \frac{w_0 \cdot l}{2 \cdot M \cdot 100} + \frac{w_0 \cdot p}{2 \cdot M \cdot 100} = 0$$

$$0 = -\frac{F}{x^2} + \frac{w_0 \cdot (l + p)}{2 \cdot M \cdot 100}$$

Durch Umformung und Auflösung nach x ergibt sich:

$$x_{opt} = \sqrt{\frac{200 \cdot M \cdot F}{w_0 \cdot (l + p)}}$$

x_{opt} ist der Abszissenwert für das Minimum der Funktion s (x), d. h. die *kostenminimale Bestellmenge*. Beschafft man im Jahr die optimale Bestellmenge $\frac{M}{x_{opt}}$ mal, so deckt man den Jahresbedarf M zu den geringsten Bestellkosten. Die optimale Verweildauer t_{opt} (Lagerdauer) der jeweiligen Bestellmenge ergibt sich nach der Gleichung:

$$t_{opt} = \frac{T \cdot x_{opt}}{M} = \frac{x_{opt}}{M}$$

Das Grundmodell der optimalen Bestellmenge läßt sich auch graphisch darstellen (Abbildung 25).

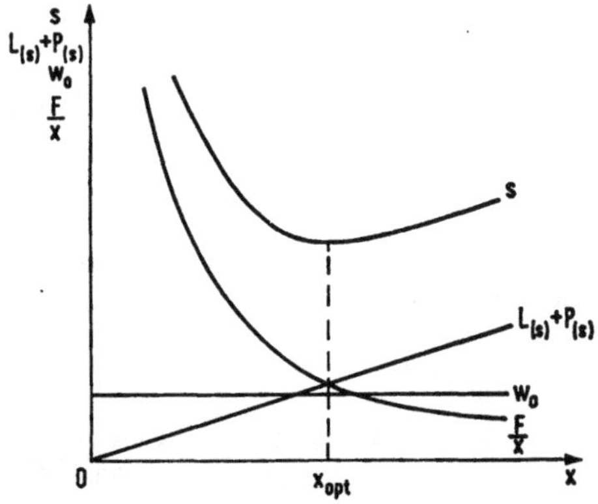

Abb. 25 Grundmodell der optimalen Bestellmenge

Die Addition der Teilkostenkurven für w_0, $\frac{F}{x}$, $P_{(s)}$ und $L_{(s)}$ führt zur Funktion s (x), welche bei $x = x_{opt}$ ihr Minimum erreicht. Durch die graphische Darstellung wird die Lösung für x_{opt} bestätigt. Mit der Berechnung der optimalen Bestellmenge und der zugehörigen Bestellhäufigkeit ist das Beschaffungsprogramm des Gutes x bestimmt.

Bei der praktischen Anwendung in Industrieunternehmungen muß das beschriebene Grundmodell unter Umständen modifiziert werden. Eine häufig vorkommende Modellmodifikation trägt dem Umstand Rechnung, daß Lieferanten bei zunehmender Abnahmemenge (Bestellmenge) bereit sind, *Mengenrabatte* einzuräumen. Der Einstandspreis w_0 wird in Abhängigkeit von der Bestellmenge durch Abschläge verändert. Mit zunehmender Beschaffungsmenge werden für bestimmte Zonen prozentuale Preisabschläge eingeräumt. Für jede Rabattzone (x_{i-1}, x_i) gilt ein Preis w_i unter der Annahme, daß $w_1 > w_2 > w_3 >, \ldots, > w_n$. Außerdem wird für jede Rabattzone ein *Zuordnungsindikator* α als binäre Zuordnungsvariable definiert:

$\alpha_{(x_{i-1}, x_i)}$ = Zuordnungsindikator (i = 1 bis n);
$\alpha = 1$, wenn x in das Intervall x_{i-1} bis x_i fällt;
$\alpha = 0$ in allen anderen Fällen

Die Funktion der *Stückkosten der Bestellung* s (x) nimmt dann die Form an:

$$s(x) = \sum_{i=1}^{n} w_i \cdot \alpha_{(x_{i-1}, x_i)}(x) + \frac{F}{x} + \sum_{i=1}^{n} w_i \cdot \alpha_{(x_{i-1}, x_i)}(x) \cdot \frac{x(1+p)}{2 \cdot M \cdot 100}$$

Zielvorstellung: $s(x) = \text{Min!}$

Die *optimale Bestellmenge* wird hier durch die Bestimmung von

$$\min_i \{s(x_i)\}$$

gefunden. Graphisch kann das Modell ebenfalls dargestellt werden (Abbildung 26).

Die Modellmodifikation der Abbildung 26 kann verwendet werden, wenn einmalige Einstandspreisänderungen (z. B. er-

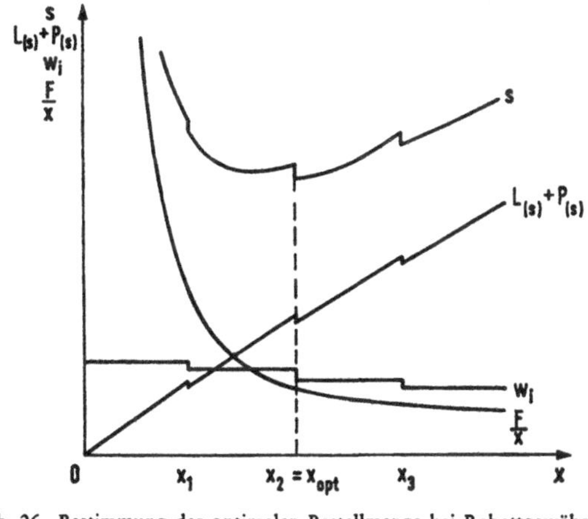

Abb. 26 Bestimmung der optimalen Bestellmenge bei Rabattgewährung

wartete Preiserhöhungen), kontinuierliche Einstandspreisänderungen (z. B. Preiserhöhungen im Rahmen einer Inflation) oder Abhängigkeiten des Preises von der Angebotsmenge auftreten. Außerdem kann das besprochene Grundmodell so modifiziert werden, daß es den Fall eines sukzessiven Eingangs der Bestellmenge abbildet, Restriktionen des Lagerraums oder Beschränkungen von der Kapitalseite berücksichtigt, auftretende Fehlmengen umfaßt und unsichere Erwartungen in das Satzsystem aufnimmt.

bb) Mehrvariablige Optimierungsmodelle des Beschaffungsprogramms

Das Grundmodell zur Bestimmung der optimalen Bestellmenge geht davon aus, daß die beschriebenen Optimierungsüberlegungen für alle Einsatzgüter einzeln angestellt werden. Das ist in der Praxis bei einer großen Zahl von Einsatzgütern unwirtschaftlich, so daß Optimierungsmodelle der dargestellten Art nur für wertvolle und kapitalintensive Einsatzgüter aufgestellt werden, die in größerer Menge benötigt werden. Sobald zwischen einzelnen Bedarfen an Einsatzgütern *technologische Verknüpfungen* auftreten, kann das behandelte Grundmodell nicht mehr verwendet werden. Dieser Zusammenhang soll an einem neuen Modelltyp erläutert werden, der mit *mehreren Entscheidungsvariablen* (hier mit zwei Variablen) arbeitet.

Aufgrund von Absatzerwägungen und unter Beachtung von produktionsmäßigen Verflechtungen ergibt sich, daß zur Realisierung eines angestrebten Fertigungsprogramms drei Einsatzgüter (I, II, III) mit den Mindestmengen (Periodenbedarf) 2100, 4560 und 1800 Einheiten benötigt werden. Zur Deckung des jeweiligen Periodenbedarfs stehen zwei Rohstoffe (1, 2) zur Verfügung, die zur Gewinnung der Einsatzgüter geeignet sind. Dabei gelten folgende Relationen: In Rohstoff 1 ist Einsatzgut I mit zwei, Einsatzgut II mit sechs und Einsatzgut III mit vier Einheiten enthalten. In Rohstoff 2 sind die entsprechenden Relationen drei, vier und eins. Die Tabelle der Modelldaten (Abbildung 27) gibt neben den Bedarfsmengen an, wieviel Einheiten von jedem Einsatzgut in den beiden Rohstoffen enthalten sind.

Einsatzgut \ Rohstoff	1	2	Bedarf
I	2	3	2100
II	6	4	4560
III	4	1	1800

Abb. 27 Tabelle der Modelldaten

Die benötigten Rohstoffe führen je Einheit zu Kosten von DM 120,– für Rohstoff 1 und DM 65,– für Rohstoff 2. Das Problem der Unternehmung besteht darin, so viele Mengeneinheiten von Rohstoff 1 bzw. Rohstoff 2 zu beschaffen, daß der gegebene Bedarf unter den bestehenden technologischen Verknüpfungen kostenminimal gedeckt wird.

Bezeichnet man die unbekannten Beschaffungsmengen mit x_1 bzw. x_2, so läßt sich folgendes *lineare Optimierungsmodell* formulieren:

Nebenbedingungen:

$$\begin{array}{ll} \text{(I)} & 2x_1 + 3x_2 \geqslant 2100 \\ \text{(II)} & 6x_1 + 4x_2 \geqslant 4560 \\ \text{(III)} & 4x_1 + 1x_2 \geqslant 1800 \\ \text{(IV)} & x_1, \quad x_2 \geqslant 0 \end{array}$$

Zielvorstellung: $Z = 120\,x_1 + 65\,x_2 = \text{Min!}$

Daraus kann bei Vernachlässigung der Nichtnegativitätsbedingungen das nachstehende Gleichungssystem in seiner Normalform entwickelt werden:

$$\begin{array}{ll} \text{(I)} & 2x_1 + 3x_2 - x_3 = 2100 \\ \text{(II)} & 6x_1 + 4x_2 - x_4 = 4560 \\ \text{(III)} & 4x_1 + x_2 - x_5 = 1800 \end{array}$$

$$Z = 120\,x_1 + 65\,x_2 = \text{Min!}$$

Die *optimale Lösung* dieses Entscheidungsmodells kann sowohl graphisch als auch rechnerisch (nach dem *Simplexverfahren)* ermittelt werden. Wird die Lösung graphisch bestimmt

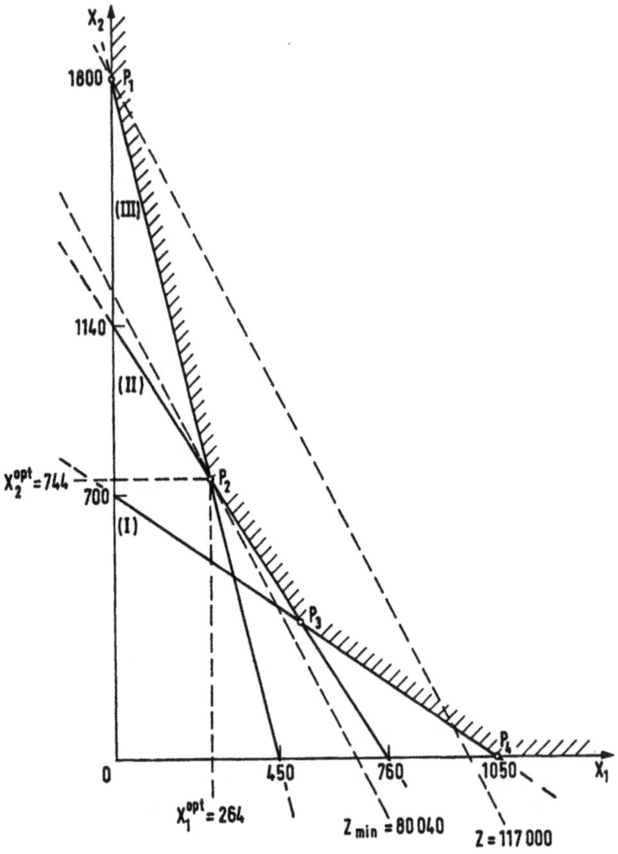

Abb. 28 **Bestimmung der optimalen Bestellmengen mittels linearer Planungsrechnung**

(Abbildung 28), so vermittelt bei zwei Entscheidungsvariablen (x_1, x_2) die Fläche als Darstellungsdimension den Lösungsweg sehr anschaulich.

Die Nebenbedingungen (I bis IV) definieren den *zulässigen Bereich* (schraffierte Fläche), in welchem nach einem Punkt

(Vektor) gesucht werden kann, der eine Lösung des Beschaffungsproblems darstellt. Von den zulässigen Lösungen wird diejenige bevorzugt, welche zu den geringsten Kosten (Ausgaben) führt. Alle Punkte mit gleichen Beschaffungskosten liegen jeweils auf einer gestrichelten Kostengeraden (Z). Von den Kostengeraden, deren Niveau (Wert) in Richtung auf den Koordinatenursprung fällt, wird diejenige (durch Parallelverschiebung) gesucht, die den zulässigen Bereich gerade noch berührt. Abbildung 28 zeigt, daß dies die Kostengerade Z_{min} mit dem Niveau $K = 80\,040$ ist. Der Berührungspunkt der günstigsten Kostengeraden mit dem zulässigen Lösungsbereich hat die Koordinaten $x_1^{opt} = 264$ und $x_2^{opt} = 744$. Die kostenminimale Lösung des Beschaffungsproblems wird dann erreicht, wenn 264 Einheiten von Rohstoff 1 und 744 von Rohstoff 2 beschafft werden. Mit diesen Rohstoffmengen wird der Periodenbedarf der drei Einsatzgüter I, II und III genau gedeckt. Diese zwei Rohstoffmengen stellen das *optimale Beschaffungsprogramm* der Planungsperiode dar. Im Gegensatz zur Berechnung des Beschaffungsprogramms nach der Bestellformel werden im linearen Optimierungsmodell keine optimalen Beschaffungsteilmengen in bezug auf eine Beschaffungskostenfunktion bestimmt, sondern es wird eine *einstandspreisminimale bzw. kostenminimale Transformation* eines Periodenbedarfs an Einsatzgütern (I, II, III) in einen Periodenbedarf an Rohstoffen (1, 2) vorgenommen. Dies bedeutet, daß die Terminierung der Rohstoffbeschaffung außerhalb des Modells in Anlehnung an die Bedarfstermine der Einsatzgüter geregelt werden muß.

Bei rechnerischer Lösung nach dem *Simplexverfahren* ist zunächst nach einer *zulässigen Basislösung* zu suchen. Diese Basislösung wird über die Minimierung der künstlichen Variablen x_6, x_7, x_8 aus dem Gleichungssystem

$$\begin{array}{llllllll}
(I) & 2x_1 + 3x_2 - x_3 & & & + x_6 & & & = 2100 \\
(II) & 6x_1 + 4x_2 & - x_4 & & & + x_7 & & = 4560 \\
(III) & 4x_1 + x_2 & & - x_5 & & & + x_8 & = 1800
\end{array}$$

$$Z = 120x_1 + 65x_2 \qquad = \text{Min!}$$

gewonnen. Das Ausgangstableau für die Bestimmung dieser *Zwischenlösung* lautet wie folgt:

Ausgangstableau für das Zwischenproblem

			$c_1=0$	$c_2=0$	$c_3=0$	$c_4=0$	$c_5=0$	$c_6=1$	$c_7=1$	$c_8=1$	
c^B	Basis	Lösung	x_1	x_2	x_3	x_4	x_5	x_6	x_7	x_8	
1	x_6	2100	2	3	−1	0	0	1	0	0	
1	x_7	4560	6	4	0	−1	0	0	1	0	
1	x_8	1800	(4)	1	0	0	−1	0	0	1	→
	Z_j	8460	12	8	−1	−1	−1	1	1	1	
	Z_j-c_j		12	8	−1	−1	−1	0	0	0	
			↑								

Nach den Rechenregeln des *Simplexverfahrens* gelangt man über die drei nachfolgenden Tableaus nach drei Iterationen zu einer zulässigen Basislösung des Hauptproblems.

1. Iteration

			$c_1=0$	$c_2=0$	$c_3=0$	$c_4=0$	$c_5=0$	$c_6=1$	$c_7=1$	$c_8=1$	
c^B	Basis	Lösung	x_1	x_2	x_3	x_4	x_5	x_6	x_7	x_8	
1	x_6	1200	0	($\frac{5}{2}$)	−1	0	$\frac{1}{2}$	1	0	$-\frac{1}{2}$	→
1	x_7	1860	0	$\frac{5}{2}$	0	−1	$\frac{3}{2}$	0	1	$-\frac{3}{2}$	
0	x_1	450	1	$\frac{1}{4}$	0	0	$-\frac{1}{4}$	0	0	$\frac{1}{4}$	
	Z_j	3060	0	5	−1	−1	2	1	1	−2	
	Z_j-c_j		0	5	−1	−1	2	0	0	−3	
				↑							

2. Iteration

			$c_1=0$	$c_2=0$	$c_3=0$	$c_4=0$	$c_5=0$	$c_6=1$	$c_7=1$	$c_8=1$	
c^B	Basis	Lösung	x_1	x_2	x_3	x_4	x_5	x_6	x_7	x_8	
0	x_2	480	0	1	$-\frac{2}{5}$	0	$\frac{1}{5}$	$\frac{2}{5}$	0	$-\frac{1}{5}$	
1	x_7	660	0	0	(1)	−1	1	−1	1	−1	→
0	x_1	330	1	0	$\frac{1}{10}$	0	$-\frac{3}{10}$	$-\frac{1}{10}$	0	$\frac{3}{10}$	
	Z_j	660	0	0	1	−1	1	−1	1	−1	
	Z_j-c_j		0	0	1	−1	1	−2	0	−2	
					↑						

3. Iteration

			$c_1=0$	$c_2=0$	$c_3=0$	$c_4=0$	$c_5=0$	$c_6=1$	$c_7=1$	$c_8=1$
c^B	Basis	Lösung	x_1	x_2	x_3	x_4	x_5	x_6	x_7	x_8
0	x_2	744	0	1	0	$-\frac{2}{5}$	$\frac{3}{5}$	0	$\frac{2}{5}$	$-\frac{3}{5}$
0	x_3	660	0	0	1	−1	1	−1	1	−1
0	x_1	264	1	0	0	$\frac{1}{10}$	$-\frac{2}{5}$	0	$-\frac{1}{10}$	$\frac{2}{5}$
	Z_j		0	0	0	0	0	0	0	0
	Z_j-c_j		0	0	0	0	0	−1	−1	−1

Mit der Minimierung der drei künstlichen Variablen x_6, x_7 und x_8 ist eine *zulässige Basislösung* für das Hauptproblem gefunden. Die künstlichen Variablen können vernachlässigt werden. Das Ausgangstableau für die Lösung des Hauptproblems lautet demnach (S. 108):

Nachdem dort alle $Z_j-c_j \leqslant 0$ sind, ist die *optimale Lösung* des Entscheidungsproblems bereits gefunden. Sie lautet:

Von Rohstoff 1 (x_1^{opt}) sind 264 und
von Rohstoff 2 (x_2^{opt}) sind 744 Einheiten
zu beschaffen, die zu einem Kostenminimum
von DM 80 040,– führen.

Ausgangstableau für das Hauptproblem (zugleich Endtableau)

			$c_1=120$	$c_2=65$	$c_3=0$	$c_4=0$	$c_5=0$
c^B	Basis	Lösung	x_1	x_2	x_3	x_4	x_5
65	x_2	744	0	1	0	$-\frac{2}{5}$	$\frac{3}{5}$
0	x_3	660	0	0	1	-1	1
120	x_1	264	1	0	0	$\frac{1}{10}$	$-\frac{2}{5}$
	Z_j	80 040	120	65	0	-14	-9
	Z_j-c_j		0	0	0	-14	-9

Auch das beschriebene lineare Optimierungsmodell kann in mehrfacher Weise modifiziert werden. So kann das Terminierungsproblem der Beschaffungsteilmengen durch Einführung neuer Spalten und Zeilen in das Satzsystem aufgenommen werden. Es können weiter Restriktionen von den Beschaffungsmärkten, vom Lagerraum, vom beteiligten Personal und von der Kapitalseite berücksichtigt werden. Auch Rabattstaffeln und/oder Abhängigkeiten der Beschaffungspreise von den Angebotsmengen können in das Modell aufgenommen werden usw. Zu beachten ist bei diesen Modifikationen des Modells, daß die abgebildeten Beziehungen zwischen den Modellgrößen möglichst linear bleiben, da sonst ein Übergang zur *nichtlinearen Optimierungsrechnung* vollzogen wird.

Die bisher besprochenen Bestellmengenmodelle haben folgende Gemeinsamkeiten: sie sind statische, deterministische Optimierungsmodelle mit einem Entscheidungsziel (Abbildung 4). Sie unterscheiden sich durch die Anzahl der Entscheidungsvariablen, durch die Linearität der Zielfunktion und durch die Explikation der Nebenbedingungen. Zur Ergänzung des Überblicks über Optimierungsmodelle im Beschaffungsbereich soll noch ein statisches, nicht-deterministisches *Optimierungsmodell bei Unsicherheit* mit einer Zielfunktion beschrieben werden. Anknüpfungspunkt ist das in Abbildung 28 dargestellte Beschaffungsmodell. Es wird jedoch angenommen, daß über das Eintreffen einer Modellgröße Unsicherheit herrscht und daß eigenes Handeln von möglichen Umweltkonstellationen abhängt. Nach erfolgten Marktbeobachtungen und -erkundungen werden vier Marktsituationen ($j = S_1$ bis S_4) für möglich gehalten, deren Konsequenzen in verschiedenen Einstandspreisen ihren Niederschlag finden. Außerdem bestehen für die Unternehmung vier Beschaffungsalternativen ($i = 1$ bis 4), die identisch sind mit den Punkten P_1 bis P_4 in Abbildung 28. Unsicher sei der Einstandspreis p_1 des Rohstoffs 1, während der Einstandspreis p_2 für Rohstoff 2 sicher ist. Für die Beschaffungsmarktsituationen S_1 bis S_4 werden folgende Preise $p_1^{(i)}$ erwartet:

$$S_1 \rightarrow p_1^{(1)} = 180$$
$$S_2 \rightarrow p_1^{(2)} = 120$$
$$S_3 \rightarrow p_1^{(3)} = 95$$
$$S_4 \rightarrow p_1^{(4)} = 50$$

S_2 entspricht dabei der Beschaffungsmarktsituation, die mit einem Preis $p_1^{(2)} = 120$ im Modell der Abbildung 28 unterstellt wird.

Die Beschaffungskosten k_{ij} der i ($i = 1$ bis 4) zulässigen Beschaffungsalternativen sind für die j ($j = S_1$ bis S_4) Beschaffungsmarktsituationen in Tabellenform (Abbildung 29) zusammengestellt:

S_j / P_i	S_1	S_2	S_3	S_4
	$p_1^{(1)} = 180$	$p_1^{(2)} = 120$	$p_1^{(3)} = 95$	$p_1^{(4)} = 50$
	$p_2 = 65$	$p_2 = 65$	$p_2 = 65$	$p_2 = 65$
P_1 (0; 1800)	117.000	117.000	117.000	117.000
P_2 (264; 744)	(95.880)	80.040	73.440	61.560
P_3 (528; 348)	117.660	85.980	72.780	49.020
P_4 (1050; 0)	189.000	126.000	99.750	52.500

Abb. 29 Tabelle der Beschaffungskosten

Nach dieser entwickelten Beschaffungskostentabelle kann nicht ohne weiteres angegeben werden, welche der vier Beschaffungsalternativen (P_1 bis P_4) ausgewählt werden soll. Dazu bedarf es eines *Entscheidungskriteriums bei Unsicherheit*, d. h., einer Auswahlvorschrift, die das optimale Tabellenelement und damit die optimale Beschaffungsalternative klassifiziert. Aus den bekannten Kriterien: Minimax-, Maximax- und Pessimismus-Optimismus-Kriterium sowie Kriterium des minimalen Bedauerns soll in diesem Fall das *Minimax-Kriterium* zur Bestimmung der optimalen Alternative herangezogen werden. Nach dem Minimax-Kriterium soll diejenige Alternative gewählt werden, die bei Eintritt der ungünstigsten Umweltsituation zum relativ günstigsten Ergebnis führt. Die optimale Alternative ist nach diesem Kriterium gekennzeichnet durch die Beziehung:

$$P_{opt} = \min_i \max_j k_{ij}$$

Über die Zeilenmaxima der Beschaffungskostentabelle ist das Minimum zu bestimmen. Die Zeilenmaxima sind die Werte:

$$P_1 \rightarrow 117\,000$$
$$P_2 \rightarrow 95\,880 \leftarrow P_{opt}$$
$$P_3 \rightarrow 117\,660$$
$$P_4 \rightarrow 189\,000$$

Der minimale dieser Werte steht in der 2. Zeile, so daß P_2 mit den Koordinaten $x_1^{opt} = 264$ und $x_2^{opt} = 744$ als günstigste Beschaffungsalternative angesehen wird. Bei ihr wird man die Preise $p_1^{(1)} = 180$ und $p_2 = 65$ erwarten. Die Modellösung bei Unsicherheit deckt sich zufällig mengenmäßig mit der bei Sicherheit ($x_1^{opt} = 264$, $x_2^{opt} = 744$), jedoch weicht die Kostenerwartung bei Unsicherheit (95 880) um 15 840 Einheiten von der deterministischen Lösung (80 040) ab. Sieht man vom Wert der Zielfunktion ab, so kann gesagt werden, daß auch bei Unsicherheit von Modellgrößen und Akzeptierung des jeweiligen Entscheidungskriteriums ein rational begründetes, optimales Beschaffungsprogramm berechnet werden kann.

II. Industriebetriebliche Fertigung

1. Fertigungswirtschaftliche Grundprobleme

Zur industriebetrieblichen Produktion gehören die drei *Realgüterphasen* Beschaffung, Fertigung und Absatz. Nach der Erörterung der wichtigsten Beschaffungsprobleme sind die Fertigungsprobleme Gegenstand dieses Abschnitts.

a) Reifephasen industrieller Produkte

aa) Forschung und Entwicklung

Industrielle Produkte durchlaufen bis zum Erreichen ihrer Marktreife mehrere Phasen. So liegen vor jeder Fertigung von Gütern Forschung und Entwicklung. Unter *Forschung* versteht man das nachprüfbare Suchen, Formulieren und Lösen von Grundproblemen nach wissenschaftlichen Methoden. *Entwicklung* bedeutet das Überführen von Forschungsergebnissen zur Fabrikationsreife unter Beachtung wissenschaftlicher Erkenntnisse und Technologien.

Nach dem Grad der Anwendbarkeit der Forschungsergebnisse kann man zwischen Grundlagenforschung und angewandter Forschung unterscheiden (Abbildung 30). Die *Grundlagenforschung* wird ihrem Zuschnitt nach ohne Ausrichtung an der praktischen Anwendbarkeit der gewonnenen Erkennt-

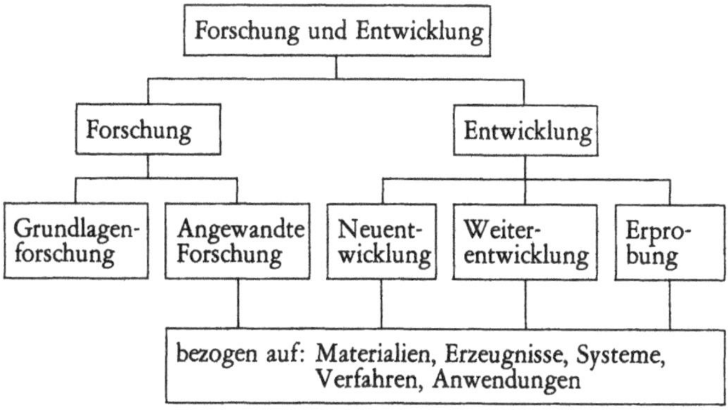

Abb. 30 Gliederung von Forschung und Entwicklung

nisse betrieben. Sobald sie anwendungsorientiert konzipiert wird, bezeichnet man sie als *Zweckforschung*. Dagegen ist die *angewandte Forschung* eindeutig auf das Ziel der praktischen Anwendbarkeit der gefundenen Resultate zugeschnitten.

Formulierte Forschungsergebnisse müssen in Industrieunternehmungen *fabrikationsreif* gemacht werden, d. h., sie müssen so ausgewertet und umgeformt werden, daß man unter Berücksichtigung des bisherigen Wissens und vorhandener Technologien zu realisierbaren Produkten, Verfahren, Stoffen oder Geräten *(Neuentwicklung)* bzw. zu verbesserten Produkten, Stoffen, usw. *(Weiterentwicklung)* gelangt. Die Überprüfung von Eigenschaften der entwickelten Güter und den Vergleich mit dem gesetzten Entwicklungsziel nennt man *Erprobung*.

Forschung und Entwicklung sind mit *Risiken* untrennbar verbunden. Es kann sich herausstellen, daß gewählte Probleme im Betrachtungszeitpunkt unlösbar sind oder daß eine gefundene Lösung nicht realisiert werden kann, da sie entweder zu kostspielig ist, das Produkt zu spät auf den Markt kommt oder ein eigenes Produkt vom Markt verdrängt wird. So wird z. B. von Du Pont berichtet, daß 95 % der Projekte, die 80 % des Forschungsbudgets verbrauchten, ohne Ergebnis abgebrochen werden mußten. Dennoch sollten Forschung und Entwicklung ständig ohne Ausrichtung auf die Wirtschaftskonjunktur und ohne Bindung an Umsatz- oder Gewinnbewegungen betrieben werden. Planmäßig in Angriff genommene Forschungs- und Entwicklungsvorhaben richten sich gewöhnlich nach einem aufgestellten *Forschungs- und Entwicklungsprogramm* sowie nach einem zugehörigen *Kostenbudget*.

bb) Konstruktion und Berechnung

In Unternehmungen der verarbeitenden Industrie spiegeln sich die Ergebnisse der (Forschung und) Entwicklung in der Konstruktion und Berechnung wider. Die *Konstruktion* stellt die Vorbereitung der Produkte oder Verfahren auf die Fabrikation in Gestalt von Konstruktionszeichnungen und Stücklisten unter Beachtung von DIN-Normen dar. Eine Stückliste ist eine geordnete Zusammenstellung von

1. Fertigungsteilen in Mengen, Abmessungen und Güteangaben,

Bild II.2/F15-3: Beispiel einer Arbeitsstückliste durch Zeilenselektion und Umordnung

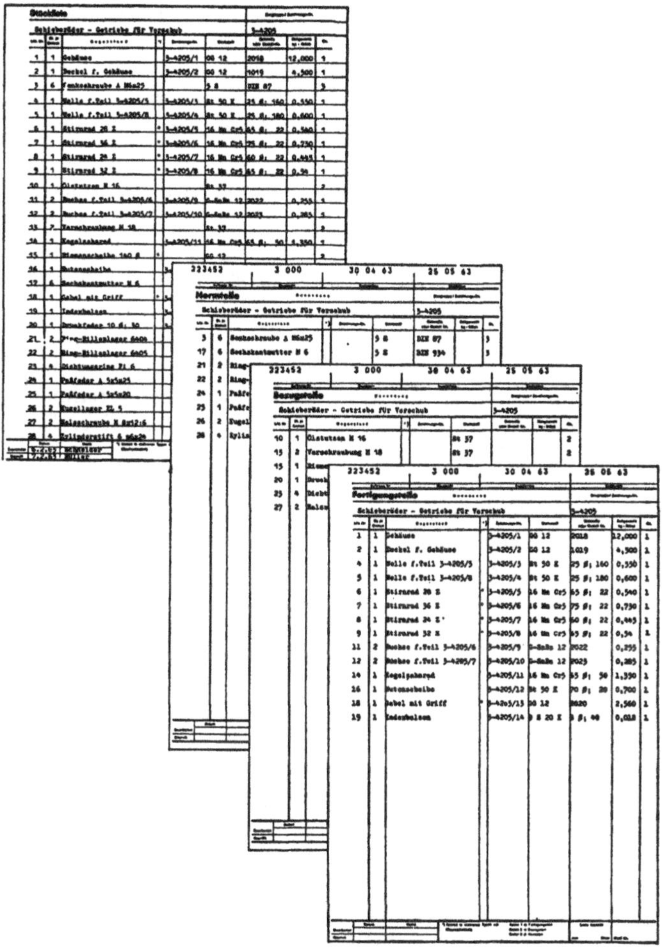

1	1	Gehäuse		3-4205/1	GG 12	2018	12,000	1
2	1	Deckel f. Gehäuse		3-4205/2	GG 12	1019	4,500	1
4	1	Welle f.Teil 3-4205/5		3-4205/3	St 50 K	25 ∅; 160	0,550	1
5	1	Welle f.Teil 3-4205/8		3-4205/4	St 50 K	25 ∅; 180	0,600	1
6	1	Stirnrad 20 Z	*	3-4205/5	16 Mn Cr5	65 ∅; 22	0,540	1
7	1	Stirnrad 36 Z	*	3-4205/6	16 Mn Cr5	75 ∅; 22	0,730	1
8	1	Stirnrad 24 Z	*	3-4205/7	16 Mn Cr5	60 ∅; 22	0,445	1
9	1	Stirnrad 32 Z	*	3-4205/8	16 Mn Cr5	65 ∅; 22	0,54	1
11	2	Buchse f.Teil 3-4205/6		3-4205/9	G-SnBz 12	2022	0,255	1
12	2	Buchse f.Teil 3-4205/7		3-4205/10	G-SnBz 12	2023	0,285	1
14	1	Kegelzahnrad		3-4205/11	16 Mn Cr5	65 ∅; 50	1,350	1
16	1	Distanzscheibe		3-4205/12	St 50 K	70 ∅; 20	0,700	1
18	1	Hebel mit Griff	*	3-4205/13	GG 12	2020	2,560	1
19	1	Indexbolzen		3-4205/14	9 S 20 K	8 ∅; 40	0,018	1

II.2/F15-5

Abb. 31 Stückliste für Schieberäder-Getriebe für Vorschub (entnommen aus: Handbuch der Arbeitsvorbereitung. Hrsg. vom AWF und REFA. Teil I: Arbeitsplanung. Berlin, Köln, Frankfurt a. M. 1968, S. II/F. 15–3/5.)

2. Bezugsteilen und
3. Normteilen,

welche für die Fabrikation benötigt werden (Abbildung 31).

An Konstruktionsarten lassen sich die *Neukonstruktion* (schöpferische Ingenieurarbeit), die *Umkonstruktion* (Ingenieurarbeit) und die *Anpassungskonstruktion* (Technikerarbeit) trennen.

Die zahlenmäßige Fixierung von Eigenschaften oder Konsequenzen neuer Produkte, Verfahren, usw., die entweder noch zur Konstruktion gerechnet wird oder wegen ihrer größeren Bedeutung als eigenständige Aufgabe an sie angehängt wird, ist die *Berechnung*.

cc) Produktgestaltung

Ein Produkt, das entwickelt, konstruiert und berechnet in die Fertigung gegeben werden soll, muß auch von seiner *Funktion* und seiner *Form* (Aussehen) her so aufgemacht sein, daß der Konsument es begehrt. Das Produkt muß einen hohen Grad an technisch-funktioneller Zweckeignung besitzen, um dem Konsumenten einen *Ge- oder Verbrauchsnutzen (Grundnutzen)* zu stiften. Ein Kühlschrank z. B. muß eine gute Kühlleistung erbringen, Wanderstiefel müssen fußgerecht, leicht und wasserabstoßend sein, ein Oberhemd muß pflegeleicht sein, usw. Hinzu treten die Einfachheit in der Bedienung, die Wirtschaftlichkeit in der Anwendung sowie eine ausreichende Lebensdauer der Produkte. Daneben muß jedes Produkt durch sein Aussehen eine geschmackliche Zweckeignung haben, durch welche der Konsument eine *geistig-seelische Nutzenstiftung (Zusatznutzen)* erlebt. Über das Auge und das Gefühl wird an den Geschmack und an den Wunsch nach Schönheit und Ansehen appelliert, indem man die Form (Fasson, Linie), Oberfläche, Farb- und Bildgebung sowie die Verpackung in ansprechender Weise gestaltet. Aus der Sicht des Herstellers sollen durch die Produktgestaltung gesetzte Absatzziele (wie Absatzsteigerung, Absatzkontinuität, Verhinderung von Absatzrückgängen) erreicht, Verlustrisiken vermieden, kulturelle Werte vermittelt und Verbraucheraufklärung sowie -erziehung betrieben werden. Eine erfolgreiche Formgebung setzt Analysen des Verbrauchergeschmacks, der Geschmacksveränderungen und der Erzeugnisverwandtschaften voraus. Industrieunternehmungen haben ihre eigenen Formgestalter (Designer) oder wenden sich an selbständige Spezialisten und „kaufen" ihre Produktform bei diesen (z. B. in der Automobilindustrie: Bertone, Bizzarini, Pininfarina, u. a.).

Die Produktgestalt wird neben dem Einfluß der Absatzseite auch von Einflußgrößen der Fertigungsseite mitbestimmt, die in fertigungstechnischen Prinzipien ausgedrückt werden. Einige dieser *fertigungstechnischen Prinzipien* der Produktgestaltung sind:

1. *Bearbeitungsgerechtigkeit,* d. h., zweckmäßige Gestaltung der Bearbeitungsflächen und Zugänglichkeit der Bearbeitungsstellen.
2. *Arbeitsangemessenheit,* d. h., Güten, Präzisionen sowie Genauigkeiten sollen in einem angemessenen Verhältnis zu den erforderlichen Arbeitszeiten stehen.
3. *Materialwirtschaftlichkeit,* d. h., überdimensionierte Maße und Gewichte, übertriebene Festigkeitszuschläge und zu hohe Härtegrade der verwendeten Materialien sind zu vermeiden.
4. *Transportgerechtigkeit,* d. h., Abmessungen, Formen und Gewichte sind so zu wählen, daß möglichst das übliche Verpackungsmaterial und die normalen Transporteinrichtungen zum Transport der Produkte verwendet werden können.

Alle fertigungstechnischen Prinzipien der Produktgestaltung bezwecken eine Senkung der Herstellkosten bzw. ein Vermeiden übermäßiger Herstellkostensteigerungen. Sie können daher als Unterziele der Mengenwirtschaftlichkeit (Technizität) im Herstellungsbereich interpretiert werden.

b) Standardisierung

Mit *Standardisierung* bezeichnet man Vereinheitlichungen von Produkten *(Typung)* und Produktteilen *(Normung)* zum Zwecke der Rationalisierung der Produktions- und Konsumtionsprozesse. Typung und Normung erleichtern die Konstruktion und Berechnung, die Fabrikation, die Lagerhaltung, den Transport, das Beschaffen von Ersatzteilen und den Absatz.

Normungen als einheitliche und anerkannte Festlegungen von Begriffen, Arten, Typen, Größen, Formen, Abmessungen,

Farben, Mustern, usw. können für verschiedene Geltungsbereiche konzipiert werden. Bekannt sind internationale, nationale, Verbands- und Werksnormen. Ihre Träger können sein:

1. ISO (International Organization for Standardization, Genf → Internationale Normen)
2. DNA (Deutscher Normenausschuß → DIN-Normen, [DIN = Deutsche Industrie Norm])
3. VDI (Verein Deutscher Ingenieure → VDI-Regeln)
4. VDE (Verband Deutscher Elektrotechniker → VDE-Regeln
5. VDA (Verband der Automobilindustrie → VDA-Einheitsblätter)
6. Deutsche Bundespost (→ FTZ-Normen [FTZ = Fernmeldetechnisches Zentralamt, Darmstadt])
7. Einzelne Unternehmungen (→ Werksnormen)

Die Idee der Normung, die aus der Industrie stammt, greift heute weit über den industriellen Bereich hinaus. Zur Publikation anerkannter Normen werden *DIN-Norm-Blätter* und *DIN-Mitteilungen* herausgegeben. Zum Deutschen Normenausschuß (DNA) gehört auch der RAL ([Reichs-]Ausschuß für Lieferbedingungen und Gütesicherung, Köln), der sich um die Fixierung generell anerkannter

1. Begriffsbestimmungen,
2. Bezeichnungsvorschriften,
3. Gütebedingungen,
4. Gütezeichen,
5. Prüfverfahren und
6. Lieferbedingungen

bemüht. Die Vereinheitlichung der Lieferbedingungen und der Gütesicherung dient der Rationalisierung des Wirtschaftsprozesses und damit dem Hersteller und Verwender sowie dem Konsumenten.

c) Schutzrechtwesen

Für Entdecker, Erfinder und Neuerer besteht die Möglichkeit, ihre Ideen rechtlich gegen Mißbrauch durch Fremde zu schützen. Nach der Art des zu schützenden Gegenstands unterscheidet man Patente, Gebrauchsmuster, Geschmacksmuster und Warenzeichen.

Ein *Patent* ist das zeitlich begrenzte, wirtschaftliche Alleinnutzungsrecht für einen Erfinder oder seinen Rechtsnachfolger. Das erste deutsche Patentgesetz wurde 1877 erlassen. In der Bundesrepublik gilt derzeit das *Patentgesetz* von 1936 nach dem letzten Änderungsgesetz v. 4. 9. 1967. Danach sind nur technische Erfindungen (Produkte, Vorrichtungen, Verfahren, Verwendungen oder Schaltungen) patentfähig, wenn sie gegenüber dem gegenwärtigen Stand der Technik neu und fortschrittlich sind, eine ausreichende Erfindungshöhe haben sowie gewerblich verwertbar sind. Der Inhaber eines Patents hat das ausschließliche Recht, den erfundenen Gegenstand bis zu höchstens 18 Jahren gewerblich herzustellen, anzubieten, zu vertreiben oder zu gebrauchen. Zum Schutz gegen Umgehungen des Patents werden auch naheliegende Varianten (Äquivalente) der Erfindung durch die Rechtssprechung geschützt. Ein Patent kann vererbt und verkauft werden. Meist wird ein Patent durch die Erteilung einer *Lizenz* verwertet, worunter man die Erlaubnis zur Nutzung des Patents durch den Lizenznehmer gegen Entgelt versteht. Die für Patentierungen zuständige Behörde ist das *Deutsche Patentamt* in München, das für alle relevanten Tätigkeiten von der Patentanmeldung bis zur Patenterteilung zuständig ist. Am Sitz des Patentamts ist auch das *Bundespatentgericht* errichtet. Erfindungen und technische Verbesserungsvorschläge von Arbeitnehmern im privaten und öffentlichen Dienst, von Beamten und Soldaten unterliegen dem *Arbeitnehmererfindungsgesetz* v. 25. 7. 1957. Bemühungen um ein *europäisches Patentrecht* sind im Gange.

Ein dem Patent verwandtes Schutzrecht für Erfindungen mit geringerer Bedeutung ist das *Gebrauchsmuster*. Das *Gebrauchsmustergesetz* i. d. F. v. 1961 schützt mit einer Laufzeit bis zu sechs Jahren nur solche technischen Erfindungen, die sich in einer „Raumform“ darstellen. Dazu rechnen Arbeitsgeräte und Gebrauchsgegenstände des täglichen Bedarfs oder Teile davon. Auch sie müssen neu und fortschrittlich sein sowie eine ausreichende Erfindungshöhe besitzen, jedoch in einem geringeren Umfang als beim Patent. Der Schutz eines Gegenstands fängt mit der Eintragung in die *Gebrauchsmuster-Rolle* an, die beim Patentamt geführt wird. Auch Gebrauchsmuster können verkauft oder durch Lizenz verwertet werden. Ihr Schutz besteht nicht in allen Ländern.

Muster oder Modelle, die auf eine geschmackliche Gestaltung von Produkten gerichtet sind, können als *Geschmacksmuster* nach der Haager Fassung des Gesetzes zum Schutze des gewerblichen Eigentums für ein bis drei Jahre gegen Mißbrauch geschützt werden. In Frage kommen dabei Flächenmuster (z. B. Gardinen, Möbel, Teppiche, Tapeten) oder Modelle körperlicher Gegenstände (z. B. Öfen). Geschmacksmuster werden in das *Musterregister* des Gerichts am Wohnsitz des Berechtigten oder am Ort der Niederlassung eingetragen. Ein neues Muster oder ein Bild desselben müssen hinterlegt werden. Die Schutzdauer kann bis zu 15 Jahren verlängert werden.

Auch Wort- oder Bildzeichen zur Markierung von Produkten *(Warenzeichen)* können nach dem *Warenzeichengesetz* vom 5. 5. 1936 gesetzlich gegen Mißbrauch geschützt werden. Warenzeichen dienen der Produktunterscheidung und der Qualitätskennzeichnung. Sie sind zur Grundlage einer Herausbildung von Markenartikeln geworden und werden am Produkt, seiner Verpackung oder auf anderen Informationsträgern angebracht. Warenzeichen werden in eine *Warenzeichenrolle* beim Patentamt eingetragen und gelten für eine Schutzdauer von zehn Jahren.

Größere Industrieunternehmungen kommen nicht umhin, eine *Patentabteilung* mit den Aufgabenstellungen: Richtlinienfixierung für die betriebliche Schutzrechtpolitik, Aufklärung und Beratung aller Betriebsangehörigen in Schutzrechtfragen, Schutzrechtverwaltung und Behandlung von Schutzverträgen einzurichten.

d) Organisation des Fertigungsprozesses

aa) Organisationstyp der Werkstattfertigung

Die Fertigung als der Bereich industriebetrieblicher Produktion, in welchem Einsatzgüter kombiniert und zu Produkten transformiert werden, bedarf der Organisation als ordnender Gestaltung, um sicherzustellen, daß der gewählten Zielvorstellung Rechnung getragen wird. Gegenstände der *Ferti-*

gungsorganisation sind sowohl die räumliche Struktur des Fertigungspotentials (Werkstätten) als auch die raum-zeitlichen Strukturen des Fertigungsprozesses. Für die Organisation des Fertigungspotentials haben sich zwei Grundtypen entwickelt, die mit den Bezeichnungen Werkstattfertigung und Fließfertigung belegt werden. In der Praxis industriebetrieblichen Wirtschaftens kommen diese Typen in mehreren abgestuften Ausprägungen vor.

Unter dem *Organisationstyp der Werkstattfertigung* versteht man die Gliederung der Fertigungsabteilungen, Bereiche oder Werkstätten nach dem *Verrichtungsprinzip* (job shop). Jeweils artgleiche Aufgaben (Tätigkeiten oder Verrichtungen) bzw.

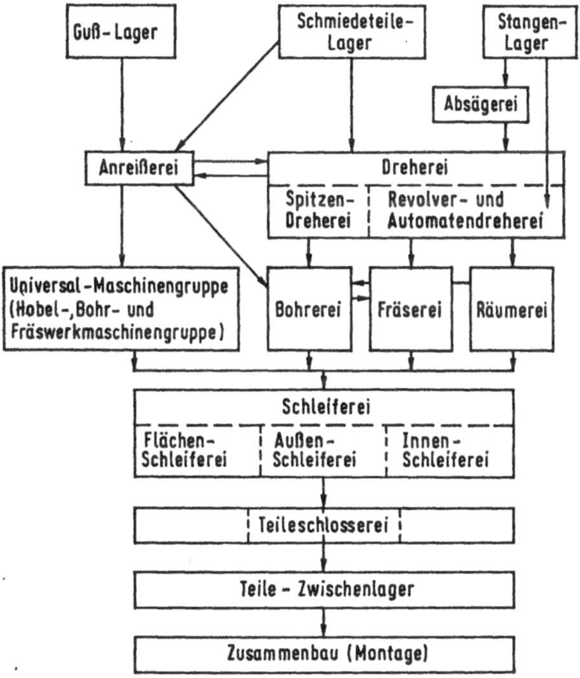

Abb. 32 Beispiel für den Organisationstyp Werkstattfertigung

Maschinen oder Aggregate werden zu einer Werkstatt zusammengefaßt und räumlich, verantwortungs- sowie kostenmäßig abgegrenzt. Als Beispiele wären zu nennen: Formerei, Gießerei, Putzerei, Anreißerei, Dreherei, Fräserei, u. a. Die artmäßige und räumliche Zentralisation von Verrichtungen geht einher mit einer Dezentralisation des Objektdurchlaufs, was bedeutet, daß die einzelnen Bearbeitungsobjekte zur weiteren Bearbeitung von Werkstatt zu Werkstatt befördert werden müssen (Abbildung 32).

Die Durchlaufwege der einzelnen Objekte können bei diesem Organisationstyp weitgehend parallel verlaufen, sie können aber auch Rückläufe, Schleifen und Kreuzungen enthalten. Je komplexer die Durchlaufwege durch die Werkstätten sind, um so schwieriger ist auch die optimale Lösung der anfallenden Transportprobleme. Entsprechend höher sind auch die entstehenden Materialflußkosten. In bezug auf die verschiedenen formalen, materialen und sozialen Entscheidungsziele einer Unternehmung können für die Werkstattfertigung eine Reihe von Vor- und Nachteilen angegeben werden, die in der Wirtschaftspraxis beobachtet werden:

– *Vorteile der Werkstattfertigung*

Die Werkstattfertigung kommt den technologischen Anforderungen der Kleinserien- und Einzelfertigung besonders entgegen. Bei der Wahl dieses Organisationstyps ist man sehr fertigungs- und beschäftigungselastisch. An Änderungen des Absatzprogramms kann man sich gut anpassen. Betriebsmittel- und Personenausfälle können ohne größere Schwierigkeiten bewältigt werden. Nacharbeiten können ohne Verzögerung durchgeführt werden. Geplante Betriebsmittelinvestitionen können sukzessiv getätigt und leichter zeitlich verschoben werden. Die Möglichkeit zur Heranbildung von Spezialisten ist sehr gut, und individuelle Leistungsgrade können realisiert werden. Gegenüber Fluktuationen von Arbeitskräften ist die Werkstattfertigung unempfindlicher. Die Betriebsleiter und Meister haben einen sehr guten Überblick über den Maschinenpark und die Möglichkeit zu guter Raumordnung. Kostenrechnerische Abrechnungsbereiche und organisatorische Kompetenz- und Verantwortungsbereiche können nach Verrichtungsarten gegliedert werden.

– *Nachteile der Werkstattfertigung*

Bei Werkstattfertigung müssen gewöhnlich größere Vorräte an Einsatzgütern gehalten werden, die eine entsprechende Kapitalbindung und damit Zinskosten verursachen. Die Vorräte laufen leicht Gefahr zu veralten. Sobald im Produktionsprogramm Großserien und Sorten dominieren, stößt die Unternehmung sehr schnell an die Grenze ihrer Rationalisierungsmöglichkeiten. Auf die Schwierigkeiten der Transportprobleme ist bereits früher hingewiesen worden. Der Fertigungsfluß muß exakt geplant und gesteuert werden, da sonst hohe Bestände an Halbfabrikaten und lange Durchlaufzeiten der Objekte auftreten. Fragen der Arbeitsbewertung, Leistungsbewertung und Lohnabrechnung nehmen bei dieser Organisationsform der Werkstätten einen breiten Raum ein. Der Bedarf an qualifizierten Mitarbeitern ist groß. Die Übersicht über die Objektdurchläufe und deren Terminierung geht leicht verloren. Auch die laufende Arbeitsverteilung, die Reihenfolgeplanung und die Maschinenbelegung führen oft zu schwerwiegenden Problemen. Kostenrechnungssysteme zur Planung und Kontrolle der Wirtschaftlichkeit der Herstellung müssen sehr detailliert konzipiert werden und haben lange Entwicklungs- und Anlaufzeiten.

bb) Organisationstyp der Fließfertigung

Der *Organisationstyp der Fließfertigung* ist dadurch gekennzeichnet, daß die Gliederung der Fertigungsabteilungen oder Bereiche nach dem *Objektprinzip (Prozeßfolgeprinzip)* vorgenommen wird (flow shop). Die Definition des *AWF (Ausschuß für wirtschaftliche Fertigung)* lautet: „Fließarbeit ist eine örtlich fortschreitende, zeitlich bestimmte, lückenlose Folge von Arbeitsgängen." Bei dieser Organisationsform der Fertigung werden jeweils verschiedene Aufgaben bzw. Maschinen oder Aggregate zu einem linienförmig geordneten Fertigungsbereich zusammengefaßt und räumlich, verantwortungs- sowie kostenmäßig abgegrenzt. Die Linienordnung kann geradlinig, u-förmig, s-förmig oder kreisförmig sein, und die Maschinenstraßen können einseitig oder zweiseitig besetzt werden. Als Konsequenz dieser räumlichen Zentralisation nach dem Objektdurchlauf tritt eine Dezentralisation der Verrichtungen auf. Dies bedeutet, daß artverschiedene Betriebsmittel nach der technologischen Aufeinanderfolge von Arbeitsgängen an einem Objekt nebeneinander aufgestellt werden. Die Fließfertigung wird auch Reihen-, Straßen- oder Linienfertigung genannt (Abbildung 33).

Fließfertigung setzt voraus, daß die einzelnen Bearbeitungs-

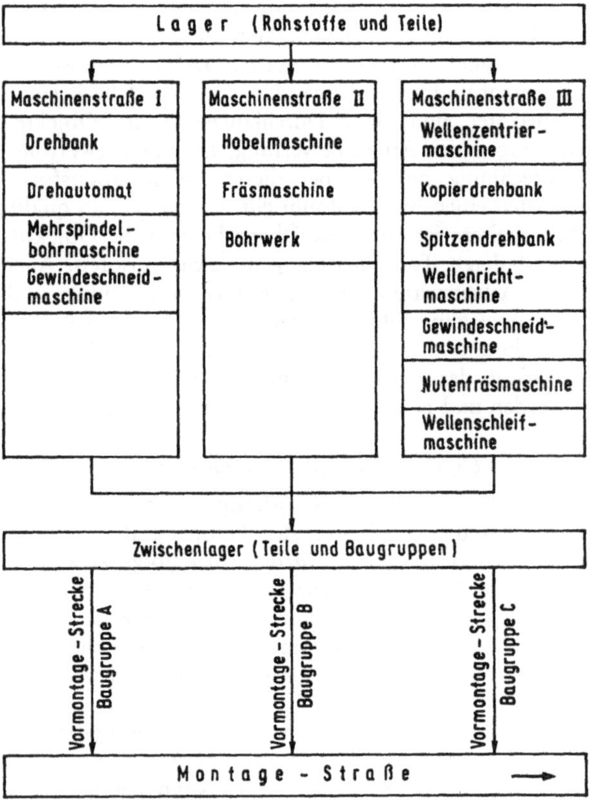

Abb. 33 Beispiel für den Organisationstyp Fließfertigung

objekte dieselben Durchlaufwege über die gebildete Linie der Betriebsmittel haben. Rückläufe und Schleifen werden möglichst ausgesondert. Die anfallenden Transportprobleme sind relativ leicht lösbar, und die Materialflußkosten können im Vergleich zum Organisationstyp der Werkstattfertigung niedrig gehalten werden. In bezug auf die verschiedenen formalen, materialen und sozialen Entscheidungsziele einer Unternehmung können auch für die Fließfertigung eine Reihe von Vor- und Nachteilen angegeben werden, die in der Praxis industriebetrieblichen Wirtschaftens zu beobachten sind:

– *Vorteile der Fließfertigung*

Die Fließfertigung ist nach den technologischen Anforderungen der Sorten-, Großserien- und Massenfertigung konzipiert. In ihrem Gefolge ist eine tiefgreifende Rationalisierung der Beschaffung und der Lagerwirtschaft möglich. Im günstigsten Falle können bei kontinuierlichen Eingängen von Großaufträgen die Einsatzlagerungen fast vollständig auf die Lieferanten überwälzt und die Fertigungsabteilungen durch Abruflieferungen versorgt werden. Ein Veralten von Einsatzgütern ist bei einer derartigen Vorratsplanung und -kontrolle nur in Ausnahmefällen möglich. Über eine Betriebsmittellinie fließen die Bearbeitungsobjekte unter Einsatz von Stetigförderern in homogenen Gruppen (Losen, Serien, Partien, Chargen). Je größer die Wiederholungsmöglichkeit für einen gruppierten Objektdurchlauf ist, desto kostengünstiger kann er gestaltet werden. Die Halbfabrikatebestände können niedrig, die Durchlaufzeiten kurz und der Kapitalumschlag hoch gehalten werden. Durch die häufige Wiederholung gleichartiger Verrichtungen können gute Lernerfolge und hohe Arbeitsproduktivitäten erzielt werden, wodurch auch die Produktqualität gesichert und übermäßige Ausschußquoten vermieden werden. Die Einsetzbarkeit angelernter Arbeitskräfte ermöglicht es, die Lohnkosten relativ niedrig zu halten. Allerdings können die Arbeitsproduktivitäten und die Produktqualität durch die Lernfähigkeit der angelernten Arbeitskräfte eine Begrenzung erfahren. Die Planung, Organisation und Kontrolle der Objektdurchläufe werden durch die Übersichtlichkeit der Fertigungsverhältnisse erleichtert. Das gleiche gilt für die Arbeitsverteilung und die Maschinenbelegung sowie für die Terminierung.

– *Nachteile der Fließfertigung*

Der schwerstwiegende Nachteil der Fließfertigung ist ihre geringe Fertigungselastizität, d. h. die fehlende Eigenschaft, sich leicht an Änderungen des Absatzprogramms anpassen zu können. Hinzu kommt der Zwang zu hohen Investitionsausgaben. Beim Ausfall eines Betriebsmittels ist ein Austauschbau nur begrenzt möglich und damit die Gefahr von Produktionsunterbrechungen groß. Ergeben sich Produktionsstockungen, so kann ein Beschäftigungsausgleich durch Füllprodukte oft nicht vorgenommen werden. Nacharbeiten stören den gesamten Herstellungsprozeß und sind außerhalb der Straße zu erledigen. Auch die Arbeiterfluktuation und Krankheitsfälle in größerer Zahl (z. B. Grippewellen) erhöhen trotz organisierter Springer- oder Vertretungsordnungen das Risiko einer Produktionsunterbrechung. Schließlich zeigt sich bei Umstrukturierungen der Fertigungsstraße häufig, daß angelernte Arbeitskräfte entweder nur schwer oder gar nicht umgeschult werden können. Zusätzlich erwächst aus der relativ monotonen Arbeitserledigung die Gefahr einer Arbeitsverfremdung. Unter organisatorischem Blickwinkel treten bei der Kompetenzfixierung der Meisterstellen entlang der Fertigungsstraße häufig Abgrenzungsprobleme auf.

Der Organisationstyp der Fließfertigung kann in industriellen Unternehmungen in mehreren Konkretisierungsformen auftreten. Nach dem gewählten Arbeitsfortschritt der Arbeitsobjekte ist eine *ungebundene (nicht-taktierte)* von einer *gebundenen (taktierten) Fließfertigung* zu trennen, d. h., der Arbeitsrhythmus kann *frei* festsetzbar sein oder *diktiert* werden. Nach der Art der Fertigung können die *Fließreihe*, die *Fließstraße* und das *Fließband* unterschieden werden. Die Fortbewegungsart der Bearbeitungsobjekte von Fließreihen kann *manuell* oder *gleitend* erfolgen, während die Bewegungen bei Fließstraße und Fließband *kontinuierlich* oder *intermittierend* sind. Schließlich kann bei Fließbandfertigung der Arbeitsort *auf* oder *neben* dem Fördermittel liegen (Abbildung 34).

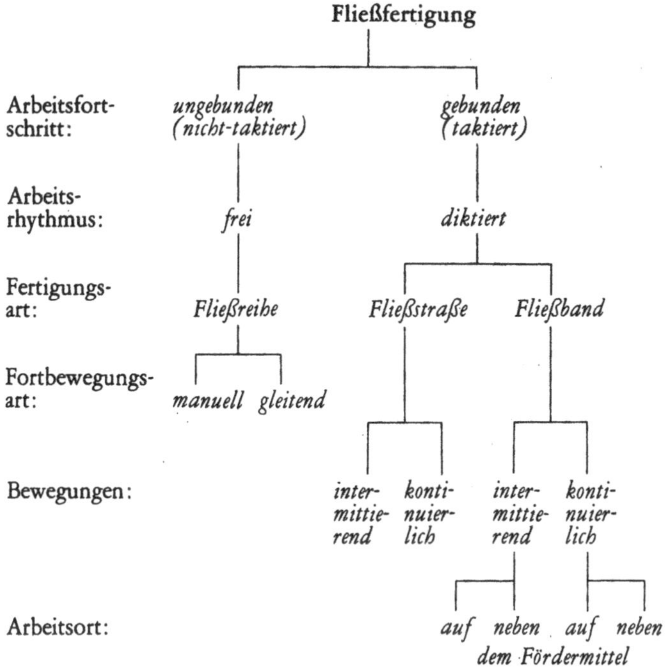

Abb. 34 Gliederung der Fließfertigung

Eine *Fließreihe* ist eine lose Verkettung von Arbeitsgängen mit nur in gewissen Grenzen einzuhaltender (ungebundener) zeitlicher Abhängigkeit und ohne einen determinierten Rhythmus der Weitergabe von Werkstücken. Zwischen den einzelnen Arbeitsgängen können sich daher kleinere und schwankende Halbfabrikatebestände bilden. Engpaß der Fließreihe ist stets der Arbeitsplatz mit der längsten Bearbeitungszeit.

Unter einer *Fließstraße* versteht man eine starre Verkettung von Arbeitsgängen mit einzuhaltender (gebundener) zeitlicher Abhängigkeit bei einem bestimmten Rhythmus der Werkstückweitergabe. Der *Arbeitsrhythmus* wird optisch, akustisch oder durch das Weiterlaufen eines mechanisch angetriebenen Fördermittels erzeugt und findet seinen Ausdruck im Arbeitstakt.

Zwischen den im Takt abgestimmten Arbeitsvorgängen können keine Halbfabrikatebestände entstehen. Das *Fließband* unterscheidet sich von der Fließstraße dadurch, daß eine starre Verkettung der Arbeitsgänge durch Werkstückzubringeeinrichtungen erfolgt. Die Fließfertigung mit der höchsten technologischen Entwicklungsstufe ist die automatisierte Fließfertigung unter Einsatz von *Transferstraßen.* Die Fließfertigung wird in den VDI-Richtlinien 3240, 3244, 3247 näher gekennzeichnet. Oberster Gestaltungsgrundsatz bei Fließstraßen und Fließbändern ist die richtige Dimensionierung der Pufferung (Durchlauf- oder Stapelpuffer) von Teilen, Erzeugnissen und Materialien, die der Überbrückung möglicher Fließstörungen dient. Fließstörungen können auftreten bei Werkzeugbruch, Maschinen- oder Werkzeugausfall, Nichteinhalten der Taktzeit, Personalausfall und Ausschuß.

Bei gebundener Fließfertigung wird eine grobe Leistungsabstimmung zwischen den einzelnen Arbeitsstationen durch Trennung hintereinander liegender Arbeitsstufen oder Arbeitsgänge und deren Neuzusammenfassung, durch zulässige Änderung der technologischen Reihenfolge der Arbeitsgänge, durch Parallelschalten von Arbeitsgängen oder durch Ausgliederung aus der Reihe, der Straße bzw. dem Band durchgeführt. Die anschließende Feinabstimmung zielt auf Änderung der Werkzeuge und Vorrichtungen, auf Substitution der Handarbeit durch Werkzeuge, auf Werkstoffänderung, auf Arbeitsplatzgestaltung, u. a.

e) Fertigungsvorbereitung

Aus dem Ideengut der wissenschaftlichen Betriebsführung *(F. W. Taylor),* das im Meisterbereich industrieller Unternehmungen eine Organisation nach dem Verrichtungsprinzip (Spezialisierungsprinzip) empfahl, das sog. *Funktionsmeistersystem,* ist ein Teil erhalten geblieben und hat zu einer speziellen Aufgabenkombination geführt. Diese ist heute als *Fertigungsvorbereitung (Arbeitsvorbereitung)* bekannt. *F. W. Taylor* hat vorgeschlagen, die Werksmeister nach ihren Spezialgebieten in zwei Klassen einzuteilen: in Ausführungsmeister und in Meister des Arbeitsbüros. Jede dieser Meisterklassen umfaßt jeweils vier Spezialmeister:

1. Ausführungsmeister
   a) Der *Vorrichtungsmeister;* er ist zuständig für die Bereitstellung von Vorrichtungen und Werkzeugen
   b) Der *Geschwindigkeitsmeister;* er ist zuständig für das Arbeitstempo, Vorschübe, u. a.
   c) Der *Prüfmeister;* er ist zuständig für Qualitäten, Genauigkeiten und Toleranzen
   d) Der *Instandhaltungsmeister;* er ist zuständig für die Pflege und Wartung der Maschinen
2. Meister des Arbeitsbüros
   a) Der *Arbeitsverteiler;* er schreibt die täglichen Arbeitsanweisungen für die Ausführungsmeister aus
   b) Der *Unterweisungsbeamte;* er unterrichtet die Meister und Arbeiter über Einzelheiten ihrer Arbeiten
   c) Der *Zeitbeamte;* er arbeitet die Vorschriften über die Arbeitszeit aus
   d) Der *Aufsichtsbeamte;* er ist für die Arbeits- und Betriebsdisziplin zuständig

Die organisatorische Konsequenz der Bildung von acht verrichtungsmäßig spezialisierten Meisterbereichen ist ein *Mehrliniensystem,* in welchem jeder Untergeordnete von acht Vorgesetzten (Meistern) Weisungen erhält. Die Einheit(lichkeit) der Auftragserteilung *(H. Fayol)* kann bei dieser Organisationsform nur durch eine umfassende Entscheidungskoordination sichergestellt werden.

Die Aufgaben der „Meister des Arbeitsbüros" werden weitestgehend zur Abteilung Fertigungsvorbereitung zusammengelegt. Die Aufgabenstellung der *Fertigungsvorbereitung* kann als Planung, Steuerung und Überwachung der Fertigung unter Einschluß der Erstellung aller erforderlichen Arbeitsunterlagen und Betriebsmittel mit dem Ziel der Kostenminimierung bei Berücksichtigung gegebener Restriktionen formuliert werden. Die exakte Aufgabenzerlegung in *planende Aufgaben* (Fertigungsplanung) und *steuernde Aufgaben* (Fertigungssteuerung, Fertigungslenkung, Arbeitsführung) ist wegen des Ineinandergreifens einzelner Teilaufgaben häufig mit Schwierigkeiten verbunden. Dennoch kann gesagt werden, daß die *Fertigungsplanung* alle einmaligen Teilaufgaben umfaßt, welche auf die Vorbereitung der Herstellung gerichtet sind, während die *Fertigungssteuerung* die anschließenden Durchführungsaufgaben zum Gegenstand hat. Die Teilaufgaben der Fertigungsvorbereitung lassen sich wie folgt gliedern (Abbildung 35):

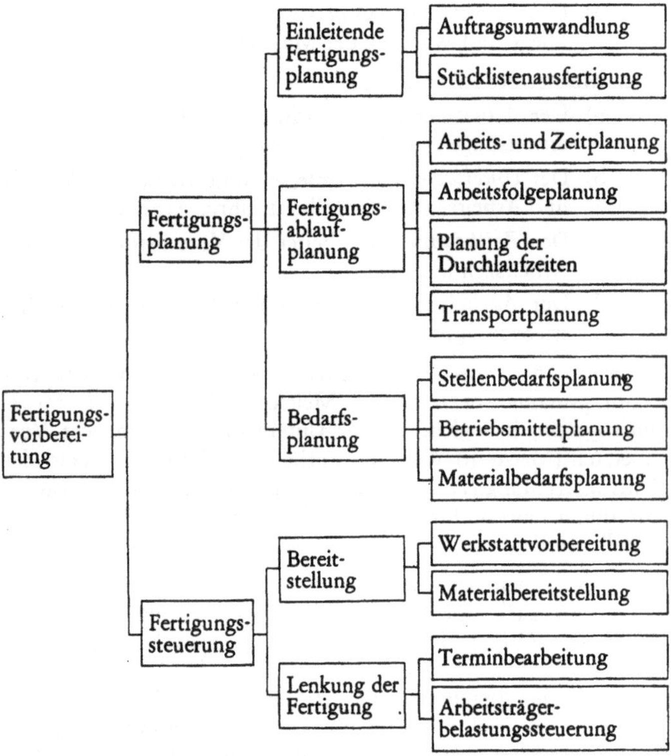

Abb. 35 Teilaufgaben der Fertigungsvorbereitung

aa) Fertigungsplanung

Zur Fertigungsplanung rechnet man die einleitende Fertigungsplanung, die Fertigungsablaufplanung und die Bedarfsplanung. Bei diesen Planungsaufgaben handelt es sich um Vorbereitungsaufgaben bis zur Fertigungsfreigabe einer Erzeugnisart.

Die *einleitende Fertigungsplanung* umschließt die Aufgaben der Auftragsumwandlung und der Stücklistenausfertigung. Unter der *Auftragsumwandlung*, die bereits im Vertrieb unmittelbar nach dem Eingang von Kundenaufträgen unter Berücksichtigung von Vorratsaufträgen erfolgen kann, versteht man die Umformung von ursprünglichen Aufträgen (Kommissionen) in abgeleitete Aufträge (Abbildung 36).

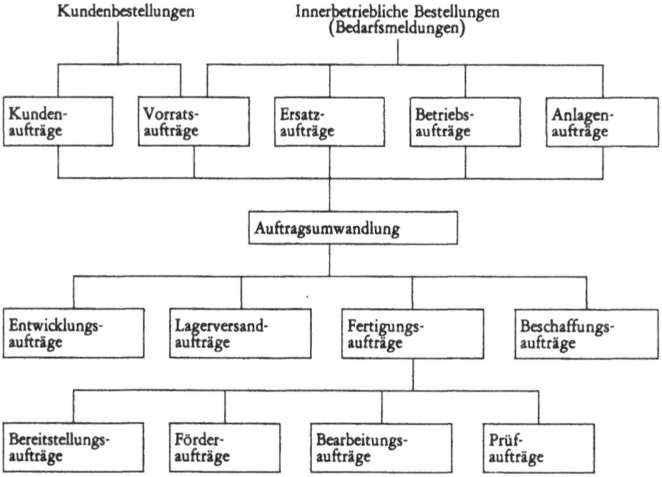

Abb. 36 Umwandlung von ursprünglichen Aufträgen in abgeleitete Aufträge

An die Auftragsumwandlung schließt die Erstellung von *Stücklisten* (Fertigungsstückliste, Materialstückliste, Terminstückliste) aus der Konstruktionsstückliste an, welche die Grundlagen für die Arbeitsplanung, die Materialbedarfsplanung (Vgl. Abschnitt „Prognosemodelle des Teilebedarfs“ auf S. 87 ff.) und die Terminbearbeitung darstellen.

Die *Fertigungsablaufplanung* setzt mit dem Aufstellen von *Arbeitsplänen* ein, die unter Verwendung der Fertigungsstücklisten und -zeichnungen für jeden Fertigungsauftrag die durchzuführenden Arbeitsgänge und das Arbeitsverfahren festlegen. Im Arbeitsplan muß auch die *Auftragszeit* (Rüstzeit plus Ausführungszeit; Abbildung 37) für alle Arbeitsgänge festgelegt werden. Diese resultiert aus Arbeitsstudien, Zeitstudien und der

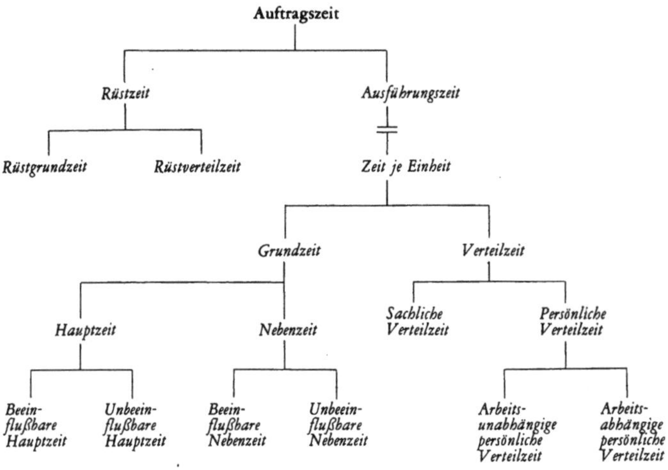

ıgszeit

Stückzeitermittlung. Es schließt die *Arbeitsfolgeplanung* an, in welcher die technologische und logische Verknüpfung der Arbeitsgänge als Vergenztypen (glatt, konvergierend, divergierend) bestimmt werden. Sobald man den Arbeitsfolgeplan und die Arbeitszeiten für alle Arbeitsgänge kennt, kann die globale *Planung der Durchlaufzeiten* der Fertigungsaufträge in Angriff genommen werden. Schließlich muß durch eine *Transportplanung* dafür vorgesorgt werden, daß zwischen den Arbeitsplätzen, Abteilungen, Bereichen und Werken der gesamte Güterfluß reibungslos abgewickelt werden kann.

Die *Rüstzeit* ist eine bei der Vorbereitung und Einrichtung der Betriebsmittel einmalig anfallende Zeit. *Grundzeiten* umfassen den eigentlichen Arbeitsvollzug, während *Verteilzeiten* unregelmäßig z. B. für Fehlerbeseitigungen am Arbeitsobjekt oder für die persönliche Säuberung anfallen. Verteilzeiten können häufig nur statistisch (z. B. Multimoment-Verfahren) in ihrer Relation zu den Grundzeiten erfaßt werden, welchen sie auch prozentual zugeschlagen werden. Die *Hauptzeit* ist der überwiegende Teil der Grundzeit je Einheit mit unmittelbarem Arbeitsfortschritt, während die regelmäßig anfallende *Nebenzeit* den Rest der Grundzeit umfaßt, in der der Arbeitsfortschritt nur mittelbar erfolgt. Die jeweilige *Normalzeit* berechnet man nach der Gleichung:

$$\text{Normalzeit} = \text{Istzeit} \times \text{Leistungsgrad}$$

Neuere Methoden zur Bestimmung der Auftragszeit sind das *MTM-Verfahren* (Methods Time Measurement), das *MTA-Verfahren* (Motion Time Analysis) und das *BMT-Verfahren* (Basic Motion Timestudy). Diese Verfahren versuchen die Zeitvorgabe dadurch mehr zu objektivieren, daß sie die Arbeitsgänge stärker als bei *REFA* gliedern und für genau definierte Grundbewegungen Normalzeitwerte aus wissenschaftlich fundierten Tabellenwerken entnehmen, deren Zusammenfassung zur vorzugebenden Auftragszeit führt. Diese Verfahren heißen „Verfahren vorbestimmter Zeiten“. Zeitvorgaben der besprochenen Art dienen neben der industriebetrieblichen *Ablaufplanung* auch der Lösung der *Lohnproblematik*.

Neben der einleitenden Fertigungsplanung und der Fertigungsablaufplanung zählt auch die *Bedarfsplanung* zur Fertigungsplanung. Die Bedarfsplanung ist ein Instrument des Aufbaus und der Sicherung des periodischen Fertigungspotentials; in ihr werden die periodischen Bedarfe an Personal *(Stellenbedarfsplanung)*, an Betriebsmitteln *(Betriebsmittelplanung)* und an Fertigungsmaterial *(Materialbedarfsplanung)* festgelegt.

bb) Fertigungssteuerung (Ablauforganisation der Fertigung)

Mit der vollzogenen Fertigungsplanung sind alle Voraussetzungen dafür geschaffen, daß das Fertigungspotential zweckmäßig dimensioniert und die Fertigungsaufträge ausführungsreif sind. Zur *Fertigungssteuerung* rechnet man eine Reihe von Bereitstellungs- und Lenkungsaufgaben. Dabei geht es um die kostenoptimale Durchführung und Durchsetzung der in der Fertigungsplanung entworfenen Vorstellungen.

Die *Bereitstellungsaufgaben* umschließen die Werkstattvorbereitung und die Materialbereitstellung, für deren Ausführung die Bedarfsplanung den Handlungsrahmen festlegt. Vor Beginn der tatsächlichen Fertigung müssen alle Werkstätten in einen leistungsbereiten Zustand versetzt werden, d. h., alle erforderlichen Anlagen, Vorrichtungen, Apparate, Werkzeuge und Arbeitskräfte müssen bereitgestellt werden und auf die Aufgabenerledigung vorbereitet sein. Diesen Aufgabenkomplex bezeichnet man als *Werkstattvorbereitung*. Werden dieselben Überlegungen auf das zu verarbeitende Fertigungsmaterial bezogen, so spricht man von dem Aufgabenkomplex der *Materialbereitstellung*. Das Fertigungsmaterial ist in Art, Menge sowie Qualität räumlich und zeitlich so bereitzustellen, daß die Fertigung ohne Stockungen und Verzögerungen aufgenommen und durchgeführt werden kann.

Nachdem alle Werkstätten und Materialien einsatzbereit sind, kann der Herstellungsprozeß als ein System kombinierender und transformierender Arbeitsgänge beginnen. Dieser Herstellungsprozeß wird arbeitsteilig und zielorientiert vollzogen. Er bedarf daher einer lenkenden Gestaltung durch den Menschen. Als Teilaufgaben der *Prozeßlenkung* sind die Terminbearbeitung und die Arbeitsträgerbelastung zu nennen. Die *Terminbearbeitung* stellt eine zeitliche Lenkung der herzustellenden Produkte (Aufträge) mit dem Ziel der Einhaltung zugesagter Liefertermine dar. Sie umschließt eine auftragsbezogene Terminfestlegung (Anfangs- und Fertigtermin) und Terminverfolgung. Im engen Zusammenhang mit der Terminbearbeitung steht die *Belastungssteuerung der Arbeitsträger.* Diese strebt unter Beachtung der geplanten Bearbeitungstermine eine wirtschaftlich-technisch optimale Beschäftigung der bereitgestellten Fertigungskapazitäten und Personen an. Der jeweilige Auftragsbestand ist im Wege der *Arbeitsverteilung* und Bildung von Einzellosen so an die Werkstätten zu vergeben, daß die vorhandenen Fertigungskapazitäten und Arbeitspotentiale möglichst ohne Unterbrechung und kostengünstig ausgelastet werden. (Vgl. Abschnitt „Maschinenbelegungsplanung mit Prioritätsregeln" auf S. 179 ff.) Die beschriebenen Lenkungsmaßnahmen haben sowohl prozeßauslösenden als auch prozeßregulierenden Charakter. Dabei erfolgt die *Prozeßauslösung* im Rahmen der Arbeitsverteilung durch die Ausgabe von Arbeitsunterlagen (Arbeitsanweisungen, Auftragsscheine). Die *Prozeßregulierung* wird im Rahmen der Prozeßkontrollen (Fertigungsüberwachung, Fertigungskontrolle) vollzogen. Als *Prozeßkontrollen* sind zu nennen: Qualitätskontrollen, Auslastungskontrollen und Terminkontrollen.

Neben den dargestellten Aufgaben der Fertigungsplanung und Fertigungssteuerung können der Fertigungsvorbereitung zusätzlich die Aufgabenstellungen der Vorkalkulation sowie der Versand- und Rechnungsvorbereitung übertragen werden, weil in der Fertigungsvorbereitung die zugehörigen Arbeitsunterlagen ohnehin vorliegen.

f) Die EDV als Hilfsmittel der Fertigungsvorbereitung

Die Planungs-, Steuerungs- und Kontrollaufgaben der Fertigungsvorbereitung basieren auf einer großen Zahl von fertigungsrelevanten *Daten,* die gesammelt, aufbereitet, gespeichert und systematisch verarbeitet werden müssen. Je besser diese Datenströme organisiert sind, um so schneller können zielbezogene Informationen zur Planung und Steuerung des Fertigungsprozesses bereitgestellt werden. Der *Umfang* und die *Dringlichkeit* der Informationsgewinnung und -verarbeitung legen es nahe, die Fragestellungen der Fertigungsvorbereitung mit Hilfe der elektronischen Datenverarbeitung (EDV) zu beantworten. Die wichtigsten Informationsquellen für die Durchführung einer Fertigungssteuerung sind die Stücklisten und die Arbeitspläne. Herkömmlich müssen für die Steuerung der Fertigung die wichtigsten Informationen kartei- oder listenmäßig gesammelt, fortgeführt und verarbeitet werden, häufig sogar in der Konstruktion, Fertigungsvorbereitung, Terminabteilung, Materialdisposition, u. a. in mehrfacher Ausfertigung. Diese Informationsorganisation ist sehr aufwendig, schwerfällig, fehleranfällig und unübersichtlich. Eine zentralisierte Informationserfassung, -speicherung und -fortschreibung kann die aufgezählten Nachteile weitestgehend aufheben. Der anfallende Arbeitsanfall ist allerdings sehr erheblich, so daß *Rechenanlagen* mit großer Speicherkapazität erforderlich sind.

Die meisten Hersteller von EDV-Anlagen bieten für die Fertigungssteuerung industrieller Unternehmungen *Standardprogramme* an, die in bezug auf besondere Gegebenheiten der Anwender angepaßt (moduliert) werden können. Sie werden *Modularprogramme* genannt. Haupteigenschaft eines Modularprogramms ist seine Anpassungsfähigkeit an mögliche Sonderfälle und an unerwartete Datenänderungen. Dazu gehören eine automatische Korrektur von Fehlern und Störungen, eine selbständige Trendkorrektur, Möglichkeiten für beliebige Eingriffe und manuelle Spezialmaßnahmen, die gegebenenfalls auch den Programmablauf tangieren, und die Möglichkeit des nachträglichen Einfügens von Unterprogrammen. Zur Bewältigung der Aufgaben der Fertigungsplanung und -steuerung werden gegenwärtig mehrere Einzelprogramme verwendet, die in einer bestimmten Reihenfolge ablaufen. Der Aufgabenumfang eines Einzelprogramms hängt vom Computer-Typ und von der Aufgabenhäufigkeit ab, während auf die Programmgestaltung hauptsächlich die Fertigungsorganisation und das Fertigungsprogramm Einfluß nehmen. In Abbildung 38 wird ein Überblick über die wichtigsten Modularprogramme einiger Computerhersteller gegeben *(H. Müller):* S. 135–140.

Stellvertretend für entwickelte Programme der Fertigungsvorbereitung soll das IBM-Einzelprogramm CLASS („Capacity

Firma	Programm Name	Erläuterung	Funktionsbeschreibung	Kl.
AEG-Telefunken AG Konstanz	PSS	Produktions-, Planungs- und Steuerungssystem	Programmsystem für die Fertigungsindustrie mit Verwaltung von Stücklisten und Arbeitsplänen, Bedarfsauflösung, Kapazitätsplanung und Terminierung	A1
BULL General Electric GmbH Köln-Mülheim	GEIMS	General Electric Inventory Management System	Erstellung und Wartung integrierter Dateien für Stücklisten, Teilelager und Aufträge, Stücklistenauflösung und Bedarfsermittlung, Durchlaufterminierung, Auftragsüberwachung	A1
	GEPEXS	General Electric Parts Explosion System	Erstellung und Wartung einer Stücklistendatei mit Stücklistenauflösung, Ermittlung von Brutto- und Nettobedarf sowie Durchlaufterminierung	A1
	LAMBDA	Language for Manufacturing Business and Distribution Activities	Integriertes Programmsystem für die Funktionsbereiche Fertigungsplanung, Fertigungssteuerung und Materialwirtschaft mit Erstellung und Wartung von Stücklisten und Arbeitsplänen, Stücklistenauflösung und Terminierung sowie Auftragsfortschrittskontrolle	A1
	LOG	Lager optimal gestaltet	Lageroptimierung mit mathematisch-statistischen Methoden (mit Bestands- und Bestellrechnung)	A1
	MIACS	Manufacturing Information and Control System	Umfassendes Modularprogrammsystem mit Produktionsprogramm-	A1

Firma	Programm Name	Erläuterung	Funktionsbeschreibung	Kl.
			planung, Auftragsverwaltung, Lagerbestandsführung, Bestellrechnung, Bestellüberwachung, Statistische Bedarfsvorhersage, Arbeitsplanaufbau und -wartung, Kapazitätsterminierung	
HONEYWELL GmbH Frankfurt	FACTOR	Forecaster/ Controller	Integriertes Management-Informationssystem für Fertigungsbetriebe mit folgenden Untersystemen: Lagerbestandsüberwachung, Bedarfsvorhersage, Plankostenrechnung, Nettobedarfsermittlung, Kapazitätsterminierung, Bestellwesen und Stücklistenprocessor	A1
	PROFIT	Programmed Reviewing, Ordering and Forecasting Inventory Technique	Automatisches Lagerhaltungssystem (mit Bestands- und Bestellrechnung, Errechnung eines optimalen Lagerbestands und Bedarfsvorhersage) für Handelsunternehmen	A1
Internationale Büro-Maschinen Gesellschaft mbH Sindelfingen	BOMP	Ursprünglich: Bill of Material Processor Neuere Erläuterung: Basic Organization and Maintenance Program	Zentrales Informationssystem für Fertigungsbetriebe (Wartung von Baukasten-Stücklisten und deren analytische und synthetische Auflösung) In Verbindung mit MOSCOR und MINCOS zur Bedarfs- und Bestellrechnung	A1
	CLASS	Capacity Loading and Scheduling System	Fertigungsauftragsverwaltung, Durchlaufterminierung mit Verknüpfung der Bauteile zur Netzterminierung, Kapazitätsterminierung (Feinplanung mit Fertigungssteuerung)	A2

Firma	Programm Name	Erläuterung	Funktionsbeschreibung	Kl.
	IMPACT	Inventory Management Program and Control Techniques	Methode für wirtschaftliche Lagerhaltung in Handelsbetrieben (Bedarfsvorhersage mit mathematischen Verfahren, Errechnung der wirtschaftlichen Bestellmengen, Bestandsrechnung)	A2
	MINCOS	Modular Inventory Control System	Bestands- und Bestellrechnung (mit Bedarfsermittlung für verbrauchsgesteuerte Teile) für die Fertigungsindustrie. Auch in Verbindung mit BOMP und MOSCOR verwendbar.	A2
	MOSCOR	Modular System for Computation of Requirements	Bedarfsauflösung (Bedarfsgesteuerte Ermittlung der benötigten Baugruppen, Teile sowie des Rohmaterials). MOSCOR setzt die Verwendung des Stücklisten-Organisationsprogramms BOMP voraus.	A1
	MRP	Manufacturing Records Processor	Entspricht dem Modularprogramm BOMP, jedoch für Betriebssystem OS	A1
	PICS	Production Information and Control System	Umfassendes Programmsystem für die Produktionssteuerung unter Verwendung des Modularprogramms BOMP für: Datenbankverwaltung, Bedarfsvorhersage, Bedarfsplanung, Lager-Steuerung, Kapazitätsterminierung, Ablaufplanung, Werkstattsteuerung und Einkaufsdisposition.	A1

Firma	Programm Name	Erläuterung	Funktionsbeschreibung	Kl.
	RICS	Requirements Planning and Inventory Control System	Programmsystem für die gesamte Materialwirtschaft der Fertigungsindustrie (mit Wartung von Baukastenstücklisten, Bedarfs- und Bestandsrechnung)	A1
International Computers GmbH (ICL) Düsseldorf	PROMPT	Production Reviewing Organizing and Monitoring of Performance Technique	Standardprogramm für die Produktionskontrolle (mit Stücklistenauflösung, Lagerbestandskontrolle, Fertigungsplanung und -kontrolle sowie Einkaufsdisposition)	A1
	SCAN	Stock Control and Analysis on Nineteen hundred	Anpassungsfähiges Lageroptimierungsprogramm (mit Bestands- und Bestellrechnung sowie mathematischer Bedarfsvorhersage)	A1
National Registrierkassen GmbH Augsburg	IMAS	Inventory Management Applied System	Programmsystem für Lagerüberwachung und Bedarfsvorhersage (mit Bestands- und Bestellrechnung)	B
	IMMAC	Inventory Management and Material Control System	Lagerbestandsführung und Bedarfsrechnung (mit Stücklistenauflösung, Nettobedarfsrechnung, Auftragsverwaltung und Lageranalyse) für Fertigungsbetriebe	B
PHILIPS Electrologica GmbH Düsseldorf	PICT	Philips Inventory Control Techniques	Lagerbestandsüberwachungssystem mit Errechnung von Bedarfsvorhersagen und Bestellvorschlägen für Fertigungsbetriebe	A2
	PRINSYS	Product Information System	Aufbau und Fortschreibung von Dateien für ein zentrales Produkt-Informations-System in der	A1

Firma	Programm Name	Erläuterung	Funktionsbeschreibung	Kl.
			Fertigungsindustrie (mit Material- und Kapazitäts-Bedarfsermittlung, Produktionsplanung und Steuerung sowie Kostenanalysen)	
Remington Rand GmbH UNIVAC Frankfurt	ALDOS	Automatisches Lager-Dispositions- und Optimierungs-System	Lagerhaltungssimulation, Bedarfsvorhersage, Disposition und Lagerüberwachung bei Handelsbetrieben	A1
	TPS	Terminplanung und -steuerung	Programmsystem für die Feinplanung und Steuerung der Eigenteilefabrikation	A2
	UNIBOSS	UNIVAC Bill of Material Sequential System	Aufbau und Verwaltung einer Stücklisten-Strukturdatei mit sequenzieller Auflösung für die Bedarfsermittlung	A2
	UNIMAP	UNIVAC Materialplanungs- und -bewirtschaftungssystem	Bestands- und Bestellrechnung für Materialbewirtschaftung in der Fertigungsindustrie	A2
Siemens AG München	BASIS	Bausteinsystem für Integrierte Fertigungssteuerung	Fertigungssteuerungssystem mit Arbeitsplanverwaltung, Arbeitsplatzverwaltung, Stücklistenverwaltung, Dispositionsstammdatenverwaltung, Fertigungsdisposition, Fertigungsgrobplanung, Fertigungsfeinplanung	A1
	HOREST	Handelsorientiertes Einkaufsdispositions-System mit Trendberücksichtigung	Einkaufsdispositionssystem mit Bedarfsvorhersagen und Ermittlung optimaler Bestellmengen einschließlich eines Simulationsverfahrens zur Bestandsoptimierung (mit maschi-	A2

Firma	Programm		Funktionsbeschreibung	Kl.
	Name	Erläuterung		
			neller Disposition und verbrauchsgesteuerter Bestandsführung) für Handelsbetriebe	
	SAVOY	Siemens Absatz-Vorhersage-System	Programmsystem zur Bedarfsprognose (unter Verwendung von mathematischen und statistischen Methoden)	A2

Klasse: A1 = Modularsysteme
A2 = Modularprogramme
B = Nicht kodierte Modularprogramme

Abb. 38 Modularprogramme von verschiedenen Computerherstellern

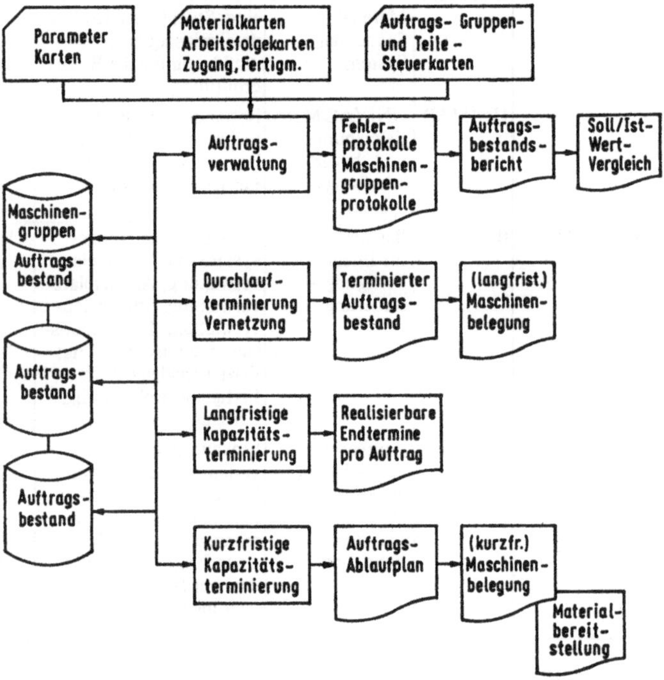

Abb. 39 IBM-Kapazitätsterminierungsprogramm CLASS

Loading and Scheduling System") beschrieben werden (Abbildung 39, *H. Hammer*).

CLASS ist häufig für die Programmtypen der Serien- und Einzelfertigung anwendbar und besteht aus den vier Programmteilen:

Auftragsverwaltung,
Durchlaufterminierung und Vernetzung,
langfristige Kapazitätsterminierung und
kurzfristige Kapazitätsterminierung.

Im Programmteil der *Auftragsverwaltung* wird eine große Zahl von Routinearbeiten bewältigt. Dazu rechnen das fortlaufende Ermitteln des Lagerbestands von Teilen, das Fortschreiben aller offenen Bestellungen (Bestellbestand) über Einkauf und Eigenfertigung, das Führen einer Verbrauchsstatistik und die Bedarfsfortschreibung sowie eine laufende Bestandskontrolle und Kostenüberwachung. Der Programmteil der *Durchlaufterminierung und Vernetzung* übernimmt die Aufgaben der Berechnung frühester bzw. spätester Start- und Endtermine für einzelne Aufträge durch rückwärts und vorwärts verlaufende Terminrechnungen. Zusätzlich wird (bei Einzelfertigung) eine Kontrolle, Numerierung und Reihenfolgeordnung der netzartig aufgebauten Verknüpfungen von Arbeitsgängen durchgeführt. In den beiden Programmteilen der *Kapazitätsterminierung* werden einzelne Aufträge unter Berücksichtigung vorhandener bzw. bereitstellbarer Kapazitäten so terminiert, daß insgesamt eine lückenlose Bearbeitungsfolge erreicht wird. Die *langfristige Kapazitätsterminierung* ermittelt die Priorität aller Aufträge und Projekte (Netze) und ordnet sie einzelnen Maschinengruppen zu. An diese Priorität und den realen Starttermin knüpft die *kurzfristige Kapazitätsterminierung* an und berechnet konkrete Reihenfolgen der Bearbeitung für die einzelnen Maschinen. Außerdem werden für Fertigungsengpässe Ausweichaggregate bestimmt und freie Kapazitäten möglichst durch Auftragsverschiebungen ausgefüllt. Als Ergebnis dieser kapazitiven Feinterminierung werden Belegungspläne für Maschinen und Maschinengruppen ausgedruckt, die als Grundlage der Arbeitsverteilung verwendet werden.

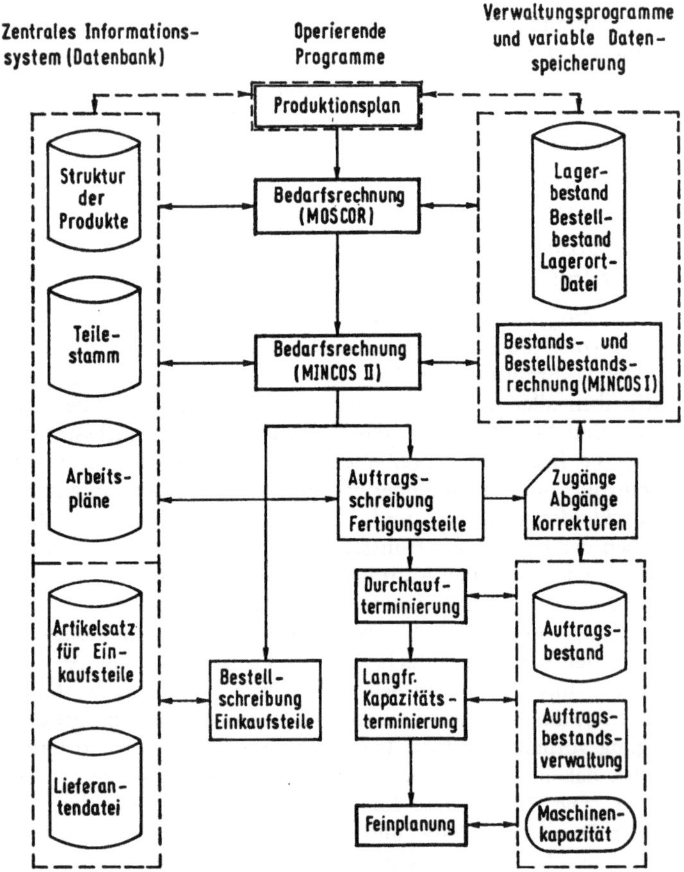

Abb. 40 Funktionsmodell zur Fertigungsvorbereitung bei Serienfertigung

In Abbildung 40 wird ein *Funktionsmodell der Fertigungsvorbereitung* dargestellt, aus welchem die Verkettung von Einzelprogrammen für eine Unternehmung der Serienfertigung zu ersehen ist *(H. Hammer)*. Die im Funktionsmodell beanspruchten Einzelprogramme werden bei der laufenden Planungs- und

Steuerungsarbeit der Fertigung mit verschiedener Häufigkeit durchlaufen. So werden die Programme der Bestandsrechnung, der Auftragsbestandsverwaltung, der Verfügbarkeitskontrolle, der Auftragsschreibung für Fertigungsteile und der Termin- und Kapazitätskontrolle wegen der großen Aktualität dieser Aufgabenstellungen relativ häufig durchlaufen, während die übrigen Programme weniger beansprucht werden.

Der *Einsatz von Computern* in industriellen Unternehmungen verlangt nach einem hohen Organisationsgrad. Vor dem Einsatz eines Computers und als Konsequenz seines Einsatzes ist eine Fülle von Organisationsanalysen und organisatorischen Umgestaltungen zu treffen. Insbesondere muß sichergestellt werden, daß bei sehr enger und schneller sowie zielgerichteter Verknüpfung einer großen Zahl von Informationen deren sachgerechte Verdichtung und Auswertung möglich wird. Die Aufgabe der Zukunft liegt daher in einer datenmäßigen Erfassung und Integration des gesamten Unternehmungsprozesses sowie in einer hierarchisch differenzierenden Verdichtung der Informationen für die Unternehmungsleitung. Der entscheidungsorientierte Zuschnitt dieser Informationsströme verlangt nach einem Informationssystem der Unternehmungsleitung, einem *Management-Informations-System (MIS),* das der jeweiligen Instanz aktuell und zuverlässig diejenigen Informationen bereitstellt, welche sie in die Lage versetzen, ihre Entscheidungen effizienter und schneller treffen zu können. Als Grundlage derartiger Informationssysteme müssen in zunehmendem Umfange Ordnungssysteme für die Datenerfassung und die Datenverknüpfung bereitgestellt werden. Dies geschieht durch den Aufbau einer Datenbank und den Aufbau einer Methodenbank. In der *Datenbank* werden die erforderlichen internen und externen Daten vollständig und zeitgerecht erfaßt und gespeichert. Sie enthält auch Sollgrößen für die automatisierte Steuerung der Abläufe. Die *Methodenbank* umfaßt alle Programme zur Datenverknüpfung sowie alle anzuwendenden Entscheidungsregeln. Daten- und Methodenbank sind in ihrem Aufbau und in ihrer Funktion genau aufeinander abzustimmen.

2. Planungsmodelle des Fertigungsbereichs

a) Netzwerke als Prognosemodelle des Fertigungsbereichs

In der Gestalt von Netzwerken zur *Planung, Überwachung und Steuerung* komplexer Großprojekte soll in diesem Abschnitt ein weiterer Anwendungsfall der Graphentheorie gezeigt werden. Obwohl die Struktur und die Funktion des interpretierten Graphen eine ganz andere ist als bei der Berechnung des Teilebedarfs im Beschaffungsbereich, so gehört auch das hier entwickelte *Terminierungsmodell* in die Modellklasse der Prognosemodelle.

Netzwerke oder Netzpläne werden im anglo-amerikanischen Sprachbereich als „Project Planning Techniques" (PPT) bezeichnet, wenn sie zur Bewältigung terminlicher Planungs-, Überwachungs- und Steuerungsaufgaben herangezogen werden. Die ersten Anwendungsfälle dieser Techniken sind aus der Starkstromtechnik bekannt. In der Zeitspanne von 1957 bis 1960 sind aus Untersuchungen verschiedener Institute und Unternehmungen mehrere Netzwerkkonzeptionen hervorgegangen (Du Pont de Nemours; Remington Rand; Mauchly Associates → *CPM*; Special Projects Office [Navy]; Booz, Allen and Hamilton; Lockheed Missile Systems Division → *PERT*; Department of Defense; National Aeronautics and Space Administration [NASA] u. a. → *PERT/COST*; Société d'Economie et de Mathématique Appliquées [SEMA] durch *B. Roy* → *MPM*). In der Zwischenzeit sind diese Modelle unter verschiedenen Modellbezeichnungen verfeinert und weiterentwickelt worden. Insbesondere können gegenwärtig in die Terminierungsproblematik *kostenmäßige* und *kapazitive* Aspekte einbezogen werden. Die Weiterentwicklungen sind sowohl in *deterministischen* als auch in *stochastischen* Modellen erfolgt. Die wichtigsten Modellbezeichnungen sind in Abbildung 41 zusammengestellt.

In der Netzwerktechnik unterscheidet man eine Strukturanalyse und eine Zeitanalyse. In der *Strukturanalyse* wird eine Zerlegung des Projekts in einzelne Vorgänge mit ihren logischen und technologischen Verknüpfungen vorgenommen, und

Deterministische Modelle		Stochastische Modelle	
CPM	Critical Path Method	GAN	Generalized Activity Networks
CPS	Critical Path Scheduling	GERT	Graphical Evaluation and Review Technique
GRASP	General Resource Allocation and Scheduling Program	LESS	Least Cost Estimating Scheduling
HMN	Hamburger Methode der Netzplantechnik	PEP	Program Evaluation Procedure
MCX	Minimum Cost Expediting	PERT	Program Evaluation and Review Technique
MPM	Metra Potential Methode	PERT/COST	
PCS	Project Control System	PERT/TIME/COST	
PDM	Precedence Diagramming Method	(DECISION BOXES) [Verfahren von Eisner]	
PMS	Project Management System		
PPS	Project Planning System		
RAMPS	Resource Allocation and Multiproject Scheduling		

Abb. 41 Modelle der Netzwerktechnik

es werden Beginn und Ende klar definiert. In der *Zeitanalyse* werden für alle Vorgänge Zeiten festgelegt bzw. geschätzt, es wird die Gesamtprojektdauer berechnet und Beginn und Ende aller Vorgänge werden festgestellt. Die Strukturanalyse erfolgt stets vor der Zeitanalyse.

Am Beispiel der *Critical Path Method (CPM)* soll eine Anwendungsform der Graphentheorie zum Zwecke der Terminplanung, -überwachung und -steuerung gezeigt werden. Zu diesem Zweck sind alle Vorgänge (Aktivitäten, Arbeitsgänge) des zu planenden (Groß-)Projekts in ihrer logischen und technologischen Aufeinanderfolge zu einem Graphen (Netzwerk) zusammenzusetzen.

Ein *Netzwerk* im Sinne der Graphentheorie ist als System von Knoten und gerichteten Kanten (Pfeilen) ein endlicher zusammenhängender Graph. Dieser Graph kann vorgangsorientiert (z. B. CPM) oder knotenorientiert (z. B. PERT) konzipiert werden. Er ist *vorgangsorientiert (aktivitätsorientiert),* wenn die gerichteten Kanten Vorgänge darstellen. Dagegen ist er *knotenorientiert (ereignisorientiert),* wenn die Knoten zweckmäßig definierte Produktionsereignisse darstellen, während die gerichteten Kanten keine Benennung erfahren. Um die logischen und technologischen Verknüpfungen eines Projekts in Graphenform darstellen zu können, müssen bei CPM folgende *Bedingungen* erfüllt sein:

a) Alle Arbeitsgänge des Projekts müssen bekannt sein.
b) Alle logischen und technologischen Verknüpfungen des Projekts müssen bekannt sein.
c) Das gesamte Projekt muß durch eine endliche Zahl von Knoten und gerichteten Kanten beschreibbar sein.
d) Alle in das Netz eingezeichneten Knoten müssen numeriert werden, d. h., es muß eine eindeutige Zuordnung von Knoten und Nummern vorliegen. Für die Numerierung der Knoten verwendet man die natürlichen Zahlen von 1 bis n.
e) Jeder Arbeitsgang wird durch einen Pfeil dargestellt, der stets zwischen zwei Knoten liegt.
f) Jedes Ereignis (Arbeitsbeginn oder -ende) wird durch einen Knoten dargestellt.
g) Der Zeitbedarf für jeden Arbeitsgang muß (einwertig) bekannt sein, wobei die Länge eines Pfeiles kein Maßstab für die Tätigkeitsdauer ist.
h) Logische Beziehungen (Bedingungen) sind durch gestrichelte Kanten (Scheintätigkeiten; dummy jobs) darzustellen; ihr Zeitbedarf ist Null.
i) Der Graph darf nur einen Anfangsknoten und einen Endknoten aufweisen; treffen diese Bedingungen faktisch nicht zu, so sind sie künstlich herzustellen. Der Anfangsknoten bedeutet den Projektstart, der Endknoten bedeutet das Projektende. Zweckmäßig geht man bei dem Entwurf eines Netzwerks vom Endknoten aus.

j) Die Netzverknüpfung muß lückenlos sein.

k) Alle Ereignisse mit Ausnahme des Ziel-(Start)ereignisses haben mindestens eine nachfolgende (vorhergehende) [Schein-]Aktivität.

l) Zwei Ereignisse dürfen nicht durch mehr als einen Pfeil verbunden werden. Wiederholungen von Arbeitsgängen (Schleifen) müssen in Aufeinanderfolgen aufgelöst werden.

Sind alle aufgezählten Bedingungen erfüllt, so ist es möglich, die Projektterminierung mittels eines CPM-Modells durchzuführen. Die erste Aufgabe dieses Planungsmodells ist es, die Anfangs- und Endtermine aller Arbeitsgänge sowie das erreichbare Projektende (Endtermin des Gesamtprojekts) zu prognostizieren. An einem einfachen Beispiel aus der Einzelfertigung sollen der Aufbau und die Berechnungstechnik des CPM-Ansatzes erläutert werden. Die Abbildungen 42 und 43 verdeutlichen die Problemstellung.

Das Gesamtprojekt umfaßt folgende *Arbeitsgänge*, die mit der Nummer ihres Anfangsknotens i und Endknotens j bezeichnet werden:

(1, 2)	Konstruktion
(2, 3)	Materialplanung
(2, 4)	Verfahrensplanung, allgemein
(3, 4)	Verfahrensplanung für Sonderteile
(3, 5)	Bestellung von Normteilen
(4, 6)	Bereitstellung von Rohstoffen
(5, 10)	Lieferung der Normteile
(6, 7)	Bearbeitung auf Maschine A
(6, 8)	Bearbeitung auf Maschine B
(6, 9)	Gießen
(7, 10)	Bearbeitung auf Maschine C
(7, 11)	Scheinaktivität
(8, 9)	Scheinaktivität
(8, 11)	Kontrolle
(9, 12)	Bearbeitung auf Maschine B
(10, 13)	Scheinaktivität
(10, 15)	Vormontage
(11, 13)	Bearbeitung auf Maschine A

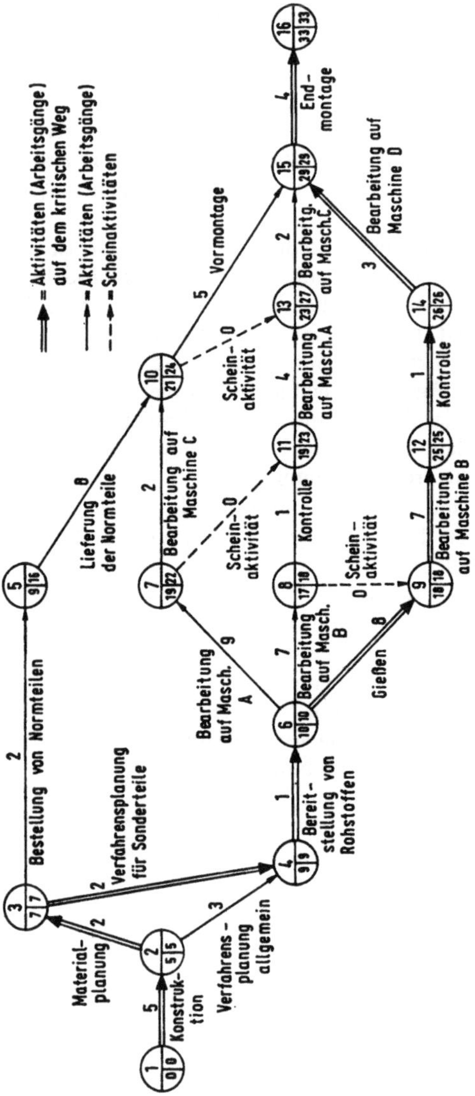

Abb. 42 Beispiel für ein CPM-Netzwerk

Vorgang	(i, j)	Dauer g_{ij}	Frühestens Start FAT_{ij}	Frühestens Ende FET_{ij}	Spätestens Start SAT_{ij}	Spätestens Ende SET_{ij}	Totale Pufferzeit TP_{ij}
Konstruktion	(1, 2)	5	0	5	0	5	0
Materialplanung	(2, 3)	2	5	7	5	7	0
Verfahrensplanung, allgemein	(2, 4)	3	5	8	6	9	1
Verfahrensplanung für Sonderteile	(3, 4)	2	7	9	7	9	0
Bestellung von Normteilen	(3, 5)	2	7	9	14	16	7
Bereitstellung von Rohstoffen	(4, 6)	1	9	10	9	10	0
Lieferung der Normteile	(5, 10)	8	9	17	16	24	7
Bearbeitung auf Maschine A	(6, 7)	9	10	19	13	22	3
Bearbeitung auf Maschine B	(6, 8)	7	10	17	11	18	1
Gießen	(6, 9)	8	10	18	10	18	0
Bearbeitung auf Maschine C	(7, 10)	2	19	21	22	24	3
Scheinaktivität	(7, 11)	0	19	19	23	23	4
Scheinaktivität	(8, 9)	0	17	17	18	18	1
Kontrolle	(8, 11)	1	17	18	22	23	5
Bearbeitung auf Maschine B	(9, 12)	7	18	25	18	25	0
Scheinaktivität	(10, 13)	0	21	21	27	27	6
Vormontage	(10, 15)	5	21	26	24	29	3
Bearbeitung auf Maschine A	(11, 13)	4	19	23	23	27	4
Kontrolle	(12, 14)	1	25	26	25	26	0
Bearbeitung auf Maschine C	(13, 15)	2	23	25	27	29	4
Bearbeitung auf Maschine D	(14, 15)	3	26	29	26	29	0
Endmontage	(15, 16)	4	29	33	29	33	0

Abb. 43 Terminberechnung nach CPM

(12, 14) Kontrolle
(13 ,15) Bearbeitung auf Maschine C
(14, 15) Bearbeitung auf Maschine D
(15, 16) Endmontage

Es sei davon ausgegangen, daß dem Ereignis 1 der früheste Termin $FT_1 = 0$ zugeordnet wird, der im Knoten 1 links unten vermerkt wird. Der früheste Termin FT_2 des Knotens 2 wird dann so berechnet, daß die Gangzeit $(1, 2) = g_{12} = 5$ zum frühesten Termin $FT_1 = 0$ dazugerechnet wird. Es gilt: $FT_2 = FT_1 + g_{12} = 5$. Diese Überlegung stellt man für jede gerichtete Kante an, die vom jeweiligen Knoten ausgeht. Tritt der Fall auf, daß mehrere Kanten in einem gemeinsamen Knoten enden, dann ist der früheste Termin dieses Knotens gleich dem maximalen Endtermin der zu diesem Knoten führenden Kanten. So kann das Ereignis des Knotens 4 frühestens im Zeitpunkt 9 eintreten, wodurch sichergestellt wird, daß alle hinter dem Ereignis 4 liegenden Arbeitsgänge erst dann begonnen werden können, wenn alle vor 4 liegenden Arbeitsgänge abgeschlossen sind. Für FT_4 gilt:

$$FT_4 = \max (FT_2 + g_{24}; FT_3 + g_{34})$$
$$FT_4 = \max (5 + 3; 7 + 2)$$
$$FT_4 = 9$$

Setzt man diese Rechnung über diejenigen Knoten fort, deren zuführende Kanten jeweils erledigt sind, so gelangt man schließlich zum frühesten Termin des Endknotens, der mit dem frühest möglichen Projektende von 33 Zeiteinheiten identisch ist. Die berechneten frühesten Ereignistermine FT_i sind gleich den frühesten Anfangsterminen FAT_{ij} aller Arbeitsgänge, die im Knoten i einsetzen (Abbildung 43).

In Abbildung 43 sind auch die frühesten Endtermine FET_{ij} nach der Gleichung berechnet:

$$FET_{ij} = FAT_{ij} + g_{ij}$$

Neben der *vorwärtslaufenden* Berechnung der frühesten Ereignistermine ist auch eine *rückwärtslaufende* Berechnung der spätesten Ereignistermine erforderlich, um eine Aussage über zulässige Verzögerungen einzelner Arbeitsgänge im Netzwerk treffen zu können. Dieser Rechengang beginnt im Endknoten

16, in welchen rechts unten die Gesamtprojektdauer von 33 Zeiteinheiten als spätester Ereignistermin ($ST_{16} = 33$) eingetragen wird. Dieser Termin ist jedoch nur dann zu realisieren, wenn Knoten 15 den spätesten Termin von $ST_{16} - g_{15,16} = 33 - 4 = 29$ erreicht usw. Für den Fall, daß mehrere Kanten von einem Knoten ausgehen, dann ist der späteste Termin dieses Knotens gleich dem minimalen Anfangstermin der von diesem Knoten wegführenden Kanten. So kann das Ereignis des Knotens 6 spätestens im Zeitpunkt 10 eintreten. Für ST_6 gilt:

$$ST_6 = \min(ST_9\text{–}g_{69};\ ST_8\text{–}g_{68};\ ST_7\text{–}g_{67})$$
$$ST_6 = \min(18\text{–}8;\ 18\text{–}7;\ 22\text{–}9)$$
$$ST_6 = 10$$

Der späteste Termin in Knoten 6 mit $ST_6 = 10$ muß unbedingt eingehalten werden, wenn man alle anschließenden Arbeitsgänge so rechtzeitig beginnen will, daß die Gesamtprojektdauer von 33 Zeiteinheiten nicht überschritten wird. Setzt man die beschriebene Rechnung über diejenigen Knoten fort, deren ausgehende Kanten jeweils erledigt sind, so gelangt man schließlich zum spätesten Termin des Anfangsknotens, der mit dem spätest möglichen Projektanfang von Null identisch ist. Die berechneten spätesten Ereignistermine ST_j sind gleich den spätesten Endterminen SET_{ij} aller Arbeitsgänge, die zum Knoten j führen. Alle spätesten Anfangstermine SAT_{ij} berechnet man nach der Gleichung:

$$SAT_{ij} = SET_{ij} - g_{ij}$$

Mit Hilfe der spätest zulässigen und frühest möglichen Anfangstermine (bzw. Endtermine) lassen sich nunmehr als weitere Aufgabenstellung für alle Arbeitsgänge die totalen Pufferzeiten TP_{ij} berechnen:

$$\begin{aligned} TP_{ij} &= SAT_{ij} - FAT_{ij} \\ &= SET_{ij} - FET_{ij} \\ &= ST_j - FT_i - g_{ij} \end{aligned}$$

Unter der *totalen Pufferzeit* TP_{ij} eines Arbeitsganges versteht man seine Verzögerungszeit unter der Annahme, daß alle vorhergehenden Arbeitsgänge frühestmöglich und alle nachfolgenden Arbeitsgänge spätestmöglich begonnen werden.

Arbeitsgänge mit einer totalen Pufferzeit von Null heißen *kritische Vorgänge;* ihre Verknüpfung im Netzwerk stellt den *kritischen Weg (Pfad)* dar, der bei CPM namengebend für das Modell ist. Der kritische Weg ist dadurch gekennzeichnet, daß jede terminliche Verzögerung auf ihm den Endtermin des Gesamtprojekts ebenfalls verzögert (das Einholen terminlicher Verzögerungen durch höheres Arbeitstempo, mehr Maschinen- und Personaleinsatz sowie durch Überstunden im Restprojekt ist in diesem Modell nicht vorgesehen). Außerdem sind noch eine *freie* und eine *unabhängige* Pufferzeit definierbar, die hier jedoch nur erwähnt werden sollen.

Nach seiner Struktur und Funktion ist das beschriebene Netzwerk ein *Prognosemodell* von Fertigungsterminen bei Großprojekten. Netzwerke finden in diesem Sinne Anwendung bei der Terminierung im Brücken-, Schiffs-, Turbinen-, Krankenhaus-, Wohnhaus-, Bürohaus-, Universitäts-, Straßen-, Flugzeug-, Raketen-, Satelliten- und Automobilbau sowie in anderen Branchen des Großprojektbaus. Aber auch Tagungen, Konferenzen, Werbefeldzüge, Wahlkampagnen und Forschungsprojekte können durch Netzwerke vorbereitet und überwacht werden. Das Erstellen des Netzwerks setzt eine sehr gründliche technologische und logische Analyse des jeweiligen Projekts voraus. Gelegentlich hört man die Feststellung, daß Vorbereitungsarbeiten zum Erstellen eines Netzwerks schon so viele Erkenntnisse über einzelne Projektbeziehungen bringen, daß das Netzwerk selbst und seine Berechnung eingespart werden könnten. Mit zunehmender Größe und Komplexität eines Projekts verliert diese Aussage aber an Bedeutung.

Ein abschließender Vergleich der zwei graphentheoretischen Anwendungsfälle zur Prognose von Baugruppen- und Einzelteilbedarfen (Vgl. S. 87 ff.) sowie zur Prognose von Fertigungsterminen bei Großprojekten (Vgl. S. 144 ff.) läßt folgende formale Unterschiede erkennen: Während bei der Bedarfsrechnung in entgegengesetzter Kantenrichtung multipliziert und an den Knoten addiert wird, fallen bei der Terminrechnung in beiden Kantenrichtungen Additionen bzw. Subtraktionen und an den Knoten Extremierungsüberlegungen an.

b) Optimierungsmodelle des Fertigungsbereichs

aa) Einvariablige Optimierungsmodelle

α) Optimale Fertigungslosgröße

Das einfachste und älteste Optimierungsmodell des Fertigungsbereichs ist dasjenige zur Bestimmung der ***kostenminimalen Losgröße*** bei Sorten- und Serienfertigung. Die Entwicklung des Grundmodells geht auf *F. Harris* (1915) und *K. Andler* (1929) zurück. Im Modellaufbau gleicht es dem Modell zur Bestimmung der kostenminimalen Bestellmenge. Wie dieses enthält es zwei gegenläufige Kostenkategorien, nämlich losgrößenfixe Rüstkosten und losgrößenproportionale Zins- und Lagerkosten (Abbildung 44).

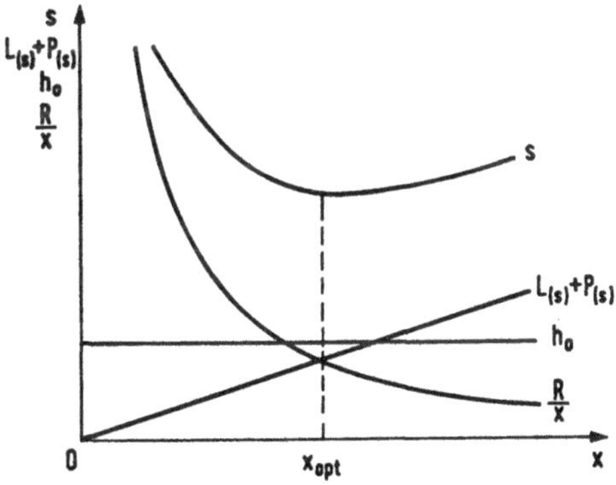

Abb. 44 Grundmodell der optimalen Fertigungslosgröße

Dieses Modell ist ein *einvariabliges* Entscheidungsmodell. Es enthält die alternativ zulässigen Ausprägungen der Fertigungsmenge als einzige Entscheidungsvariable sowie eine Reihe von problemrelevanten Daten.

Symbolisierung:

M = Gesamtbedarf der Planperiode T
h_0 = Herstellkosten je Stück
R = Losgrößenfixe Rüstkosten
p = Zinskostensatz
l = Lagerkostensatz
x = Unbekannte Fertigungslosgröße als Entscheidungsvariable
s = Durchschnittliche Fertigungskosten je Stück

Zielvorstellung: s(x) = Min!

Analog zur optimalen Bestellmenge ergibt sich für die *optimale (kostenminimale) Fertigungslosgröße* der Bestimmungsausdruck:

$$x_{opt} = \sqrt{\frac{200 \cdot M \cdot R}{h_0 \cdot (l + p)}}$$

Sobald alle Rechnungsgrößen unter dem Wurzelzeichen bekannt sind, kann die optimale Fertigungslosgröße mittels des angegebenen Wurzelausdrucks bestimmt werden.

Dieses einfache Optimierungsmodell läßt sich in mehrfacher Hinsicht fertigungsbezogen verfeinern: es können zusätzlich die Fertigungszeiten berücksichtigt werden, von der unterstellten einstufigen Fertigung kann ein Übergang auf mehrstufige Fertigung vollzogen werden, und das Modell ist auf Mehrproduktfertigung ausdehnbar.

β) Optimale Werkstattlosgröße

Eine fertigungs- und lagerzeitorientierte Modifikation des Losgrößenmodells ist von *Th. Ellinger* (1959) vorgenommen worden. Als optimal wird bei ihm diejenige Losgröße definiert, die bei einstufiger Fertigung und Berücksichtigung zeitlicher Einflußgrößen kostenminimal ist.

Symbolisierung:

l_a = Lagerzeit jedes Stücks an Maschine a (als einziger Produktionsstufe)
x = Unbekannte Werkstattlosgröße als Entscheidungsvariable

t_a = Gangzeit (Fertigungszeit) pro Stück an Maschine a
L_a = Gesamtlagerzeit aller Stücke in x
A = Auflagenfixe Kosten je Los
H = Mittelwert der Herstellkosten je Stück
p = Zinssatz, bezogen auf die Zeiteinheit
α = Verhältnis von Kalenderzeit und tatsächlicher Bearbeitungszeit
M = Gesamtlos
$\frac{M}{x}$ = Anzahl der gebildeten Lose
K = Durchschnittliche Fertigungskosten je Stück (unter besonderer Berücksichtigung zeitlicher Einflußgrößen)

Jedes Stück wartet an Maschine a:

$$l_a = t_a (x - 1)$$

Die Gesamtlagerzeit L_a aller x Stücke beträgt dann:

$$L_a = x \cdot l_a = x \cdot t_a (x - 1)$$

Unter Beachtung des Nutzungsgrades der Kalenderzeit (α) heißt die *Kostenfunktion* K (x) für die Bearbeitung von M:

$$K(x) = \frac{M}{x} [x \cdot t_a (x - 1)] \frac{\alpha \cdot H \cdot p}{100} + \frac{M \cdot A}{x}$$

oder: $$K(x) = M \left[t_a (x - 1) \frac{\alpha \cdot H \cdot p}{100} + \frac{A}{x} \right]$$

Zielvorstellung: K(x) = Min!

Die Funktion K (x) hat dort ihren Extremwert (Minimum), wo die Ableitung $\frac{dK}{dx}$ gleich Null ist:

$$\frac{dK}{dx} = M [t_a \cdot \frac{\alpha \cdot H \cdot p}{100} - \frac{A}{x^2}] = 0$$

Daraus folgt:

$$x_{opt} = \sqrt{\frac{A}{t_a \cdot \alpha \cdot H \cdot \frac{p}{100}}}$$

Eine Erweiterung dieses Modells der optimalen Werkstattlosgröße zu einem *nicht-linearen zweivariabligen Optimierungsmodell* zur simultanen Bestimmung der optimalen Werkstattlosgröße und der optimalen Werkzeugzahl bei Mehrwerkzeugaggregaten kann wie folgt vorgenommen werden:

Zusätzliche Symbole:

y = Anzahl der Werkzeuge
t_{v1} = Vorbereitungszeit bei einem Werkzeug
t_{b1} = Bearbeitungszeit bei einem Werkzeug
$t_g(x, y)$ = Funktion der durchschnittlichen Gangzeit
$K(x, y)$ = Losgrößen- und werkzeugzahlabhängige Kosten
x_o = Untere Losgrenze
x_m = Obere Losgrenze
y_o = Untere Grenze der Werkzeugzahl = 1
y_m = Obere Grenze der Werkzeugzahl

Wird das betrachtete Aggregat für jedes Teillos x nur einmal eingerichtet, dann lautet die Funktion der durchschnittlichen Gangzeit:

$$t_g(x, y) = \frac{t_{v1} \cdot y}{x} + \frac{t_{b1}}{y}$$

Die bisherige Kostenfunktion K (x) geht nach dem Austausch von t_a gegen $t_g(x, y)$ in die Kostenfunktion K (x, y) über, und das *erweiterte Optimierungsmodell* erhält die Form:

Nebenbedingungen:

$$x \geqq x_o$$
$$x \leqq x_m$$
$$y \geqq 1$$
$$y \leqq y_m$$
$$x = \text{ganzzahlig!}$$
$$y = \text{ganzzahlig!}$$
$$\frac{M}{x} = \text{ganzzahlig!}$$

Zielvorstellung:

$$K(x, y) = M\left[\left\{\alpha\left(\frac{t_{v1} \cdot y}{x} + \frac{t_{b1}}{y}\right)(x - 1)\right\}\frac{H \cdot p}{100} + \frac{A}{x}\right] = \text{Min!}$$

bb) Mehrvariablige Optimierungsmodelle

α) Optimales Fertigungs- und Absatzprogramm

Die am meisten angewendeten Optimierungsmodelle im Fertigungsbereich sind *mehrvariablige* Modelle. Eine sehr große Zahl von Problemen dieser Produktionsphase läßt sich mit Hilfe der *linearen Planungsrechnung* einer optimalen Lösung zuführen. Dazu gehören *Mischungsprobleme* der Ölindustrie, der chemischen Industrie, der Futtermittelindustrie und der Stahlindustrie, *Verschnittprobleme* in der Papier-, Blech- und Folienverarbeitung, *Transportprobleme* fast aller Industrien sowie die *Arbeitsträgerbelastungssteuerung* und *Terminbearbeitung* bei Sorten-, Serien- und Einzelfertigung. Insbesondere kann die Bestimmung des *deckungsbeitragsmaximalen Fertigungs- und Absatzprogramms* mittels linearer Planungsrechnung vorgenommen werden. An diesem Problem soll nach der vorangehenden Behandlung des optimalen Beschaffungsprogramms im Abschnitt „Mehrvariablige Optimierungsmodelle des Beschaffungsprogramms" (auf S. 102 ff.) die Optimierungstechnik der linearen Planungsrechnung nach dem *Simplexverfahren* erneut gezeigt werden.

In einem zweistufigen Herstellungsprozeß mit den Fertigungsstufen I und II werden zwei Produkte (1, 2) erstellt, deren Mengen für die Planungsperiode so zu bestimmen sind, daß sie zu einem Maximum an Deckungsbeiträgen führen. Die in beiden Fertigungsstufen zur Verfügung stehenden Kapazitäten sind begrenzt und werden zur Erstellung der zwei Produkte unterschiedlich beansprucht. Für beide Produkte wird die Fertigungsmenge durch einen Beschaffungsengpaß begrenzt. Ferner sind für beide Produkte durch Marktforschung Absatzhöchstmengen ermittelt worden, über die hinaus ein Verkauf nicht möglich ist. Das für die Produktion erforderliche Kapital unterliegt keiner Begrenzung. Absatzpolitische Instrumente wie Preispolitik, Absatzformen, Werbung, Kundendienst u. a. werden bei der Modellkonstruktion nicht explizit berücksichtigt.

In der Fertigungsstufe I stehen drei Maschinen zur Verfügung, die bei einer Laufzeit von wöchentlich 40 Stunden unter Berücksichtigung von Ausfallzeiten 48 Wochen pro Periode eingesetzt werden können.

In der Fertigungsstufe II steht zunächst nur ein Aggregat zur Nutzung zur Verfügung. Es kann 50 Wochen mit wöchentlich 42 Stunden eingesetzt werden. Ein zweites Aggregat, das während der betrachteten Periode geliefert wird, steht nur 32 Wochen bei einer wöchentlichen Nutzungszeit von 40 Stunden zur Verfügung.

Das Produkt 1 beansprucht die Kapazität der Fertigungsstufe I mit drei und die der Fertigungsstufe II mit eineinhalb Stunden pro Produkteinheit. Für Produkt 2 sind analog zweieinhalb bzw. zwei Stunden erforderlich. Diese Produktionskoeffizienten sind für alle Produktionsniveaus konstant. Für die Beziehung zwischen Einsatzgütermengen und Ausbringungsgütermengen werden somit *Leontief-Produktionsfunktionen* unterstellt.

Ein Einsatzgut (Baugruppe) kann für die Planungsperiode nur mit 2950 Einheiten beschafft werden. Für Produkt 1 wird davon eine Einheit und für Produkt 2 werden davon zwei Einheiten pro Produkteinheit benötigt. Außerdem werden für die Herstellung der Produkte x_1 und x_2 Einzelteile gebraucht, die jedoch in beliebiger Menge beschafft werden können.

Die festgestellten Absatzhöchstmengen betragen:

Produkt 1: 1550 Stück
Produkt 2: 1300 Stück

Die Deckungsbeiträge der beiden Produkte werden wie folgt berechnet:

	Produkt 1	Produkt 2
Variable Kosten der Fertigungsstufe I:	60,–	50,–
Variable Kosten der Fertigungsstufe II:	15,–	20,–
Variable Beschaffungskosten:	70,–	100,–
Variable Absatzkosten:	10,–	10,–
Variable Kosten pro Produkteinheit:	155,–	180,–
Nettoerlöse pro Produkteinheit:	250,–	285,–
Deckungsbeitrag pro Produkteinheit:	95,–	105,–

Alle relevanten Modelldaten sind in Abbildung 45 zusammengestellt.

		Produkt 1	Produkt 2	Kapazitäten bzw. Mengen
(I)	Fertigungsstufe I	3	$2\frac{1}{2}$	5760 Std.
(II)	Fertigungsstufe II	$1\frac{1}{2}$	2	3380 Std.
(III)	Beschaffungsengpaß	1	2	2950 Stck.
(IV)	Absatzengpaß (1)	1	–	1550 Stck.
(V)	Absatzengpaß (2)	–	1	1300 Stck.
(Z)	Deckungsbeiträge	95,- DM/Stck.	105,-DM/Stck.	–

Abb. 45 Tabelle der Modelldaten

Sind x_1 und x_2 die zu bestimmenden Fertigungs- und Absatzmengen von Produkt 1 bzw. 2 und stellen x_3 bis x_7 Leerlauf- oder Schlupfvariable dar, so gelten für die Normalform folgende Beziehungen:

Nebenbedingungen:

$$
\begin{array}{llcl}
\text{(I)} & 3x_1 + 2^1/_2x_2 + x_3 & = & 5760 \\
\text{(II)} & 1^1/_2x_1 + 2x_2 + x_4 & = & 3380 \\
\text{(III)} & x_1 + 2x_2 + x_5 & = & 2950 \\
\text{(IV)} & x_1 + x_6 & = & 1550 \\
\text{(V)} & x_2 + x_7 & = & 1300
\end{array}
$$

Zielvorstellung: $Z = 95x_1 + 105x_2 = \text{Max!}$

Das aufgestellte Gleichungssystem legt eine Menge von Lösungspunkten fest, die für das gestellte Problem als zulässig gelten. Die Menge aller zulässigen Punkte bezeichnet man als den *zulässigen Bereich* $\mathfrak{B}$ (P_0, P_1, P_2, P_3, P_4, P_5, P_6 in Abbildung 46). Dieser Bereich wird in bezug auf die Fertigung auch als *fertigungswirtschaftlicher Lösungsraum* bezeichnet. Durch Parallelverschiebung der Zielfunktion Z wird der Punkt P_4 ($1364^4/_9$; $666^2/_3$) mit einem Gesamtdeckungsbeitrag von DM 199 $622^2/_9$ als *optimale Lösung* des Problems bestimmt.

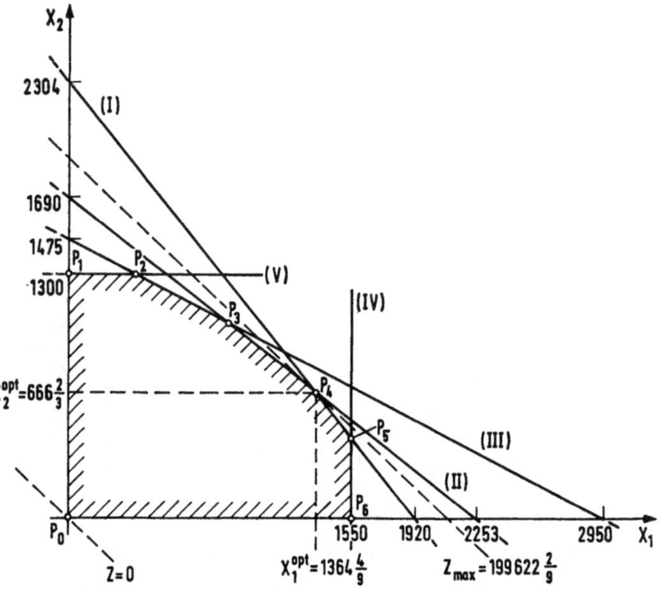

Abb. 46 Bestimmung des optimalen Fertigungs- und Absatzprogramms mittels linearer Planungsrechnung

Ausgangstableau

P_0			$c_1 = 95$	$c_2 = 105$	$c_3=0$	$c_4=0$	$c_5=0$	$c_6=0$	$c_7=0$
c^B	Basis	Lösung	x_1	x_2	x_3	x_4	x_5	x_6	x_7
0	x_3	5760	3	$\frac{5}{2}$	1	0	0	0	0
0	x_4	3380	$\frac{3}{2}$	2	0	1	0	0	0
0	x_5	2950	1	2	0	0	1	0	0
0	x_6	1550	1	0	0	0	0	1	0
0	x_7	1300	0	(1)	0	0	0	0	1 →
	Z_j	0	0	0	0	0	0	0	0
	$Z_j - c_j$		−95	−105 ↑	0	0	0	0	0

1. Iteration (Von P_0 nach P_1)

P_1			$c_1 = 95$	$c_2 = 105$	$c_3 = 0$	$c_4 = 0$	$c_5 = 0$	$c_6 = 0$	$c_7 = 0$	
c^B	Basis	Lösung	x_1	x_2	x_3	x_4	x_5	x_6	x_7	
0	x_3	2510	3	0	1	0	0	0	$-\frac{5}{2}$	
0	x_4	780	$\frac{3}{2}$	0	0	1	0	0	−2	
0	x_5	350	(1)	0	0	0	1	0	−2	→
0	x_6	1550	1	0	0	0	0	1	0	
105	x_2	1300	0	1	0	0	0	0	1	
	Z_j	136500	0	105	0	0	0	0	105	
	$Z_j - c_j$		−95	0	0	0	0	0	105	
			↑							

2. Iteration (Von P_1 nach P_2)

P_2			$c_1 = 95$	$c_2 = 105$	$c_3 = 0$	$c_4 = 0$	$c_5 = 0$	$c_6 = 0$	$c_7 = 0$	
c^B	Basis	Lösung	x_1	x_2	x_3	x_4	x_5	x_6	x_7	
0	x_3	1460	0	0	1	0	−3	0	$\frac{7}{2}$	
0	x_4	255	0	0	0	1	$-\frac{3}{2}$	0	(1)	→
95	x_1	350	1	0	0	0	1	0	−2	
0	x_6	1200	0	0	0	0	−1	1	2	
105	x_2	1300	0	1	0	0	0	0	1	
	Z_j	169750	95	105	0	0	95	0	−85	
	$Z_j - c_j$		0	0	0	0	95	0	−85	
									↑	

Diese Optimallösung läßt sich durch eine algebraische Rechnung nach dem *Simplexverfahren* der linearen Planungsrechnung bestätigen. Vom Punkt P_0 aus werden nach dem *Simplexalgorithmus* im vorliegenden Falle für die Punkte P_1, P_2, P_3 und P_4 iterativ Tabellen (Simplextableaus) aufgestellt und berechnet, bis das *Simplexkriterium* ($Z_j - c_j \geqq 0$) erfüllt wird.

3. Iteration (Von P_2 nach P_3)

P_3			$c_1 = 95$	$c_2 = 105$	$c_3 = 0$	$c_4 = 0$	$c_5 = 0$	$c_6 = 0$	$c_7 = 0$	
c^B	Basis	Lösung	x_1	x_2	x_3	x_4	x_5	x_6	x_7	
0	x_3	$567\frac{1}{2}$	0	0	1	$-\frac{7}{2}$	$\frac{9}{4}$ (eingekreist)	0	0	→
0	x_7	255	0	0	0	1	$-\frac{3}{2}$	0	1	
95	x_1	860	1	0	0	2	-2	0	0	
0	x_6	690	0	0	0	-2	2	1	0	
105	x_2	1045	0	1	0	-1	$\frac{3}{2}$	0	0	
	Z_j	191425	95	105	0	85	$-32\frac{1}{2}$	0	0	
	$Z_j - c_j$		0	0	0	85	$-32\frac{1}{2}$	0	0	
							↑			

4. Iteration (Von P_3 nach P_4) – Endtableau

P_4			$c_1 = 95$	$c_2 = 105$	$c_3 = 0$	$c_4 = 0$	$c_5 = 0$	$c_6 = 0$	$c_7 = 0$
c^B	Basis	Lösung	x_1	x_2	x_3	x_4	x_5	x_6	x_7
0	x_5	$252\frac{2}{9}$	0	0	$\frac{4}{9}$	$-\frac{14}{9}$	1	0	0
0	x_7	$633\frac{1}{3}$	0	0	$\frac{2}{3}$	$-\frac{4}{3}$	0	0	1
95	x_1	$1364\frac{4}{9}$	1	0	$\frac{8}{9}$	$-\frac{10}{9}$	0	0	0
0	x_6	$185\frac{5}{9}$	0	0	$-\frac{8}{9}$	$\frac{10}{9}$	0	1	0
105	x_2	$666\frac{2}{3}$	0	1	$-\frac{2}{3}$	$\frac{4}{3}$	0	0	0
	Z_j	$199622\frac{2}{9}$	95	105	$14\frac{4}{9}$	$34\frac{4}{9}$	0	0	0
	$Z_j - c_j$		0	0	$14\frac{4}{9}$	$34\frac{4}{9}$	0	0	0

An der *Optimallösung* ist störend, daß die Variablenwerte ($x_1^{opt} = 1364^4/_9$; $x_2^{opt} = 666^2/_3$) gebrochen sind. Die beste *ganzzahlige* Lösung wird gefunden, wenn man im Anschluß an das Endtableau den Rechengang nach dem *Gomory-Verfahren* fortsetzt. Nimmt man in dem hier formulierten Modell eine einfache Abrundung auf $x_1 = 1364$ und $x_2 = 666$ Einheiten vor, so erhält man einen Gesamtdeckungsbeitrag von DM 199 510,–. Die abgerundeten Lösungswerte für die Produktmengen decken sich fast mit der ganzzahligen Lösung nach dem *Gomory-Verfahren,* das zu den ganzzahligen Werten $x_1^{opt} = 1365$ und $x_2^{opt} = 666$ Einheiten bei einem Deckungsbeitrag von DM 199 605,– führt. Das Rundungsverfahren kann jedoch nicht empfohlen werden, wenn die Wertausprägung der Variablen (z. B. bei Großprojekten) im Optimum relativ klein ist. Die ganzzahlige Optimallösung kann dann erheblich von der nicht-ganzzahligen abweichen.

β) Optimales Fertigungs- und Absatzprogramm mit Teilefertigung

Bei der Bestimmung des deckungsbeitragsmaximalen Fertigungs- und Absatzprogramms im Abschnitt „Optimales Fertigungs- und Absatzprogramm" (auf Seite 157 ff.) wird unterstellt, daß die zur Fertigung der Produkte x_1 und x_2 erforderlichen Einzelteile (bzw. Baugruppe) ohne Schwierigkeiten als Fremdbezug beschafft werden konnten. In diesem Beispiel soll dagegen angenommen werden, daß die benötigten Einzelteile (x_4, x_5, x_6) sowie eine Baugruppe (x_3) in *Eigenfertigung* hergestellt werden. Die Produktionsverflechtung gibt der Gozintograph in Abbildung 47 an.

Für ein Stück x_1 sind zwei *Einzelteile* x_4 und eine *Baugruppe* x_3 erforderlich, während in ein Stück x_2 zwei Baugruppen x_3 und vier Einzelteile x_6 eingehen. Ein Stück der Baugruppe x_3 setzt sich aus einem Einzelteil x_4 und drei Einzelteilen x_5 zusammen. Die zugehörige *Verflechtungsmatrix* $\mathfrak{V}$ lautet:

$$\begin{array}{cc} x_1 & x_2 \end{array}$$
$$\mathfrak{V} = \begin{pmatrix} 1 & 0 \\ 0 & 1 \\ 1 & 2 \\ 3 & 2 \\ 3 & 6 \\ 0 & 4 \end{pmatrix} \begin{array}{c} x_1 \\ x_2 \\ x_3 \\ x_4 \\ x_5 \\ x_6 \end{array}$$

Alle Baugruppen und Einzelteile sollen auf denselben Aggregaten gefertigt werden wie die Produkte x_1 und x_2. Die Be-

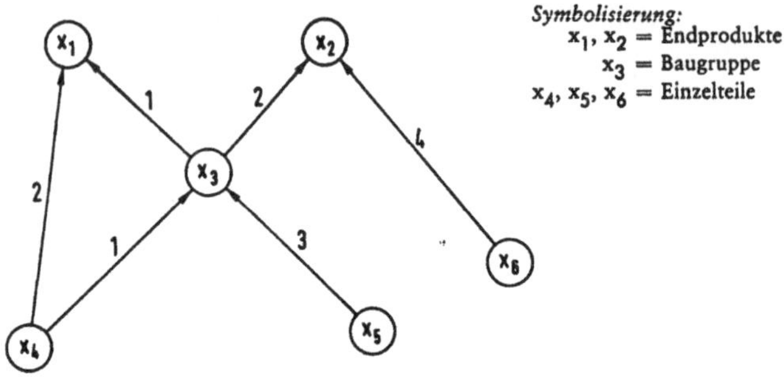

Abb. 47 Gozintograph der Produktionsverflechtung

anspruchung der Kapazitäten kann Abbildung 48 entnommen werden.

		x_1	x_2	x_3	x_4	x_5	x_6	Kapazitäten bzw. Mengen
(I)	Fertigungsstufe I	3	$2\frac{1}{2}$	$\frac{1}{8}$	$\frac{1}{8}$	0	0	5760 Std.
(II)	Fertigungsstufe II	$1\frac{1}{2}$	2	$\frac{1}{4}$	0	$\frac{1}{12}$	$\frac{1}{4}$	3380 Std.
(III)	Teileengpaß	3	2	0	0	0	0	3750 Stck.
(IV)	Absatzengpaß (1)	1	0	0	0	0	0	1550 Stck.
(V)	Absatzengpaß (2)	0	1	0	0	0	0	1300 Stck.
(Z)	Deckungsbeiträge	120,-	135,-	0	0	0	0	-

Abb. 48 Tabelle der Modelldaten

Die Baugruppe x_3 soll keiner Mengenbegrenzung unterliegen. Der Teileengpaß in Abbildung 48 bezieht sich auf das Einzelteil x_4, das in der Planungsperiode wegen Beschaffungsschwierigkeiten von zugehörigen Rohstoffen mit maximal 3750 Stück hergestellt werden kann. Von diesen sind für eine Einheit von

x_1 drei Stück und für eine Einheit von x_2 zwei Stück einzusetzen. Die Absatzrestriktionen der Produkte x_1 und x_2 sind dieselben wie im vorangehenden Beispiel, d. h., $x_1 \leqq 1550$ und $x_2 \leqq 1300$ Stück.

Stellt man die zwei ersten Zeilen der Abbildung 48 zu einer Matrix zusammen, so ergibt sich die *Zeitbedarfsmatrix* $\mathfrak{Z}$:

$$\mathfrak{Z} = \begin{pmatrix} 3 & 2^1/_2 & ^1/_8 & ^1/_8 & 0 & 0 \\ 1^1/_2 & 2 & ^1/_4 & 0 & ^1/_{12} & ^1/_4 \end{pmatrix}$$

Die Multiplikation der Zeitbedarfsmatrix $\mathfrak{Z}$ mit der Verflechtungsmatrix $\mathfrak{V}$ führt zu einer *aggregierten technologischen Matrix* $\mathfrak{A}$, welche die neuen Produktionskoeffiizienten bei Eigenfertigung der Baugruppe und Einzelteile enthält:

$$\mathfrak{A} = \mathfrak{Z} \cdot \mathfrak{V}$$

$$\mathfrak{A} = \begin{pmatrix} 3 & 2^1/_2 & ^1/_8 & ^1/_8 & 0 & 0 \\ 1^1/_2 & 2 & ^1/_4 & 0 & ^1/_{12} & ^1/_4 \end{pmatrix} \begin{pmatrix} 1 & 0 \\ 0 & 1 \\ 1 & 2 \\ 3 & 2 \\ 3 & 6 \\ 0 & 4 \end{pmatrix} = \begin{pmatrix} 3^1/_2 & 3 \\ 2 & 4 \end{pmatrix}$$

Unter Berücksichtigung der Fertigungs- und Absatzgrenzen läßt sich damit für alle Problemrestriktionen folgendes *Ungleichungssystem* angeben:

$$\begin{array}{lrcl} \text{(I)} & 3^1/_2x_1 + 3x_2 & \leqq & 5760 \\ \text{(II)} & 2x_1 + 4x_2 & \leqq & 3380 \\ \text{(III)} & 3x_1 + 2x_2 & \leqq & 3750 \\ \text{(IV)} & x_1 \qquad & \leqq & 1550 \\ \text{(V)} & x_2 & \leqq & 1300 \end{array}$$

Wegen der übernommenen Eigenfertigung der Einzelteile und der Baugruppe müssen die Deckungsbeiträge der Produkte x_1 und x_2 neu berechnet werden (S. 166):

Tauscht man die alten Deckungsbeiträge gegen die neuen aus und überführt man das Ungleichungssystem der Problemrestriktionen durch das Einführen von Schlupfvariablen x_7 bis x_{11}

	Alte Rechnung		*Neue Rechnung*	
	x_1	x_2	x_1	x_2
Variable Kosten der Stufe I	60,–	50,–	70,–	60,–
Variable Kosten der Stufe II	15,–	20,–	20,–	40,–
Variable Beschaffungskosten	70,–	100,–	30,–	40,–
Variable Absatzkosten	10,–	10,–	10,–	10,–
Variable Kosten pro Produkteinheit	155,–	180,–	130,–	150,–
Nettoerlöse pro Produkteinheit	250,–	285,–	250,–	285,–
Deckungsbeiträge pro Produkteinheit	95,–	105,–	120,–	135,–

in ein *Gleichungssystem*, dann nimmt das modifizierte Optimierungsmodell die *Normalform* an:

Nebenbedingungen:

$$
\begin{array}{lrrrl}
\text{(I)} & 3^1/_2x_1 + & 3x_2 + x_7 & & = 5760 \\
\text{(II)} & 2x_1 + & 4x_2 + & x_8 & = 3380 \\
\text{(III)} & 3x_1 + & 2x_2 + & x_9 & = 3750 \\
\text{(IV)} & x_1 + & & x_{10} & = 1550 \\
\text{(V)} & & x_2 + & x_{11} & = 1300
\end{array}
$$

Zielvorstellung:

$$Z = 120x_1 + 135x_2 = \text{Max!}$$

In Abbildung 49 wird die Lösung des linearen Optimierungsproblems auf graphischem Wege bestimmt.

Die *optimale Lösung* liegt in Punkt P_2. Unter den gegebenen technischen und ökonomischen Bedingungen können von Produkt x_1 maximal 1030 und von Produkt x_2 maximal 330 Stück gefertigt und abgesetzt werden. Der maximal zu erwirtschaftende Deckungsbeitrag beträgt DM 168 150,–. Außerdem ist in Abbildung 49 abzulesen, daß die Restriktion der Fertigungsstufe I (I) sowie die beiden Absatzengpässe (IV und V) den zulässigen Bereich $\mathfrak{B}$ nicht begrenzen. Für den Rechengang der

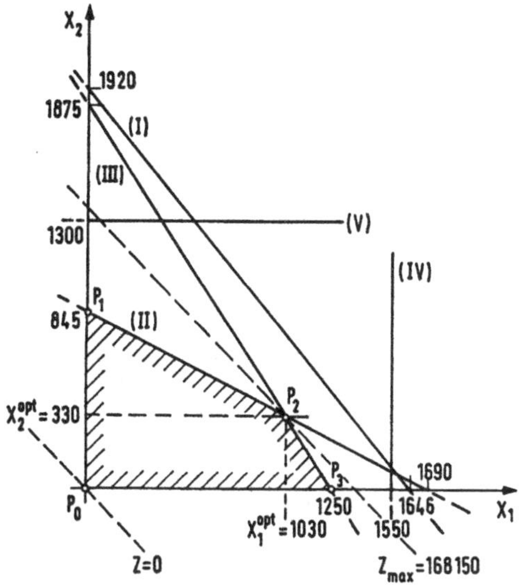

Abb. 49 Bestimmung des optimalen Fertigungs- und Absatzprogramms unter Berücksichtigung eigener Baugruppen- und Teilefertigung mittels linearer Planungsrechnung

Optimumbestimmung stellen sie *überflüssige* Nebenbedingungen dar.

Der Vergleich der Abbildungen 46 und 49 läßt erkennen, um wieviel Stück und in welchem Verhältnis die Fertigung des Produkts x_1 (von 1364 auf 1030) und des Produkts x_2 (von 666 auf 330) reduziert werden muß, wenn die benötigten Baugruppen und Einzelteile in Eigenfertigung hergestellt werden. Die Eigenfertigung führt zu einer Senkung des maximalen Deckungsbeitrags von DM 199 605,– (bei ganzzahliger Lösung) auf DM 168 150,–. Unter der Zielvorstellung der *Deckungsbeitragsmaximierung* erweist sich damit die Eigenfertigung der Baugruppe und Einzelteile als unzweckmäßig. Dennoch kann sie unter den Zielen der *Unabhängigkeit von den Beschaffungsmärkten* und in anderen Fällen des *Durchhaltens von Fachkräften* beibehalten werden.

Die graphisch bestimmte Lösung des Optimierungsproblems läßt sich wiederum durch den algebraischen Rechengang des *Simplexverfahrens* bestätigen:

Ausgangstableau:

P_0			$c_1=120$	$c_2=135$	$c_3=0$	$c_4=0$	$c_5=0$	$c_6=0$	$c_7=0$	
c^B	Basis	Lösung	x_1	x_2	x_7	x_8	x_9	x_{10}	x_{11}	
0	x_7	5760	$3\frac{1}{2}$	3	1	0	0	0	0	
0	x_8	3380	2	(4)	0	1	0	0	0	→
0	x_9	3750	3	2	0	0	1	0	0	
0	x_{10}	1550	1	0	0	0	0	1	0	
0	x_{11}	1300	0	1	0	0	0	0	1	
	Z_j	0	0	0	0	0	0	0	0	
	Z_j-c_j		−120	−135	0	0	0	0	0	
				↑						

1. Iteration (Von P_0 nach P_1)

P_1			$c_1=120$	$c_2=135$	$c_3=0$	$c_4=0$	$c_5=0$	$c_6=0$	$c_7=0$	
c^B	Basis	Lösung	x_1	x_2	x_7	x_8	x_9	x_{10}	x_{11}	
0	x_7	3225	2	0	1	$-\frac{3}{4}$	0	0	0	
135	x_2	845	$\frac{1}{2}$	1	0	$\frac{1}{4}$	0	0	0	
0	x_9	2060	(2)	0	0	$-\frac{1}{2}$	1	0	0	→
0	x_{10}	1550	1	0	0	0	0	1	0	
0	x_{11}	455	$-\frac{1}{2}$	0	0	$-\frac{1}{4}$	0	0	1	
	Z_j	114075	$\frac{135}{2}$	135	0	$\frac{135}{4}$	0	0	0	
	Z_j-c_j		$-\frac{105}{2}$	0	0	$\frac{135}{4}$	0	0	0	
			↑							

2. Iteration (Von P_1 nach P_2) – Endtableau

P_2			$c_1=120$	$c_2=135$	$c_3=0$	$c_4=0$	$c_5=0$	$c_6=0$	$c_7=0$
c^B	Basis	Lösung	x_1	x_2	x_7	x_8	x_9	x_{10}	x_{11}
0	x_7	1165	0	0	1	$-\frac{1}{4}$	-1	0	0
135	x_2	330	0	1	0	$\frac{3}{8}$	$-\frac{1}{4}$	0	0
120	x_1	1030	1	0	0	$-\frac{1}{4}$	$\frac{1}{2}$	0	0
0	x_{10}	520	0	0	0	$\frac{1}{4}$	$-\frac{1}{2}$	1	0
0	x_{11}	970	0	0	0	$-\frac{3}{8}$	$\frac{1}{4}$	0	1
	Z_j	168150	120	135	0	$\frac{165}{8}$	$\frac{105}{4}$	0	0
	$Z_j - c_j$		0	0	0	$\frac{165}{8}$	$\frac{105}{4}$	0	0

Mit Hilfe der gefundenen *Optimallösung* $x_1^{opt} = 1030$ Stück und $x_2^{opt} = 330$ Stück kann in einer Nebenrechnung ermittelt werden, wieviel Stück der Baugruppe x_3 und der Einzelteile x_4, x_5 und x_6 gefertigt werden müssen, damit das optimale Fertigungs- und Absatzprogramm realisiert werden kann. Es gilt die Gleichung:

$$\mathfrak{t}^* = \mathfrak{B} \cdot \mathfrak{x}^*$$

Symbolisierung:

$\mathfrak{t}^*$ = Vektor des optimalen Fertigungs- und Absatzprogramms einschl. der Baugruppe und Einzelteile
$\mathfrak{B}$ = Verflechtungsmatrix
$\mathfrak{x}^*$ = Optimales Fertigungs- und Absatzprogramm

$$\mathfrak{t}^* = \begin{pmatrix} 1 & 0 \\ 0 & 1 \\ 1 & 2 \\ 3 & 2 \\ 3 & 6 \\ 0 & 4 \end{pmatrix} \cdot \begin{pmatrix} 1030 \\ 330 \end{pmatrix} = \begin{pmatrix} 1030 \\ 330 \\ 1690 \\ 3750 \\ 5070 \\ 1320 \end{pmatrix} \begin{matrix} \rightarrow x_1^{opt} \\ \rightarrow x_2^{opt} \\ \rightarrow x_3 \\ \rightarrow x_4 \\ \rightarrow x_5 \\ \rightarrow x_6 \end{matrix}$$

Dieses Modell kann bei Bedarf um zusätzliche Restriktionen erweitert werden. Dazu zählen Liquiditäts-, Personal- und Verfahrensbedingungen. Insbesondere können auch Investitionsalternativen in das Modell aufgenommen werden.

γ) Optimales Investitions- und Fertigungsprogramm

In den vorangehenden Beispielen zur Planung des optimalen Fertigungs- (und Absatz)programms wird angenommen, daß die Fertigungskapazitäten der jeweils betrachteten Planungsperiode unveränderlich sind. Diese Annahme trifft in der industriebetrieblichen Wirtschaftspraxis nur bei kurzfristiger Betrachtung zu. Gewöhnlich muß davon ausgegangen werden, daß Planungskonzepte über mehrere Planungsperioden laufen. Je größer die Zahl der berücksichtigten Planungsperioden ist, um so größer ist auch die Wahrscheinlichkeit einer Kapazitätsveränderung. Dabei kann es sich um *Erweiterungs-* und/oder *Rationalisierungsinvestitionen* sowie um *Desinvestitionen* handeln. Darüber hinaus kann bei entsprechender Problemstellung auch die *Ersatzinvestition* berücksichtigt werden. Eine art- und mengenmäßige Veränderung der Fertigungskapazitäten führt meist nicht nur zur isolierten Variation des Fertigungspotentials, sondern sie strahlt auf mehrere Planungsbereiche der Unternehmung aus. So können die *Produktionskoeffizienten* mehrerer Einsatzgüter andere Werte annehmen, die *Liquidität* der Unternehmung kann beeinflußt, der *Personalbedarf* erhöht bzw. gesenkt, das *Fertigungs- und Absatzprogramm* umgeschichtet sowie die *Wirtschaftlichkeit* der gesamten Unternehmung verändert werden. Auf die Planungsebene übertragen heißt dies, daß die Konsequenzen des Investitionsplans in allen tangierten Unternehmungsteilplänen berücksichtigt werden müssen, wenn das industriebetriebliche Planungssystem wirklichkeitsnah konzipiert sein soll. Umgekehrt sind alle Konsequenzen anderer Unternehmungsteilpläne im Investitionsplan zu berücksichtigen. Ein Planungskonzept, welches alle auftretenden Wechselbeziehungen zwischen einzelnen Teilplänen strukturgleich abbildet, heißt *simultaner Planungsansatz*. Unter Berücksichtigung der gegenseitigen Beziehungen zwischen Investitions- und Fertigungsprogrammplanung soll ein einfacher Modellansatz zur Bestimmung des deckungsbeitragsmaximalen

Investitions- und Fertigungsprogramms in allgemeiner Symbolisierung beschrieben werden.

Eine Industrieunternehmung erzeugt zwei Produkte ($j = 1, 2$) mit den Mengen x_j. Die Fertigung erfolgt in zwei Fertigungsstufen ($i = 1, 2$), und die Planung erstreckt sich über zwei Planungsperioden ($t = 1, 2$). In Fertigungsstufe i wird eine Einheit des Produkts j insgesamt f_{ij} Zeiteinheiten bearbeitet, wobei die i-te Fertigungsstufe eine Kapazität von F_i Zeiteinheiten aufweist. Weiter soll davon ausgegangen werden, daß die Fertigungskapazitäten der ersten Planungsperiode auch in der zweiten Periode voll einsatzfähig sind ($F_i^{(1)} = F_i^{(2)}$). Außerdem kann am Anfang der zweiten Periode die Kapazität jeder Fertigungsstufe durch multiple Erweiterungsinvestitionen $I_k^{(2)}$ ($k = 1, 2$) erhöht werden, die in der zweiten Planungsperiode voll abgeschrieben werden sollen. Die Erweiterungsinvestition $I_1^{(2)}$ wird in Fertigungsstufe 1 und die Erweiterungsinvestition $I_2^{(2)}$ in Fertigungsstufe 2 vorgenommen. Die Deckungsbeiträge der Produkte $d_j^{(t)}$ sind bekannt und in beiden Perioden konstant. Absatzbeschränkungen für die Produkte sowie Beschaffungsbeschränkungen für die Rohstoffe und die neu zu beschaffenden Aggregate werden nicht erwartet. Die Anschaffungsausgaben für den Aggregatetyp $I_k^{(2)}$ betragen $A_k^{(2)}$. An Geld zur Finanzierung der Erweiterungsinvestitionen der zweiten Periode steht ein Betrag von $K^{(2)}$ zur Verfügung, der vom Rückfluß der Deckungsbeiträge unabhängig ist. Der Abzinsungsfaktor zur Bestimmung des Barwertes der Deckungsbeiträge und Anschaffungsausgaben der zweiten Planungsperiode beträgt q.

Symbolisierung:

$F_i^{(t)}$ = Kapazität der Fertigungsstufe i in Periode t ($i, t = 1, 2$)

$f_{ij}^{(t)}$ = Bearbeitungszeit des Produkts j in Fertigungsstufe i während der Periode t ($j = 1, 2$)

$I_k^{(2)}$ = Erweiterungsinvestitionen der beiden Fertigungsstufen zu Beginn der zweiten Planungsperiode ($k = 1, 2$)

$A_k^{(2)}$ = Anschaffungsausgaben für $I_k^{(2)}$

$K^{(2)}$ = Geldbetrag zur Finanzierung der Erweiterungsinvestitionen für die zweite Planungsperiode
q = Abzinsungsfaktor für die Deckungsbeiträge und Anschaffungsausgaben
$d_j^{(t)}$ = Deckungsbeitrag für Produkt j in Periode t ($d_j^{(1)} = d_j^{(2)}$)
$x_j^{(t)}$ = Fertigungs- bzw. Absatzmenge des Produkts j in Periode t

Gesucht wird dasjenige *Investitions- und Fertigungsprogramm,* welches bei den gegebenen Restriktionen den Barwert der Deckungsbeiträge und Anschaffungsausgaben der zweiten Planungsperiode maximiert.

Das dargestellte Problem läßt sich in die Satzform eines *linearen Optimierungsmodells* kleiden:

Nebenbedingungen:

$$\left.\begin{array}{ll}(I) & f_{11}^{(1)} \cdot x_1^{(1)} + f_{12}^{(1)} \cdot x_2^{(1)} \leqq F_1^{(1)} \\ (II) & f_{21}^{(1)} \cdot x_1^{(1)} + f_{22}^{(1)} \cdot x_2^{(1)} \leqq F_2^{(1)}\end{array}\right\} \text{Kapazitätsbedingungen der 1. Periode}$$

$$\left.\begin{array}{ll}(III) & f_{11}^{(2)} \cdot x_1^{(2)} + f_{12}^{(2)} \cdot x_2^{(2)} - I_1^{(2)} \leqq F_1^{(2)} \\ (IV) & f_{21}^{(2)} \cdot x_1^{(2)} + f_{22}^{(2)} \cdot x_2^{(2)} - I_2^{(2)} \leqq F_2^{(2)}\end{array}\right\} \text{Kapazitätsbedingungen der 2. Periode}$$

$$\left.(V) \quad A_1^{(2)} \cdot I_1^{(2)} + A_2^{(2)} \cdot I_2^{(2)} \leqq K^{(2)}\right\} \text{Liquiditätsbedingung der 2. Periode}$$

Zielvorstellung:

Maximierung des Barwertes der Deckungsbeiträge und Anschaffungsausgaben:

$$\begin{array}{lll} Z = & d_1^{(1)} \cdot x_1^{(1)} + d_2^{(1)} \cdot x_2^{(1)} & \text{(Teil A)} \\ & + q^{-1} \cdot d_1^{(2)} \cdot x_1^{(2)} + q^{-1} \cdot d_2^{(2)} \cdot x_2^{(2)} & \text{(Teil B)} \\ & - q^{-1} \cdot A_1^{(2)} \cdot I_1^{(2)} - q^{-1} \cdot A_2^{(2)} \cdot I_2^{(2)} & \text{(Teil C)} \\ & = \text{Max!} & \end{array}$$

Abbildung 50 zeigt die Zusammenhänge zwischen den Modelldaten und -beziehungen auf (S. 173).

Für konkrete Zahlenwerte ist die optimale Lösung des Problems nach dem *Simplexverfahren* zu berechnen. Sollte die ge-

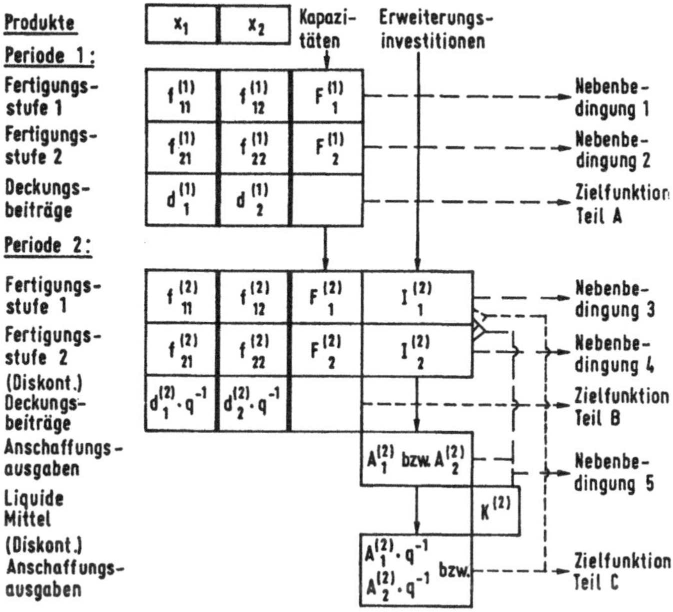

Abb. 50 Übersicht über Modelldaten und Modellbeziehungen

fundene Lösung nicht ganzzahlig sein, dann kann an den bereits vollzogenen Rechengang eine Zusatzrechnung nach dem *Gomory-Verfahren* angehängt werden. Als Lösung findet man einen Vektor $\mathfrak{x}$:

$$\mathfrak{x} = (x_1^{(1)}, x_1^{(2)}, x_2^{(1)}, x_2^{(2)} \;\vdots\; I_1^{(2)}, I_2^{(2)}),$$

der den (die) verantwortlichen Entscheidungsträger darüber informiert, in welcher Periode von welchem Produkt welche Menge zu produzieren ist und in welcher Fertigungsstufe zu Beginn der zweiten Periode welche Erweiterungsinvestitionen vorzunehmen sind, damit die gewählte Zielfunktion maximiert wird.

Dieses einfache Entscheidungsmodell der simultanen Investitions- und Fertigungsprogrammplanung kann in mehrfacher

Hinsicht der Realität angenähert werden. Einmal können auch *Desinvestitionen, Beschaffungs- und Absatzrestriktionen* sowie erweiterte *Liquiditätsbedingungen* berücksichtigt werden *(H. Albach, P. Swoboda)*, dann kann sichergestellt werden, daß ein *kontinuierlicher Mengenfluß* durch die einzelnen Fertigungsstufen erfolgt *(H. Jacob, D. Adam)*. Auch kann für das beschriebene Modell eine andere Zielvorstellung gefordert werden. Als möglich erweist sich die *Maximierung des Vermögens* über die gesamte Planungsperiode bei gegebenen Ausschüttungen oder die *Maximierung der Ausschüttungen* bei gegebenem Endwert *(H. Hax, U. Blumentrath)*. Denkbar sind ferner Modellerweiterungen auf *Risiko- und Unsicherheitssituationen.*

δ) Optimale Prozeßstrukturierung

αα) Grundfragen der Reihenfolgeplanung

Im Rahmen der Fertigungssteuerung ist die Maschinenbelegung ein zentrales Problem. Die *Maschinenbelegung* hat eine Antwort darauf zu geben, wann welcher Auftrag (Produkt) auf welchem Aggregat (Maschine, Maschinengruppe) erledigt werden soll. Während dieses Problem unter dem Betriebsmittelaspekt als *Maschinenbelegung* betrachtet wird, ist es unter dem Produktaspekt als *Bearbeitungsreihenfolge* anzusehen. Ihrer Art nach gehören beide Problemaspekte zur industriebetrieblichen Prozeßstrukturierung (Ablauforganisation). Dort können sie einer guten oder optimalen Lösung zugeführt werden, wenn ein (bzw. mehrere) Strukturierungsziel(e) und die auftretenden Situationsbedingungen (knappe Kapazitäten, zugesagte Liefertermine, u. a.) bekannt sind, d. h., wenn die Problemstellung durch ein Entscheidungsmodell abgebildet werden kann. Je strenger die Situationsbedingungen formuliert werden (müssen), um so schwieriger ist es, eine gute oder optimale Problemlösung zu finden. Der zu wählende Modelltyp hängt weitgehend vom Fertigungsprogrammtyp und von der Organisationsform der Fertigung ab. Gegenwärtig ist jedoch noch kein Modell bekannt, das es ermöglicht, die optimale Lösung größerer Reihenfolgeprobleme mit einem vertretbaren Rechenaufwand zu bestimmen. Meist begnügt man sich mit einfachen *Näherungslösungen.*

An *Rechnungsmethoden* zur Lösung von Reihenfolgeproblemen lassen sich unterscheiden *(H. Müller-Merbach):*

A. Exakte Verfahren (Optimierungsrechnungen)
   1. Ganzzahlige Planungsrechnungen
   2. Vollenumerationen
   3. Entscheidungsbaumverfahren
      a) Dynamische Planungsrechnung
      b) Branching and Bounding
      c) Begrenzte Enumerationen

B. Näherungsverfahren (Heuristische Rechnungen)
   1. Eröffnungsverfahren
   2. Suboptimierende Iterationen

Mit Hilfe der *exakten Verfahren* läßt sich aus der gewöhnlich sehr großen Zahl von Alternativen stets eine (oder mehrere) als optimal bestimmen. Die meisten Reihenfolgeprobleme lassen sich als *ganzzahlige (lineare oder nicht-lineare) Planungsrechnungen* formulieren, jedoch können nur relativ kleine Fragestellungen auf diesem Wege in einer vertretbaren Rechenzeit gelöst werden. Ein anderes, sehr einfaches Optimierungsverfahren ist die *Vollenumeration.* Es besteht darin, daß für alle realisierbaren Alternativen die Konsequenzen berechnet werden und die optimale Alternative ausgewählt wird. Wie die ganzzahligen Planungsrechnungen, so kann auch die Vollenumeration nur für relativ kleine Problemstellungen mit wenigen Alternativen herangezogen werden, da sonst der anfallende Rechenaufwand alle vertretbaren Grenzen sprengt. Die *Entscheidungsbaumverfahren* kommen von ihrer Struktur her dem Umstand entgegen, daß man bei der Bildung von alternativen Reihenfolgen häufig bereits in der Entwicklung erkennen kann, ob sie überhaupt optimal sein können. Solche Reihenfolgen, die nicht optimal sein können, werden frühzeitig aus dem Rechengang eliminiert. Nach ihrer Konzeption sind die Entscheidungsbaumverfahren systematische, verkürzte Enumerationsverfahren.

Aber auch die Entscheidungsbaumverfahren führen bei praktischen Problemstellungen sehr schnell zu überaus hohem Rechenaufwand. Der Praktiker ist daher in den meisten Fällen der Reihenfolgegestaltung gezwungen, sich mit *Näherungsverfahren* zu begnügen. Diese heißen auch *heuristische Rechnungen* (Verfahren). Ihr Nachteil liegt darin, daß sie nicht mit Sicherheit zur optimalen Lösung führen. Häufig gelangen sie nicht einmal in die Nähe des Optimums. In vielen Fällen sind sie aber ein geeignetes Instrument zum Auffinden *verbesserter* Lösungen. Um über ihre Brauchbarkeit einen Anhalt zu gewinnen, sind sie vor ihrem Einsatz durch Simulation zu testen. Mit einem *Eröffnungsverfahren* versucht man, eine erste Lösung direkt zu bestimmen, d. h., ohne auf bereits vorher entwickelte Lösungen zurückzugreifen. Eine *suboptimierende Iteration* baut auf einer derart gefundenen ersten Lösung auf und trachtet danach, diese durch eine Reihe aufeinanderfolgender Rechenschritte zu verbessern. Eine Gewähr zum Erreichen einer optimalen Lösung ist auch bei ihnen nicht gegeben. Sowohl für die Eröffnungsverfahren als auch für die suboptimierenden Iterationsverfahren gibt es mehrere *Kombinationsformen* ihres Zusammenwirkens.

Die Bestimmung guter oder optimaler Reihenfolgen kann sich in der industriebetrieblichen Fertigung an *einem* oder an *mehreren Zielvorstellungen* orientieren. An einzelnen Zielvorstellungen, die gewählt werden können, sind beispielhaft zu nennen:

1. Minimierung der Gesamtlagerzeiten (oder -kosten) aller Produkte
2. Minimierung der Gesamtvorbereitungszeiten (oder -kosten) aller Aggregate
3. Minimierung der Terminüberschreitungen (oder -kosten) aller Produkte
4. Minimierung der Gesamtdurchlaufzeiten (oder -kosten) aller Produkte
5. Minimierung der Brach- bzw. Ruhezeiten (oder -kosten) aller Betriebsmittel (Aggregate) bzw. Arbeitssubjekte.

Diese Zielvorstellungen sind keineswegs alle indifferent oder verträglich, sondern sie können in verschiedenem Umfange konfliktär zueinander stehen. Bei zwei in Konflikt liegenden Zielvorstellungen steht der Praktiker vor einem *Entscheidungsdilemma,* das es zu lösen gilt. Ein solches Dilemma stellt z. B. die Konkurrenz zwischen den Zielvorstellungen „Minimierung der Gesamtdurchlaufzeiten der Produkte“ und „Minimierung der Gesamtbrachzeiten der Aggregate“ dar. *E. Gutenberg* spricht in diesem Zusammenhang von dem „Dilemma der Ablaufplanung“. Abgesehen davon, daß auch zwischen zwei anderen Zielvorstellungen eine Konkurrenzsituation auftreten kann, verliert das genannte Dilemma dann an Bedeutung, wenn der Planungshorizont für die Maschinenbelegung ausgedehnt wird, d. h., wenn der Auftragsbestand relativ hoch ist *(H. Müller-Merbach).* Außerdem ist mit Hilfe von Simulationsuntersuchungen gezeigt worden *(K. Hoss),* daß bei Bevorzugung des Produkts mit der jeweils kürzesten Gangzeit *(Kürzeste-Operationszeit-Regel; KOZ-Regel)* das erwähnte Dilemma sehr gut gelöst wird. Bei Konkurrenz von mehr als zwei Zielvorstellungen können kurzfristig *Polylemmata* sehr schwieriger Art auftreten.

ββ) Minimierung der Terminüberschreitungen

Die Grundproblematik der Bestimmung optimaler Reihenfolgen kann anschaulich am Beispiel der *Minimierung von Terminüberschreitungen* in einer Endmontage gezeigt werden *(M. Schweitzer).* Zur Anwendung gelangt ein Sonderverfahren der ganzzahligen Planungsrechnung, das sog. *Handlungsreisendenmodell,* mit dessen Hilfe kleinere Reihenfolgeprobleme gelöst werden können. In einer Endmontagestelle j seien i Produkte zu montieren. Gesucht wird diejenige Reihenfolge der Montage, welche die Summe der Terminüberschreitungen aller i Produkte minimiert.

Symbolisierung:

t_p = Planungszeitraum

g_{ij} = Montagezeit für Produkt i in Montagestelle j

g_{oj} = fiktives Nullelement

$t_{ij}^{(e)}$ = Anlieferungszeitpunkt für Produkt i in Montagestelle j

$t_{ij}^{(f)}$ bzw. $t_{kj}^{(f)}$ = geplanter Ablieferungszeitpunkt für Produkt i bzw. k in Montagestelle j

$t_{ij}^{(r)}$ = realisierter Ablieferungszeitpunkt für Produkt i in Montagestelle j

$t_{ikt}^{(r)}$ = realisierter Ablieferungszeitpunkt des k-ten Produkts, wenn dieses nach dem Produkt i bearbeitet und der Bearbeitungsbeginn (für k) nach t gelegt wird.

Unter den vereinfachenden Bedingungen, daß

$$\sum_i g_{ij} = t_p \qquad \text{und}$$

$$t_{ij}^{(e)} + g_{ij} \leqq t_{ij}^{(f)} \text{ ist,}$$

wird als Maß der Terminüberschreitungen ein Element τ_{ikt} derart definiert, daß es die Termin*über*schreitung des k-ten Produkts ausdrückt, wenn dieses nach dem Produkt i bearbeitet und der Bearbeitungsbeginn (für k) nach t gelegt wird. Termin*unter*schreitungen sollen den Wert 0 erhalten, daher gilt:

$$\tau_{ikt} = \begin{cases} t_{ikt}^{(r)} - t_{kj}^{(f)} & \text{für } t_{ikt}^{(r)} > t_{kj}^{(f)} \\ 0 & \text{für } t_{ikt}^{(r)} \leqq t_{kj}^{(f)} \end{cases}$$

Die Ordnung aller Elemente τ_{ikt} führt zu einem Tensor T, für welchen unter Verwendung von Binärvariablen x_{ikt} ($0 \leqq x_{ikt} \leqq 1$; ganzzahlig) diejenige Reihenfolge der Produktmontage zu bestimmen ist, welche die Summe der Terminüberschreitungen aller i Produkte minimiert. Das zugehörige *Reihenfolgemodell* lautet:

Nebenbedingungen:

$$\sum_k \sum_t x_{ikt} = 1 \text{ für alle i}$$

$$\sum_i \sum_t x_{ikt} = 1 \text{ für alle k}$$

$$\sum_i \sum_k x_{ikt} = 1 \text{ für realisierbare t}$$

$$\sum_i x_{ikt} = \sum_l x_{kl(t+g_{kj})} \qquad \text{für alle k und realisierbare t}$$

Zielvorstellung:

$$\sum_i \sum_k \sum_t \tau_{ikt} \cdot x_{ikt} = \text{Min!}$$

Die optimale Lösung dieses Problems wird durch einen Vektor $\mathfrak{x}$ dargestellt, dessen Elemente x_{ikt} in der Anordnung der Indizes i und k die günstigste Permutation (Montagereihenfolge) der i Produkte angeben.

$\gamma\gamma$) Maschinenbelegungsplanung mit Prioritätsregeln

Unter einer *Prioritätsregel* versteht man eine Handlungsvorschrift, die angibt, in welcher Reihenfolge an einem Aggregat (Stelle, Abteilung, Bereich) die angelieferten Produkte bearbeitet werden sollen, damit einem gewählten Entscheidungsziel bestens bzw. befriedigend genügt wird. Die *Prioritätsregelverfahren* stellen dezentral anwendbare Eröffnungsverfahren dar und gehören damit in die Klasse der Näherungsverfahren zur Lösung von Reihenfolgeproblemen.

Ein von *K. Hoss* beschriebenes Eröffnungsverfahren baut auf einem *Warteschlangenmodell* auf, das eine Werkstatt bzw. einen Fertigungsbereich durch ein Netz einzelner Warteschlangen abbildet. Getestet werden vier Prioritätsregeln auf ihre Eignung, verschiedenen Zielvorstellungen zu genügen. Folgende *Prioritätsregeln* werden in die *digitale Simulation* aufgenommen:

a) *Kürzeste Operationszeitregel (KOZ-Regel)*
(jeweils das Produkt mit der kürzesten Gangzeit ist als nächstes zu bearbeiten)

b) *Fertigungsrestzeitregel*
(jeweils das Produkt mit der kürzesten Fertigungsrestzeit ist als nächstes zu bearbeiten)

c) *Dynamische Wertregel*
(jeweils das Produkt mit dem höchsten Produktwert [Herstellwert; Kapitalbindung] ist als nächstes zu bearbeiten)

d) *Schlupfzeitregel*
(jeweils das Produkt mit dem geringsten Wert der Diffe-

renz von neu errechnetem Fertigstellungstermin und geplantem Liefertermin ist als nächstes zu bearbeiten).

An *Zielvorstellungen* werden in dieses Experiment aufgenommen:

1. *Maximale Kapazitätsausnutzung*
2. *Minimale Gesamtdurchlaufzeiten*
3. *Minimale Kosten organisatorischer Lager (Zwischenlagerungskosten)*
4. *Minimale Terminabweichungen.*

Als Ergebnis der beschriebenen Untersuchung ergeben sich die in Abbildung 51 tabellarisch zusammengestellten Regel/Ziel-Effizienzen:

Prioritätsregel / Zielvorstellung	(a) Kürzeste Operationszeitregel	(b) Fertigungsrestzeitregel	(c) Dynamische Wertregel	(d) Schlupfzeitregel
(1) Maximale Kapazitätsausnutzung	sehr gut (ca. 84-99%)	gut (ca. 80-95%)	mäßig (ca. 79-92%)	gut (ca. 80-94%)
(2) Minimale Gesamtdurchlaufzeit	sehr gut	gut	mäßig	mäßig
(3) Minimale Kosten organisatorischer Lager	gut	mäßig	sehr gut	mäßig
(4) Minimale Terminabweichungen	schlecht	mäßig	mäßig	sehr gut

Abb. 51 Zieleffizienzen von Prioritätsregeln

Die getesteten Prioritätsregeln können isoliert oder kombiniert zur Anwendung gelangen. Will man alle vier genannten Zielvorstellungen sehr gut erfüllen, ist eine *Prioritätsregelkombination* unumgänglich. Eventuelle Zielkonflikte werden dann durch *Sequenz* gelöst, die darin besteht, daß kombinierte Prioritätsregeln für abgegrenzte Geltungsbereiche einen zielorientierten Wechsel von isolierten Prioritätsregeln implizieren. So kann die Zielkombination (1, 2) durch Regel (a) sehr gut oder durch

Regel (b) gut erfüllt werden. Eine Kombination der Zielvorstellungen (1, 2, 3) kann isoliert durch Regel (a) oder durch eine Regelkombination (a, c) sehr gut gelöst werden. Für eine Zielkombination (1, 2, 3, 4) wäre eine Kombination der Regeln (a, d) bzw. (a, c, d) erforderlich.

Die in Abbildung 51 zusammengestellten Zieleffizienzen von Prioritätsregeln sind nicht allgemeingültig. In der Praxis des industriebetrieblichen Wirtschaftens müssen die jeweils zur Anwendung kommenden Prioritätsregeln unter den betriebsindividuellen Gegebenheiten neu untersucht werden. Welche Regel bzw. Regelkombination die günstigste ist, hängt sowohl von der gewählten Zielkombination als auch von organisations- und fertigungstechnischen Besonderheiten der einzelnen Unternehmungen ab.

III. Literaturhinweise zum Abschnitt D (Phasen der industriebetrieblichen Produktion)

Literaturhinweise zum Abschnitt D I

Boje, Axel: Moderne Einkaufs-Organisation. München 1967.

Brunnberg, Josef: Optimale Lagerhaltung bei ungenauen Daten. Wiesbaden 1970.

Chmielewicz, Klaus: Mehrperiodenplanung von industriellen Erzeugnis- und Teilerzeugnis-Programmen mit Hilfe des Matrizenkalküls. In: Zeitschrift für betriebswirtschaftliche Forschung (22) 1970, S. 285–301.

Degelmann, Alfred: Einkaufsleiter-Handbuch. München 1965.

Elsner, Horst-Dieter: Produktions- und Lagerplanung in Saisonunternehmungen. In: Zeitschrift für Betriebswirtschaft (39) 1969, S. 163–186.

Fäßler, Klaus, und *Peter Uwe Kupsch:* Beschaffungs- und Lagerwirtschaft. In: Industriebetriebslehre. Hrsg. von Edmund Heinen. Wiesbaden 1972, S. 197–244.

Geyer, Thomas: Der Prozeß der Bedarfsgestaltung in industriellen Unternehmungen. Berlin 1970.

Goebel, Gerhard, und *Werner Kleinsteuber:* Rabatte und optimale Losgröße bei der Beschaffung. In: Zeitschrift für Betriebswirtschaft (36) 1966, S. 578–591.

Göldner, Jürgen: Aufbauorganisation der industriellen Lagerwirtschaft. Berlin 1960.

–: Ablauforganisation der industriellen Lagerwirtschaft. Berlin 1964.

Gomory, Ralph E.: An Algorithm for Integer Solutions to Linear Programs. In: Recent Advances in Mathematical Programming. Hrsg. von R. L. Graves und Ph. Wolfe. New York, San Francisco, Toronto, London 1963, S. 269–302.

Grochla, Erwin: Materialwirtschaft, Organisation der. In: Handwörterbuch der Organisation. Hrsg. von Erwin Grochla. Stuttgart 1969, Sp. 975–985.

–: Grundlagen der Materialwirtschaft. Das materialwirtschaftliche Optimum im Betrieb. 2. Aufl., Wiesbaden 1973.

Hanssmann, Fred: Operations Research in Production and Inventory Control. New York, London 1962.

Harris, Ford: Operations and Cost. In: Factory Management Series. Chicago 1915, S. 48–52.

Henzel, Friedrich: Lagerwirtschaft. Essen 1950.

Hochstädter, Dieter: Stochastische Lagerhaltungsmodelle. Berlin, Heidelberg, New York 1969.

Hüttemann, Hans: Modelle der dynamischen Programmierung zur Bestimmung optimaler Beschaffungsmengen. Göttingen 1971.

Kalveram, Wilhelm: Industriebetriebslehre. 8. Aufl., Wiesbaden 1972.

Klingst, Anna: Optimale Lagerhaltung. Würzburg, Wien 1971.

König, Dénes: Theorie der endlichen und unendlichen Graphen. Leipzig 1936.

Kosiol, Erich: Einkaufsplanung und Produktionsumfang. Erhebungen und Studien zur Einkaufspolitik industrieller Unternehmungen. Berlin 1956.

–: Die Ermittlung der optimalen Bestellmenge. In: Zeitschrift für Betriebswirtschaft (28) 1958, S. 287–299.

–: Untersuchungen zur Aufbauorganisation der Arbeitsvorbereitung und des Einkaufs industrieller Unternehmungen. Berlin 1960.

Kottke, Erhard: Die optimale Beschaffungsmenge. Berlin 1966.

Krekó, Béla: Lehrbuch der linearen Optimierung. 4. Aufl., Berlin 1969.

Krelle, Wilhelm, und *Hans-Paul Künzi:* Lineare Programmierung. Zürich 1958.

Kroeber-Riel, Werner: Beschaffung und Lagerung. Betriebswirtschaftliche Grundfragen der Materialwirtschaft. Wiesbaden 1966.

Leitfaden für die Kooperation in der Beschaffung: Hrsg. vom Bundesverband der Deutschen Industrie und Rationalisierungskuratorium der Deutschen Wirtschaft. Stuttgart 1969.

Magee, John F.: Industrial Logistics – Analysis and Management of Physical Supply and Distribution Systems. New York, San Francisco, London, Sydney 1968.

Mellerowicz, Konrad: Betriebswirtschaftslehre der Industrie. Bd. II, 6. Aufl., Freiburg i. Br. 1968.

Müller-Merbach, Heiner: Die Berechnung des Nettoteilebedarfs aus dem Gozinto-Graph. In: Ablauf- und Planungsforschung (5) 1964, S. 191–198.

–: Die Anwendung des Gozinto-Graphs zur Berechnung des Roh- und Zwischenproduktbedarfs in chemischen Betrieben. In: Ablauf- und Planungsforschung (7) 1966, S. 187–198.

–: Operations Research. Methoden und Modelle der Optimalplanung. Berlin, Frankfurt a. M. 1969.

Munz, Max: Beschaffung und Beschaffungsplanung im Industriebetrieb. Wiesbaden 1959.

Pack, Ludwig: Optimale Bestellmenge und optimale Losgröße. Zu einigen Problemen ihrer Ermittlung. Sonderdruck der Zeitschrift für Betriebswirtschaft. Wiesbaden 1964.

–: Modelle der Beschaffung und Lagerhaltung. In: Handwörterbuch des Rechnungswesens. Hrsg. von Erich Kosiol. Stuttgart 1970, Sp. 1129–1145.

Piehler, Joachim: Einführung in die lineare Optimierung. Zürich, Frankfurt a. M. 1964.

Popp, Werner: Einführung in die Theorie der Lagerhaltung. Berlin, Heidelberg, New York 1968.

Reddewig, Georg, und *Hans-Achim Dubberke:* Einkaufsorganisation und Einkaufsplanung. Wiesbaden 1959.

Schweitzer, Marcell: Lineare Planungsmodelle. In: Handwörterbuch des Rechnungswesens. Hrsg. von Erich Kosiol. Stuttgart 1970, Sp. 1369–1391.

Stefanic-Allmayer, Karl: Die günstigste Bestellmenge beim Einkauf. In: Sparwirtschaft. Zeitschrift für wirtschaftlichen Betrieb (5) 1927, S. 504–508.

Theisen, Paul: Grundzüge einer Theorie der Beschaffungspolitik. Berlin 1970.

Trux, Walter R.: Einkauf und Lagerdisposition mit Datenverarbeitung. München 1968.

Vazsonyi, Andrew: Die Planungsrechnung in Wirtschaft und Industrie. Wien, München 1962.

Wedekind, Hartmut: Lagerplanung. In: Handwörterbuch des Rechnungswesens. Hrsg. von Erich Kosiol. Stuttgart 1970, Sp. 1005 bis 1010.

Weinhold-Stünzi, Heinz: Beschaffungsplanung. In: Handwörterbuch des Rechnungswesens. Hrsg. von Erich Kosiol. Stuttgart 1970, Sp. 146–152.

Zimmermann, Hans-Jürgen, und *Johannes Zielinski:* Lineare Programmierung. Ein programmiertes Lehrbuch für Studierende des Faches Operations Research. Berlin, New York 1971.

Literaturhinweise zum Abschnitt D II

Abromeit, Günter: Produktgestaltung. In: Betriebswirtschaftslehre und Wirtschaftspraxis. Festschrift für Konrad Mellerowicz. Hrsg. von H. Schwarz und K. H. Berger. Berlin 1961, S. 13–31.

Adam, Dietrich: Simultane Ablauf- und Programmplanung bei Sortenfertigung mit ganzzahliger linearer Programmierung. In: Zeitschrift für Betriebswirtschaft (33) 1963, S. 233–245.

–: Produktionsplanung bei Sortenfertigung. Ein Beitrag zur Theorie der Mehrproduktunternehmung. Wiesbaden 1969.

Adamowsky, Siegmar: Fließprinzip. In: Handwörterbuch der Organisation. Hrsg. von Erwin Grochla. Stuttgart 1969, Sp. 543–549.

Akers, Sheldon B. Jr., und *Joyce Friedman:* A Non-Numerical Approach to Production Scheduling Problems. In: Operations Research (3) 1955, S. 429–442.

Albach, Horst: Wirtschaftlichkeitsrechnung bei unsicheren Erwartungen. Köln, Opladen 1959.

–: Investition und Liquidität. Wiesbaden 1962.

–: Maschinenbelegungspläne bei Einzelfertigung. In: Jahrbuch 1965. Hrsg. vom Landesamt für Forschung des Landes Nordrhein-Westfalen. Köln, Opladen 1965, S. 12–48.

Altrogge, Günter: Optimale Maschinenbelastung in Abhängigkeit von der Beschäftigung. Wiesbaden 1971.

Anderegg, Jürgen: Das Losgrößenproblem im Rahmen der kurzfristigen Programmplanung. In: Zeitschrift für betriebswirtschaftliche Forschung (22) 1970, S. 108–127.

Andler, Kurt: Rationalisierung der Fabrikation und optimale Losgröße. München 1929.

Angermann, Adolf: Entscheidungsmodelle. Frankfurt a. M. 1963.

Arbeitsvorbereitung, Funktionen, Anforderungen, Ausbildungswege: Hrsg. vom Ausschuß für wirtschaftliche Fertigung e. V. Berlin 1963.

Arnold, Hans, Hans Borchert, Alfred Lange, und *Johannes Schmidt:* Der Produktionsprozeß im Industriebetrieb. 3. Aufl., Berlin 1971.

Arrow, Kenneth J., Samuel Karlin, und *Herbert Sharf:* Studies in the Mathematical Theory of Inventory and Production. Stanford 1965.

Battersby, A.: Network Analysis for Planning and Scheduling. 2nd. ed., London 1967.

Benkard, Georg: Patentgesetz. Gebrauchsmustergesetz. Patentanwaltsgesetz. Mit den ergänzenden Vorschriften. Bearb. von Hans Bock, Otto Löscher und Werner Ballhaus. 4. Aufl., München, Berlin 1963.

Berger, Karl-Heinz: Organisationstypen der Produktion. In: Industrielle Produktion. Hrsg. von Klaus Agthe, Hans Blohm und Erich Schnaufer. Baden-Baden, Bad Homburg vor der Höhe 1967, S. 177–188.

Berthold, K.: Forschung und Entwicklung in der Deutschen Großindustrie. Eine empirische Untersuchung der Forschungs- und Entwicklungstätigkeit der größten Industrieunternehmen der Bundesrepublik Deutschland unter besonderer Berücksichtigung der Grundlagenforschung. Diss. Mannheim 1968.

Beste, Theodor: Fertigungsverfahren. In: Handwörterbuch der Betriebswirtschaft. Hrsg. von Hans Seischab und Karl Schwantag. Bd. I, 3. Aufl., Stuttgart 1956, Sp. 1764–1774.

Beste, Theodor, und *Albert Kohlitz:* Grundlagen der Typenbeschränkung und Normung. Dortmund o. J.

Bichler, Klaus: Verbesserung der betrieblichen Produktionsplanung durch Lineare Programmierung. Hamburg, Berlin 1970.

Blake, Stewart P.: Forschung, Entwicklung und Management. München, Wien 1969.

Bloech, Jürgen: Zum Problem der nachträglichen Änderung industrieller Produktionsprogramme. In: Zeitschrift für Betriebswirtschaft (36) 1966, S. 186–197.

Blumentrath, Ulrich: Investitions- und Finanzplanung mit dem Ziel der Endwertmaximierung. Wiesbaden 1969.

Böhm, Hans-Hermann: Die Planung des Produktionsprogramms. In: Unternehmensplanung. Hrsg. von Klaus Agthe und Erich Schnaufer. Baden-Baden 1963, S. 191–234.

Bohr, Kurt: Zur Produktionstheorie der Mehrproduktunternehmung. Traditionelle Theorie und lineare sowie nichtlineare Programmierung. Köln, Opladen 1967.

Bowman, Edward H.: The Schedule-Sequencing Problem. In: Operations Research (7) 1959, S. 621–624.

Brandenberger, J., und *R. Konrad:* Netzplantechnik. Eine Einführung. Zürich 1965.

Brankamp, Klaus: Ein Terminplanungssystem für Unternehmer der Einzel- und Serienfertigung. Würzburg, Wien 1968.

Brockhoff, Klaus: Forschungsplanung im Unternehmen. Wiesbaden 1969.

Chmielewicz, Klaus: Grundlagen der industriellen Produktgestaltung. Berlin 1968.

–: Integrierte Finanz- und Erfolgsplanung. Versuch einer dynamischen Mehrperiodenplanung. Stuttgart 1972.

Chorafas, Dimitris N.: Die Aufgaben der Forschung in der modernen Unternehmung. Aufgabenstellung und Arbeitsweise von Forscherteams. München, Wien 1963.

Churchman, C. West, Russell L. Ackoff und *E. Leonard Arnoff:* Operations Research. Eine Einführung in die Unternehmensforschung. 4. Aufl., Wien, München 1968.

CLASS. IBM Modularprogramm für die Kapazitätsterminierung. Einführungsschrift: IBM Form 80 713-0.

Conway, R. W., und *W. L. Maxwell:* A Queuing Model with State Dependent Service Rate. In: Journal of Industrial Engineering (12) 1961, S. 132–136.

Dellmann, Klaus: Die Bestimmung optimaler Bedienungssysteme bei Mehrstellenarbeit. Köln, Berlin, Bonn, München 1971.

Der Computer im Dienste der Unternehmungsführung: Hrsg. von Walther Busse von Colbe und Richard Mattessich. Bielefeld 1968.

Dichtl, Erwin: Die „Critical Path Method" – ein dynamisches Planungs- und Kontrollinstrument. In: Zeitschrift für betriebswirtschaftliche Forschung (18) 1966, S. 477–486.

–: Die Beurteilung der Erfolgsträchtigkeit eines Produktes als Grundlage der Gestaltung des Produktionsprogramms. Berlin 1970.

Dickhut, E. O.: Zur Problematik der optimalen Fertigungsablaufplanung in der Einzel- und Kleinserienfertigung. Diss. Aachen 1966.

Dinkelbach, Werner: Zum Problem der Produktionsplanung in Ein- und Mehrproduktunternehmen. Würzburg, Wien 1964.

–: Sensitivitätsanalysen und parametrische Programmierung. Berlin, Heidelberg, New York 1969.

Dinkelbach, Werner, und *Hermann Sabel:* Das Programm von Zusatzaufträgen als Anwendungsmöglichkeit einer gemischt linear-quadratischen Programmierung. In: Zeitschrift für Betriebswirtschaft (36) 1966, S. 111–124.

Dworatschek, Sebastian: Management-Informations-Systeme. Berlin, New York 1971.

Einführung in die Methode Branch and Bound. Hrsg. von F. Weinberg. Berlin, Heidelberg, New York 1968.

Ellinger, Theodor: Ablaufplanung. Grundfragen der Planung des zeitlichen Ablaufs der Fertigung im Rahmen der industriellen Produktionsplanung. Stuttgart 1959.

–: Die Entwicklung neuer Produkte. Ihre Planung und Verwirklichung. Düsseldorf 1960.

–: Industrielle Einzelfertigung und Vorbereitungsgrad. In: Zeitschrift für handelswissenschaftliche Forschung N. F. (15) 1963, S. 481 bis 498.

–: Die Informationsfunktion des Produktes. In: Produktionstheorie und Produktionsplanung. Festschrift für Karl Hax. Hrsg. von Adolf Moxter, Dieter Schneider und Waldemar Wittmann. Köln, Opladen 1966, S. 253–336.

–: Durchlaufzeit. In: Handwörterbuch der Organisation. Hrsg. von Erwin Grochla. Stuttgart 1969, Sp. 459–466.

Ellinger, Theodor, Horst Dieter Elsner, Egbert Eymann, Mustafa Muscati, Siegfried Schaible und *Hans-Georg Sprotte:* Modelle im Herstellungsbereich. In: Handwörterbuch des Rechnungswesens. Hrsg. von Erich Kosiol. Stuttgart 1970, Sp. 1179–1207.

Fäßler, Klaus, und *Ralf Reichwald:* Fertigungswirtschaft. In: Industriebetriebslehre. Hrsg. von Edmund Heinen. Wiesbaden 1972, S. 245–344.

Falkenhausen, Hasso von: Arbeitsverteilung mit Vorrangregeln. In: Fertigungsorganisation im Wandel. VDI-Bericht Nr. 101. Düsseldorf 1966, S. 97–103.

–: Prinzipien und Rechenverfahren der Netzplantechnik. 2. Aufl., Kiel 1968.

–: Netzplantechnik. In: Handwörterbuch der Organisation. Hrsg. von Erwin Grochla. Stuttgart 1969, Sp. 1025–1039.

Fehr, Edgar: Produktionsplanung und -steuerung mit elektronischer Datenverarbeitung. Theoretische Konzeption und ihre praktische Realisierbarkeit. Bern, Stuttgart 1968.

Ferner, Walter: Modelle zur Programmplanung im Absatzbereich industrieller Betriebe. Köln, Berlin, Bonn, München 1966.

Fischer, Friedrich B.: Grundzüge des Gewerblichen Rechtsschutzes. Köln, Berlin, Bonn, München 1971.

Förstner, Karl, und *Rudolf Henn:* Dynamische Produktionstheorie und lineare Programmierung. 2. Aufl., Meisenheim a. Gl. 1970.

Frank, Otto: Normung und Typung. In: Handwörterbuch der Betriebswirtschaft. Hrsg. von Hans Seischab und Karl Schwantag. Bd. III, 3. Aufl., Stuttgart 1960, Sp. 4112–4118.

Frenckner, T. P.: Bestimmung des Produktionsprogramms als Anwendungsbeispiel der Linearplanung. In: Zeitschrift für handelswissenschaftliche Forschung N. F. (10) 1958, S. 565–594.

Friedewald, H. J.: Normung. In: Industrielle Produktion. Hrsg. von Klaus Agthe, Hans Blohm und Erich Schnaufer. Baden-Baden, Bad Homburg vor der Höhe 1967, S. 515–532.

Freudenmann, Helmut: Planung neuer Produkte. Stuttgart 1965.

Fromm, Heinrich: Arbeitsvorbereitung. Produktionsplanung. Fertigungssteuerung. 2. Aufl., München 1970.

Gericke, R.: Ökonomisch begründete Entscheidung in der Industrieforschung. Berlin 1968.

Giffler, B., und *G. L. Thompson:* Algorithms for Solving Production-Scheduling Problems. In: Operations Research (8) 1960, S. 487 bis 503.

Grosche, Klemens: Das Produktionsprogramm, seine Änderungen und Ergänzungen. Berlin 1967.

Günther, Horst: Das Dilemma der Arbeitsablaufplanung. Zielverträglichkeiten bei der zeitlichen Strukturierung. Berlin 1971.

Guhl, Detlef: Ein integriertes Auftragsbearbeitungssystem im Funktionsbereich der Konstruktion. Diss. Karlsruhe 1972.

Gutenberg, Erich: Sortenproblem und Losgröße. In: Handwörterbuch der Betriebswirtschaft. Hrsg. von Hans Seischab und Karl Schwantag. Bd. III, 3. Aufl., Stuttgart 1960, Sp. 4897–4906.

–: Anmerkungen zur Frage der Gestaltung industrieller Produktionsprogramme. In: Zeitschrift für Betriebswirtschaft (34) 1964, S. 667–675.

–: Grundlagen der Betriebswirtschaftslehre. Bd. 1, Die Produktion. 18. Aufl., Berlin, Heidelberg, New York 1971. Bd. 2, Der Absatz. 11. Aufl., Berlin, Heidelberg, New York 1968. Bd. 3, Die Finanzen. 4. Aufl., Berlin, Heidelberg, New York 1970.

Haehling von Lanzenauer, Christoph: Optimale Lagerhaltung bei mehrstufigen Produktionsprozessen. In: Unternehmensforschung (11) 1967, S. 33–48.

Hahn, R., W. Kunerth und *K. Roschmann:* Fertigungssteuerung mit elektronischer Datenverarbeitung. 2. Aufl., Berlin, Köln, Frankfurt a. M. 1970.

Hammer, Helmut: Integrierte Produktionssteuerung mit Modularprogrammen. Erfahrungen – Probleme – Möglichkeiten. Zusammenfassende Darstellung eines integrierten Organisationssystems. Wiesbaden 1970.

Handbuch der Arbeitsvorbereitung: Hrsg. vom Ausschuß für wirtschaftliche Fertigung – AWF – e. V. und vom Verband für

Arbeitsstudien – REFA – e. V. Teil I: Arbeitsplanung. Teil II: Arbeitssteuerung. Berlin, Köln, Frankfurt a. M. 1968.

Handbuch der modernen Datenverarbeitung: Hrsg. von Hans Eduard Littmann. Stuttgart-Degerloch 1971.

Handbuch der Netzplantechnik: (Autorenkollektiv) Berlin 1970.

Harris, Ford: Operations and Cost. In: Factory Management Series. Chicago 1915, S. 48–52.

Hax, Herbert: Investitions- und Finanzplanung mit Hilfe der linearen Programmierung. In: Zeitschrift für betriebswirtschaftliche Forschung (16) 1964, S. 430–446.

–: Investitionstheorie. Würzburg, Wien 1970.

–: Modelle im Absatzbereich. In: Handwörterbuch des Rechnungswesens. Hrsg. von Erich Kosiol. Stuttgart 1970, Sp. 1168–1179.

Hennig, Karl Wilhelm: Betriebswirtschaftslehre der industriellen Erzeugung. 5. Aufl., Wiesbaden 1969.

Heuer, Helmut: Normenwesen (DDR). In: Handwörterbuch der Betriebswirtschaft. Hrsg. von Hans Seischab und Karl Schwantag. Bd. III, 3. Aufl., Stuttgart 1960, Sp. 4107–4112.

Hilton, Peter: Handbook of New Product Development. Englewood Cliffs/N. J. 1961.

Hoss, Klaus: Fertigungsablaufplanung mittels operationsanalytischer Methoden unter besonderer Berücksichtigung des Ablaufplanungsdilemmas in der Werkstattfertigung. Würzburg, Wien 1965.

Hütte: Taschenbuch für Betriebsingenieure (Betriebshütte). Hrsg. vom Akademischen Verein Hütte e. V. Bd. III, Fertigungsbetrieb. 6. Aufl., Berlin, München 1965.

Ijiri, Yuji: Management Goals and Accounting for Control. Amsterdam 1965.

Industrial Scheduling: Ed. by J. F. Muth und G. L. Thompson. Englewood Cliffs/N. J. 1963.

Industriebetriebslehre in programmierter Form: Hrsg. von H. Jacob. 3 Bde., Wiesbaden 1972.

Industrielle Produktion: Hrsg. von Klaus Agthe, Hans Blohm und Erich Schnaufer, Baden-Baden, Bad Homburg vor der Höhe 1967.

Jacob, Herbert: Neuere Entwicklungen in der Investitionsrechnung. Sonderdruck der Zeitschrift für Betriebswirtschaft. Wiesbaden 1964.

Johnson, S. M.: Optimal Two- and Three-Stage Production Schedules with Setup Times Included. In: Naval Research Logistics Quarterly (1) 1954, S. 61–68.

Kalveram, Wilhelm: Industriebetriebslehre. 8. Aufl., Wiesbaden 1972.

Kern, Werner: Operations Research. Eine Einführung in die Optimierungskunde. 3. Aufl., Stuttgart 1969.

–: Optimierungsverfahren in der Ablauforganisation. Essen 1967.

–: Industriebetriebslehre. Grundlagen einer Lehre von der Erzeugungswirtschaft. Stuttgart 1970.

Kernler, Helmut K.: Fertigungssteuerung mit EDV. Anwendungen in Produktion, Lager, Einkauf, Konstruktion und Arbeitsvorbereitung. Köln-Braunsfeld 1972.

Kilger, Wolfgang: Optimale Verfahrenswahl bei gegebenen Kapazitäten. In: Produktionstheorie und Produktionsplanung. Festschrift für Karl Hax. Hrsg. von Adolf Moxter, Dieter Schneider und Waldemar Wittmann. Köln, Opladen 1966, S. 155–194.

Knott, Carl: Normung als Rationalisierungsaufgabe. In: DIN-Mitteilungen (36) 1957, S. 519–524.

Kölbel, H., und *J. Schulze:* Die Organisation der Forschung und Entwicklung in Chemiebetrieben. In: Betriebswirtschaftliche Forschung und Praxis (19) 1967, S. 80–97 und 152–167.

Koreimann, Dieter S.: Methoden und Organisation von Management-Informations-Systemen. Berlin, New York 1971.

Kortzfleisch, Gert von: Betriebswirtschaftliche Arbeitsvorbereitung. Berlin 1962.

–: Arbeitsvorbereitung. In: Handwörterbuch der Organisation. Hrsg. von Erwin Grochla. Stuttgart 1969, Sp. 161–172.

Kosiol, Erich: Untersuchungen zur Aufbauorganisation der Arbeitsvorbereitung und des Einkaufs industrieller Unternehmungen. Berlin 1960.

Kuhn, Alfred: Losgrößenbestimmung unter Nebenbedingungen. In: Zeitschrift für Betriebswirtschaft (36) 1966, S. 247–259.

Kunze, Volker: Kapazitätsauslastung und Kapazitätsbedarfsplanung von ADV-Anlagen mit Hilfe der Netzplantechnik. In: Zeitschrift für Organisation (40) 1971, S. 67–72.

Lanzenberger, F.: Normungs-, Typisierungs- und Spezialisierungskartelle. Dortmund 1962.

Laux, Helmut: Flexible Investitionsplanung. Einführung in die Theorie der sequentiellen Entscheidungen bei Unsicherheit. Opladen 1971.

Levin, R., und *Ch. Kirkpatrick:* Planning and Control with PERT/CPM. New York, Toronto, London 1966.

Lindenmaier, Fritz: Lizenzen. In: Handwörterbuch der Betriebswirtschaft. Hrsg. von Hans Seischab und Karl Schwantag. Bd. III, 3. Aufl., Stuttgart 1960, Sp. 3815–3817.

–: Patent- und Gebrauchsmusterwesen. In: Handwörterbuch der Betriebswirtschaft. Hrsg. von Hans Seischab und Karl Schwantag. Bd. III, 3. Aufl., Stuttgart 1960, Sp. 4287–4294.

Lipka, Alois: Organisation der Datenverarbeitung für die Fertigung. Eine systematische Darstellung der Verfahren. München, Wien 1967.

Lücke, Wolfgang: Produktionsplanung. In: Handwörterbuch der Sozialwissenschaften. Bd. 8, Stuttgart, Tübingen, Göttingen 1964, S. 574–582.

Machlup, Fritz: Die wirtschaftlichen Grundlagen des Patentrechts. Weinheim/Bergstr. 1962.

–: Patentwesen. In: Handwörterbuch der Sozialwissenschaften. Bd. 8, Stuttgart, Tübingen, Göttingen 1964, S. 231–252.

Männel, Wolfgang: Die Wahl zwischen Eigenfertigung und Fremdbezug. Theoretische Grundlagen – Praktische Fälle. Herne, Berlin 1968.

Management-Informationssysteme. Eine Herausforderung an Forschung und Entwicklung. Hrsg. von Erwin Grochla und Norbert Szyperski. Wiesbaden 1971.

Manne, Alan S.: On the Job-Shop Scheduling Problem. In: Operations Research (8) 1960, S. 219–223.

Matthes, Winfried: Probleme der simultanen Optimierung von Leistungsprozessen in Unternehmungen. Berlin 1970.

Mellerowicz, Konrad: Forschungs- und Entwicklungstätigkeit als betriebswirtschaftliches Problem. Freiburg i. Br. 1958.

–: Betriebswirtschaftslehre der Industrie. Bd. II, 6. Aufl., Freiburg i. Br. 1968.

Mensch, Gerhard: Ablaufplanung. Köln, Opladen 1968.

–: Das Trilemma der Ablaufplanung. In: Zeitschrift für Betriebswirtschaft (42) 1972, S. 77–88.

Mertens, Peter: Netzwerktechnik als Instrument der Planung. In: Zeitschrift für Betriebswirtschaft (34) 1964, S. 382–407.

–: Industrielle Datenverarbeitung. Wiesbaden 1969.

Meyer, Manfred, und *Horst Steinmann:* Planungsmodelle für die Grundstoffindustrie. Betriebswirtschaftliche Anwendungen der Linearen Programmierung in Gewinnungsbetrieben. Würzburg, Wien 1971.

Meyhak, H.: Simultane Gesamtplanung im mehrstufigen Mehrproduktunternehmen. Ein Modell der dynamischen linearen Planungsrechnung. Wiesbaden 1970.

Miller, Robert W.: Schedule, Cost and Profit Control with Pert. New York, Toronto, London 1963.

Mitten, L. G.: Sequencing n Jobs on Two Machines with Arbitrary Time Lags. In: Management Science (5) 1959, S. 293–298.

Mitthof, Fritz: Numerisch gesteuerte Fertigung. Mainz 1969.

Moore, Franklin G., und *Otto Welti:* Produktionssteuerung – Produktionskontrolle. München 1967.

Müller, Eckhard: Simultane Lagerdisposition und Fertigungsablaufplanung bei mehrstufiger Mehrproduktfertigung. Berlin, New York 1972.

Müller, G.: Technologische Fertigungsvorbereitung. 3. Aufl., Berlin 1966.

Müller, Heinrich: Modularprogramme. In: Management-Enzyklopädie. Bd. 4, München 1971, S. 702–723.

Müller-Merbach, Heiner: Die Bestimmung optimaler Losgrößen bei Mehrproduktfertigung. Diss. Darmstadt 1962.

–: Optimale Losgrößen bei mehrstufiger Fertigung. In: Ablauf- und Planungsforschung (4) 1963, S. 264–274.

–: Fertigungssteuerung mit optimalen Losgrößen. In: Fertigungsorganisation im Wandel. VDI-Bericht Nr. 101. Düsseldorf 1966, S. 59–67.

–: Optimale Reihenfolgen. Berlin, Heidelberg, New York 1970.

Muscati, Mustafa: Die zeitliche Optimierung von Objektfolgen bei kontinuierlichen mehrstufigen Prozessen. In: Zeitschrift für betriebswirtschaftliche Forschung (19) 1967, S. 297–305.

Netzplantechnik – PPS – System: Ein Mittel zur Planung, Steuerung und Überwachung von Projekten. Hrsg. vom Bundesminister der Verteidigung. Köln, Frankfurt a. M. 1968.

Nieschlag, Robert, Erwin Dichtl und *Hans Hörschgen:* Marketing. Ein entscheidungstheoretischer Ansatz. 4. Aufl. der Einführung in die Lehre von der Absatzwirtschaft. Berlin 1971.

Nitsche, Joachim, A., und *Eberhard F. Liebel:* Optimale Produktionsprogramme. In: Unternehmensforschung (2) 1958, S. 70–84.

Nord, Ole C.: Growth of a New Product. Cambridge/Mass. 1963.

Operationsforschung in der sozialistischen Wirtschaft. Mit bewährten Modellen aus der Praxis: Berlin 1969.

Operations Research und Datenverarbeitung bei der Produktionsplanung: Hrsg. von Karl F. Bussmann und Peter Mertens. Stuttgart 1968.

Opitz, Herwart, Walter Eversheim und *Jürgen Schleppegrell:* Fertigungsautomatisierung. In: Handwörterbuch der Organisation. Hrsg. von Erwin Grochla. Stuttgart 1969, Sp. 516–521.

Opitz, Herwart, Walter Eversheim und *Klaus Brankamp:* Fertigungsorganisation. In: Handwörterbuch der Organisation. Hrsg. von Erwin Grochla. Stuttgart 1969, Sp. 521–535.

Opitz, Herwart, und *Jürgen Groebler:* Werkstattfertigung. In: Handwörterbuch der Organisation. Hrsg. von Erwin Grochla. Stuttgart 1969, Sp. 1775–1781.

Opitz, Herwart, Klaus Brankamp und *Wilfried Olbrich:* Arbeitsablaufplanung mit Hilfe elektronischer Datenverarbeitungsanlagen. Köln, Opladen 1970.

Optimale Investitionspolitik: Bd. 4 der Schriften zur Unternehmensführung. Hrsg. von H. Jacob. Wiesbaden 1968.

Orth, Ludwig: Die Eignung der Losgrößenformel als Instrument der Produktionsplanung. In: Zeitschrift für handelswissenschaftliche Forschung N. F. (13) 1961, S. 738–749.

Pack, Ludwig: Optimale Bestellmenge und optimale Losgröße. Zu einigen Problemen ihrer Ermittlung. Sonderdruck der Zeitschrift für Betriebswirtschaft. Wiesbaden 1964.

–: Optimale Produktionsplanung als Entscheidungsproblem. In: Zeitschrift für Betriebswirtschaft (40) 1970, S. 67–90.

Pack, Ludwig, und *Günter Altrogge:* Netzwerkmodelle. In: Handwörterbuch des Rechnungswesens. Hrsg. von Erich Kosiol. Stuttgart 1970, Sp. 1225–1236.

Pentzlin, Kurt: Standardisierung. In: Handwörterbuch der Sozialwissenschaften. Bd. 10, Stuttgart, Tübingen, Göttingen 1959, S. 16–21.

Peters, Lutz: Simultane Produktions-Investitionsplanung mit Hilfe der Portfolio-Selection. Berlin 1971.

Pfeiffer, Werner: Überlegungen zu einer allgemeinen Theorie der technischen Entwicklung. In: Zeitschrift für Betriebswirtschaft (37) 1967, S. 188–203.

Piehler, Joachim: Ein Beitrag zum Reihenfolgeproblem. In: Unternehmensforschung (4) 1960, S. 138–142.

Pilditch, James, und *Douglas Scott:* The Business of Product Design. London 1965.

Pristl, Ferdinand: Arbeitsvorbereitung. Teil 1: Betriebswirtschaftliche Vorüberlegungen, werkstoff- und fertigungstechnische Planungen. 4. Aufl., Berlin, Heidelberg, New York 1967. Teil 2: Der Mensch, seine Leistung und sein Lohn. Die technische und betriebswirtschaftliche Organisation. 4. Aufl., Berlin, Heidelberg, New York 1969.

Production and Inventory Control Handbook: Ed. by James H. Greene. New York u. a. 1970.

Rago, Louis J. von: Mathematische Modelle der Programmplanung. In: Industrielle Produktion. Hrsg. von Klaus Agthe, Hans Blohm und Erich Schnaufer. Baden-Baden, Bad Homburg vor der Höhe 1967, S. 117–129.

Riebel, Paul: Industrielle Erzeugungsverfahren in betriebswirtschaftlicher Sicht. Wiesbaden 1963.

Rosenkranz, Friedrich: Netzwerktechnik und wirtschaftliche Anwendung. Mit besonderer Berücksichtigung der Netzplantechnik. Meisenheim a. Gl. 1968.

Rühl, Günter: Entwicklung neuer Produkte bis zur Fertigungsreife. In: Industrielle Produktion. Hrsg. von Klaus Agthe, Hans Blohm und Erich Schnaufer. Baden-Baden, Bad Homburg vor der Höhe 1967, S. 149–162.

Rühli, Edwin: Optimale Sortimentsplanung mit linearer Programmierung. Zürich 1963.

Salveson, M. E.: On a Quantitative Method in Production Planning and Scheduling. In: Econometrica (20) 1952, S. 554–590.

Sasieni, Maurice, Arthur Yaspan und *Lawrence Friedman:* Methoden und Probleme der Unternehmensforschung. Operations Research. 2. Aufl., Würzburg 1965.

Schäfer, Erich: Der Industriebetrieb. Betriebswirtschaftslehre der Industrie auf typologischer Grundlage. Bd. 1, Köln, Opladen 1969. Bd. 2, Köln, Opladen 1971.

Schätzle, Gerhard: Forschung und Entwicklung als unternehmerische Aufgabe. Köln, Opladen 1965.

Schmidbauer-Juraschek, Bodo: Typenbeschränkung. Möglichkeiten und Grenzen für den Industriebetrieb. Bern 1963.

Schmidt, Ralf-Bodo: Unternehmungsinvestitionen. Strukturen, Entscheidungen, Kalküle. Reinbek bei Hamburg 1970.

Schmitt, H.: Produktionsplanung mit linearer Programmierung. In: Elektronische Rechenanlagen (4) 1962, S. 117–120.

Schneider, Dieter: Investition und Finanzierung. Lehrbuch der Investitions-, Finanzierungs- und Ungewißheitstheorie. Köln, Opladen 1970.

Schöllhammer, Hans: Das PERT-System. In: Zeitschrift für betriebswirtschaftliche Forschung (17) 1965, S. 207–225.

Schweim, Joachim: Integrierte Unternehmungsplanung. Bielefeld 1969.

Schweitzer, Marcell: Probleme der Ablauforganisation in Unternehmungen. Berlin 1964.

–: Beitrag zur optimalen Terminierung. In: Zeitschrift für Betriebswirtschaft (36) 1966, S. 41–52.

–: Methodologische und entscheidungstheoretische Grundfragen der betriebswirtschaftlichen Prozeßstrukturierung. In: Zeitschrift für betriebswirtschaftliche Forschung (19) 1967, S. 279–296.

–: Arbeitssynthese, mathematische Methoden. In: Handwörterbuch der Organisation. Hrsg. von Erwin Grochla. Stuttgart 1969, Sp. 136–154.

–: Strukturierungsalgebra. In: Handwörterbuch der Organisation. Hrsg. von Erwin Grochla. Stuttgart 1969, Sp. 1601–1610.

Seelbach, H.: Planungsmodelle in der Investitionsrechnung. Würzburg, Wien 1967.

Seidel, Nikolaus: Normenausschuß, Deutscher (DNA). In: Handwörterbuch der Betriebswirtschaft. Hrsg. von Hans Seischab und Karl Schwantag. Bd. III, 3. Aufl., Stuttgart 1960, Sp. 4104–4105.

–: Praktische Fertigungsvorbereitung. 2. Aufl., München 1967.

Seiffart, E.: Verbesserung des Lösungsweges eines Reihenfolgeproblems. In: Fertigungstechnik und Betrieb (13) 1963, S. 570–572.

Sommer, Werner H.: Total Management System. In: Handwörterbuch der Organisation. Hrsg. von Erwin Grochla. Stuttgart 1969, Sp. 1648–1656.

Soom, Erich: Integrierte Produktionsplanung und -steuerung. Bern 1967.

Starr, Martin Kenneth: Product Design and Decision Theory. Englewood Cliffs/N. J. 1963.

Strebel, Heinz: Die Bedeutung von Forschung und Entwicklung für das Wachstum industrieller Unternehmen. Berlin 1968.

Strobel, Wilhelm: Simultane Losgrößenbestimmung bei stationären Modellen. In: Zeitschrift für Betriebswirtschaft (34) 1964, S. 241 bis 267.

Sundhoff, Edmund: Absatzplanung. In: Handwörterbuch des Rechnungswesens. Hrsg. von Erich Kosiol. Stuttgart 1970, Sp. 12–25.

Swoboda, Peter: Die betriebliche Anpassung als Problem des betrieblichen Rechnungswesens. Wiesbaden 1964.

–: Die simultane Planung von Rationalisierungs- und Erweiterungsinvestitionen und von Produktionsprogrammen. In: Zeitschrift für Betriebswirtschaft (35) 1965, S. 148–163.

–: Investition und Finanzierung. Göttingen 1971.

Tetzner, Heinrich: Patent- und Gebrauchsmusterrecht. In: Handwörterbuch der Sozialwissenschaften. Bd. 8, Stuttgart, Tübingen, Göttingen 1964, S. 223–231.

Thumb, Norbert: Grundlagen und Praxis der Netzplantechnik. 2. Aufl., München 1969.

Todt, Hansjürgen: Die Verteilung der Pufferzeiten bei Netzplänen. In: Ablauf- und Planungsforschung (6) 1965, S. 430–434.

Verband für Arbeitsstudien e. V. – REFA: Das REFA-Buch, Bd. 2, Zeitvorgabe. 8. Aufl., München 1958.

Vischer, Peter: Simultane Produktions- und Absatzplanung. Wiesbaden 1967.

Völzgen, Hubert: Stochastische Netzwerkverfahren und deren Anwendungen. Berlin, New York 1971.

Vokuhl, Peter: Die Anwendung der linearen Programmierung in Industriebetrieben. Berlin 1965.

Wagner, H. M:. An Integer Linear Programming Model for Machine Scheduling. In: Naval Research Logistics Quarterly (6) 1959, S. 131–140.

Waschek, Gernot, und *Edgar Weckerle:* Die Praxis der Netzplantechnik, Baden-Baden, Bad Homburg vor der Höhe 1967.

Wild, H. J., und *W. Kattwinkel:* Netzwerktechnik. In: Neue Betriebswirtschaft (16) 1963, S. 212–215 und (17) 1964, S. 9–14.

Wille, Horst, Klaus Gewald und *Hans-Dieter Weber:* Netzplantechnik. Bd. 1, Zeitplanung. 2. Aufl., München, Wien 1967.

Witte, Eberhard: Ablauforganisation. In: Handwörterbuch der Organisation. Hrsg. von Erwin Grochla. Stuttgart 1969, Sp. 20–30.

Wolff, L.: Netzplantechnik – CPM. 3. Aufl., Köln 1973.

Wyss, Werner: Produktgestaltung. Eine Darstellung der Gestaltungsprobleme aus der Sicht des Unternehmers. Winterthur 1964.

Zimmermann, Hans-Jürgen: Mathematische Entscheidungsforschung und ihre Anwendung auf die Produktionspolitik. Berlin 1963.

Zimmermann, Werner: Modellanalytische Verfahren zur Bestimmung optimaler Fertigungsprogramme. Berlin 1966.

Sachverzeichnis

Abbildung 18 f.
- strukturähnliche (homomorphe) 18 f.
- strukturgleiche (isomorphe) 18 f.
Ablauforganisation (s. Prozeßstrukturierung)
- der Fertigung (s. Fertigungssteuerung)
Ablaufplanung 128 ff., 174 ff. (s. a. Prozeßstrukturierung und Reihenfolgeplanung)
- Dilemma der 177
- Polylemmata der 177
Absatz 36, 81
Absatzgüter 14, 27, 36, 68
Absatzprogramm 157 ff., 163 ff. (s. a. Fertigungsprogramm)
Absatzprogrammplanung 83
Absatzziele 114
Äquivalenzprinzipien der Entlohnung 44 ff.
Akkordlohn (s. Stücklohn)
Akkordrichtsatz 54
Aktiengesetz 38 f.
Alternative 26 f.
- optimale 27
- zulässige (realisierbare) 27
Anfangsprodukte (s. Einsatzgüter)
Anfangstermin 144 f., 149, 150 f.
- frühester 149, 150 f.
- spätester 149, 150 f.
Anforderungen 45 f.
- geistige 46
- körperliche 46
Anforderungsarten 45 f.
Anforderungskatalog 45 f.
Anlagenwirtschaft 82
Anpassungskonstruktion 114
Antriebe (Anreize) 41
Arbeiterzeit, Gliederung der 51
Arbeitnehmererfindungsgesetz 117
Arbeitsanalyse 41 f., 45, 50
Arbeitsangemessenheit 115
Arbeitsbedingungen, optimale 43 f.
Arbeitsbewertung (industrielle) 44 ff., 50, 58
- analytische (isolierte) 45 ff.
- summarische (globale) 45 ff.
- Verfahren der 45 ff.
Arbeitsdirektor 39
Arbeitseignung (s. Eignung)
Arbeitsergiebigkeit 58
Arbeitsfolgeplanung 128, 131 (s. a. Reihenfolgeplanung)
Arbeitsführung (s. Fertigungssteuerung)
Arbeitsgänge (in Netzwerken) 145 ff.
Arbeitsgestaltung 42
Arbeitsgestaltungsstudien 43
Arbeitskraft (menschliche) 28, 36, 40 ff.
- Begriff der 40 f.
- Einsatz der 40 ff.
- Ergiebigkeit der 41 f., 44
- Ergiebigkeitskomponenten der 41 f.
- Optimierung des Einsatzes der 42 ff.
Arbeitsleistung 40 ff., 45, 49 f. (s. a. Arbeitskraft)
Arbeitsort 124 f.
Arbeitsplätze, Gestaltung der 43
Arbeitsplanung 128, 130 f.
Arbeitsschwierigkeit 44 ff., 58
Arbeitsstudien 43, 130
Arbeitssynthese 41 f.

Arbeitsträgerbelastungssteuerung 128, 132 f., 157
Arbeitsverteiler 127
Arbeitsverteilung 133
Arbeitsvorbereitung (s. Fertigungsvorbereitung)
Arbeitswert 45 ff.
Arbeitswertstudien 43 (s. a. Arbeitsbewertung)
Arbeitswissenschaften 41
Arbeitszeit 43 f.
Arbeitszeitgestaltung 43 f.
Arbeitszeitordnung (AZO) 43
Arbeitszeitstudien 43, 130 f.
Arbeitszeitverkürzung 43 f.
Arbeitszerlegung 41 f.
Aufsichtsbeamter 127
Auftrag 129
– abgeleiteter 129
– ursprünglicher 129
Auftragserteilung, Einheit(lichkeit) der 127
Auftragsumwandlung 128 f.
Auftragsverwaltung **141**
Auftragszeit 130 f.
– Bestimmung der 131
– Gliederung der 130
Ausbringungs(güter)mengen 37
Ausführungsmeister 126 f.
Ausführungszeit 130
Aussagen 10, 16 ff., 19 ff., 24, 25 (s. a. Aussagensysteme)
– Arten von 10, 16, 17, 24, 25
– Geltungsanspruch von 19 ff., 25
– Genauigkeit von 25
– Informationsgehalt von 25
– Prüfbarkeit von 22, 25
Aussagen, generelle 16 f., 20, 25
– Allgemeinheitsgrad von 25
– Bewährungsgrad von 25
Aussagenhierarchie 10
Aussagenschärfe 25
Aussagensysteme (industriebetriebliche) 16 ff. (s. a. Aussagen und Modelle)
– Anforderungen an 25
– Arten von 16 ff.
– deskriptive (beschreibende) 16, 19, 20 (s. a. Beschreibungsmodelle)
– instrumentale 17 f., 19, 20 ff., 26 (s. a. Entscheidungsmodelle)
– theoretisch(-empirische) 16 ff. (s. a. Theorien)
Aussagenumfang 25
AWF (Ausschuß für wirtschaftliche Fertigung) 121

Baugruppen 87 ff., 163 ff.
– Bedarf an 87 ff.
Bearbeitungsgerechtigkeit 115
Bedarf 87 ff., 93 ff. (s. a. Gesamtbedarf, Güterbedarf und Periodenbedarf)
– an Baugruppen und Einzelteilen 87 ff.
Bedarfsdeckung 9, 27
Bedarfsplanung 128 f., 131 f.
Bedarfsprognose 87 ff., 93 ff.
Bedaux-Lohn 56
Bedaux-Verfahren 50
Berechnung von konstruierten Produkten 112, 114
Bereitstellung 128, 132
– Aufgaben der 132
Beschaffung (industriebetriebliche) 36, 81 ff.
– Abgrenzung zur Materialwirtschaft 81 f.
– Arten der 84 f.
– bedarfssynchrone 84
– Begriff der 81
Beschaffungsabteilung 86
Beschaffungsalternativen 85
Beschaffungsaufgaben 83 ff.
Beschaffungsbereich 83 ff.
– Planungsmodelle des 87 ff.
Beschaffungsentscheidungen, Gegenstände der 85 ff.
Beschaffungsform 85 f.
Beschaffungskonditionen 85 ff.
Beschaffungskosten 103, 105, 109, 158, 166 (s. a. Bestellung, Stückkosten der)
– Tabelle der 109

Beschaffungsmarkt 83 f.
Beschaffungsmarkterkundung 83 f.
Beschaffungsmengen, optimale 96 ff., 102 ff.
- Optimierungsmodelle zur Bestimmung der 96 ff., 102 ff.
Beschaffungsorgane 86
Beschaffungsorganisation 85 f.
- dezentralisierte 86
- zentralisierte 86
Beschaffungspolitik 85 f.
Beschaffungspreis 85, 86 f. (s. a. Einstandspreis)
Beschaffungspreispolitik 87
Beschaffungsprogramm 83, 85, 87 ff., 96 ff., 100, 102 ff., 110
- einvariablige Optimierungsmodelle des 96 ff.
- mehrvariablige Optimierungsmodelle des 102 ff.
- optimales 96 ff., 102 ff., 105, 107 ff., 110
Beschaffungsprogrammplanung 83
Beschaffungsrisiko 84
Beschaffungstätigkeit, Gliederung der 81
Beschaffungswege 86
Beschreibung (von Betrachtungsgegenständen) 13, 16, 19, 40
-klassifizierende 13, 19
Beschreibungsmerkmale 10 f.
Beschreibungsmodelle 19 f., 21, 24, 25
- ideale 21
- klassifikatorische 19, 21
- komparative 19, 21
- mathematische 19
- quantitative 19, 21
- reale 21, 25
Bestandsveränderungen 85
Bestellhäufigkeit 97, 98, 100
Bestellkosten, bestellmengenfixe 97, 99, 100, 101
Bestellmenge, optimale 96 ff., 99, 101, 102 ff., 105, 107
- bei Rabattgewährung 100 f.
- Grundmodell der 96 ff., 100
- kostenminimale 99, 101, 105, 107
- lineares Optimierungsmodell der 102 ff.
Bestellprogramm 96 (s. a. Beschaffungsprogramm)
Bestellung, Stückkosten der 97, 99, 101
Bestellzeitpunkt 85
Beteiligungssysteme 57 f.
Betrachtungsgegenstand 9, 10, 11, 18, 19, 22
- idealer 11, 22
- realer 11, 22
Betriebe 9
Betriebsführung, wissenschaftliche 43
Betriebsgrößenvariation 62 (s. a. Investition)
Betriebsmittel 36, 61 ff.
- Leistungen der 36, 61 ff.
Betriebsmittelplanung 128, 132
Betriebsmittelpotential 61 ff., 170
Betriebsmittelzeit 62 f.
- Gliederung der 62
Betriebsrat 39, 59
Betriebsstoffe 59 f.
Betriebsverfassungsgesetz (BVG) 39, 58 f.
Betriebswirtschaftslehre 9 f.
- Allgemeine 9 f.
- Besondere 9 f.
- Betrachtungsgegenstand der 9
- funktionales Gliederungsprinzip der 9 f.
- institutionales Gliederungsprinzip der 9 f.
Bewegungsstudien 43
Bewertung von Alternativen 27
BMT-Verfahren 131
Brachzeiten 62 f.
Branching and Bounding 175

CLASS 134, 136, 140 ff.
CPM (Critical Path Method) 144, 145 ff.

- Bedingungen von 146 f.
- Beispiel für 147 ff.
- Terminberechnung nach 147 ff.

Computereinsatz 143

Datenbank 143
Deckungsbeitrag 57, 158 f., 164 f.
Desinvestitionen 61, 170
Dienstleistungen (Dienste) 36, 81, 82
DIN (Deutsche Industrie Norm) 116
DIN-Mitteilungen 116
DIN-Norm-Blätter 116
Dilemma der Ablaufplanung 177
Direktbedarf 89
Direktbedarfsmatrix 90 ff.
Disposition 38, 40
DNA (Deutscher Normenausschuß) 116
Dominanz (von Zielen) 28 f.
Durchlaufterminierung und Vernetzung 141
Durchlaufwege 120, 123 (s. a. Prozeßstrukturierung)
Durchlaufzeiten, Planung der 128, 131

EDV 133 ff.
Eigenbedarfsdeckung 12
Eigenfertigung 163 ff.
Eignung 41
- fachliche 41
- konstitutionelle 41

Einbauteile, fertige 59 f.
Einkauf 82 (s. a. Beschaffung)
Einrichtungsbedarf 14
Einsatzgüter (industriebetriebliche) 14, 36 ff., 40, 59, 61, 63, 102 ff.
Einsatzgüterkombination 36 ff. (s. a. Fertigung)
- Merkmale der 36 ff.

Einsatz(güter)mengen 37
Einsatzgütertransformation (s. Fertigung)
Einstandspreis 97 f., 101 ff.
Einwirkungszeit 60
Einzelbeschaffung 84 f.
Einzelentscheidung (s. Disposition)
Einzelteile 87 ff., 163 ff.
- Bedarf an 87 ff.

Endprodukte 36, 87 ff., 163 ff.
- Arten von 36

Endtermin 144 f., 149, 150 f.
Entdeckungszusammenhang 24
Entlohnung 44 ff.
- leistungsgerechte 44, 49 ff.
- Prinzipien der 44 f.
- schwierigkeitsgerechte 44 ff.
- sozialgerechte 44, 56 ff.

Entlohnungsgrundlagen 44 ff., 58
Entscheidung, Begriff der 26
Entscheidungsbaumverfahren 175 f.
Entscheidungsdilemma 177
Entscheidungsfeld 27, 85
Entscheidungskriterien 26 f., 85, 110
- bei Unsicherheit 110

Entscheidungsmodelle 17, 19 f., 21, 22 ff., 26, 71, 85 f., 96 ff., 102 ff., 153 ff., 157 ff., 163 ff., 170 ff., 177 ff.
- Arten von 20, 21, 22 ff.
- einvariablige 96 ff., 153 ff.
- Klassifikation realer 23
- mehrvariablige 102 ff., 156 ff., 163 ff., 170 ff., 177 ff.
- quantitative 26 f.

Entscheidungsregeln 17, 26
Entscheidungsziele 26 ff., 29 (s. a. Ziele und Zielvorstellungen)
- Arten von 27 ff.
- formale (ökonomische) 27 ff.
- materiale 27 ff.
- Priorität der 27 f.
- soziale 27 ff.

Entsprechungsprinzipien der Entlohnung 44 ff.
Entwicklung 111 f.

– Arten der 111 f.
Enumeration 175
– begrenzte 175
Ereignistermin 144 f., 149, 150 f.
– frühester 149, 150 f.
– spätester 149, 150 f.
Erfolgsbeteiligung 57 f.
– Arten der 57 f.
– Bemessungsgrundlagen der 57
Ergiebigkeitsausprägung (s. Entscheidungskriterien)
Ergiebigkeitsfunktionen 26, 28
Ergiebigkeitskomponenten menschlicher Arbeit 41 f.
– persönliche (subjektive) 41
– sachliche (objektive) 41 f.
Erholungszeiten 50 f.
Erklärung (wissenschaftliche) 16 f.
Erklärungsmodelle 19 f., 21, 24
– Arten von 20, 21, 24
Ermittlungsmodelle 19 f., 21
– Arten von 20
Eröffnungsverfahren 175 f.
Erprobung 111 f.
Ersatzinvestitionen 61, 170
Erweiterungsinvestitionen 61, 170 ff.
Erzeugnisse (s. Endprodukte)
Erzeugungsverfahren (s. Fertigungsverfahren)
Etappenverfahren 74
Exaktheitsgrad der Optimumbestimmung 22
Extremalwerte 27

Fabrikwerk 10, 12
Fertigung (industriebetriebliche) 36, 111 ff.
– Grundprobleme der 111 ff.
Fertigungsablaufplanung (s. Ablaufplanung)
Fertigungskontrolle (s. Prozeßkontrolle)
Fertigungslenkung 128, 132 f.
Fertigungslosgröße 153 ff.
– Grundmodell der optimalen 153 ff.
– kostenminimale 153 ff.
– optimale 153 ff.
Fertigungsorganisation, Gegenstände der 118 f.
Fertigungsplanung 127 f., 129 ff.
– einleitende 128 f.
Fertigungs- (und Absatz)programm 85, 157 ff., 163 ff.
– deckungsbeitragsmaximales 157 ff., 163 ff.
– mit Teilefertigung 163 ff.
– optimales 157 ff., 163 ff.
Fertigungsprozeß, Organisation des 118 ff.
Fertigungsrestzeitregel 179
Fertigungssteuerung 127 f., 132 ff., 174
Fertigungsüberwachung (s. Prozeßkontrolle)
Fertigungsverfahren 61 f.
Fertigungsvorbereitung 126 ff.
– Aufgaben der 127 ff., 133
– Funktionsmodell der 142 f.
Finanzabteilung 82
Fließarbeit 121
Fließband 124 ff.
Fließfertigung, Organisationstyp der 119, 121 ff.
– Arten der 124 ff.
– Beispiel für 122
– gebundene (taktierte) 124 ff.
– Nachteile der 124
– ungebundene (nicht-taktierte) 124 f.
– Vorteile der 123 f.
Fließreihe 124 f.
Fließstörungen 126
Fließstraße 124 ff.
flow shop (s. Objektprinzip)
Förderzeit 60
Formgebung 114 f.
Formgestalter (Designer) 114 f.
Forschung 111 f.
– angewandte 111 f.
– Arten der 111 f.
Forschungs- und Entwicklungsprogramm 112
Fremdbedarfsdeckung 10, 11

Funktionsmeistersystem 126
Funktionsmodell der Fertigungsvorbereitung 142 f.

Gebrauchsmuster 116 ff.
Gebrauchsmustergesetz 117
Gebrauchsmusterrolle 117
Gebrauchsnutzen (s. Grundnutzen)
Gedinge, unterproportionales (s. Halsey-Lohn)
Geldakkord 54
Geltungsanspruch (von Aussagen) 19 ff.
– idealer 20 ff.
– realer 20 ff., 25
Genfer Schema 46
Gesamtbedarf 89, 91, 93, 97, 153 (s. a. Bedarf, Güterbedarf und Periodenbedarf)
– an Baugruppen und Einzelteilen 89, 93
– der Planperiode 93, 97, 153
– relativer 91
Gesamtbedarfsprognose 89, 95 f. (s. a. Bedarfsprognose)
Geschmacksmuster 116, 118
Geschwindigkeitsmeister 127
Gestaltungsregeln (s. Entscheidungsregeln)
Gewichtung (von Anforderungsarten) 48
Gewinnungsindustrie 13
Glättung, exponentielle 93 ff.
– Gewichtungsfaktor bei 93 f., 95 f.
Gomory-Verfahren 162 f., 173
Gozintograph 87 ff., 163 f.
Graph 88 f., 146, 152
Graphentheorie 88, 145
Gründungsstadium (von Unternehmungen) 68
Grundlagenforschung 111 f.
Grundlohn 51, 55
Grundnutzen 114
Grundprämienlöhne 51 f.
Grundzeiten 130 f.
Güter 36
– Arten der 36
– gefertigte 36
Güterausbringung 37
Güterbedarf, periodischer 87 ff., 93 ff. (s. a. Bedarf, Gesamtbedarf und Periodenbedarf)
– Prognose des 87 ff., 93 ff.
Gütereinsatz 37
Güterkombination (s. Fertigung)
Gütertransformation (s. Fertigung)

Halsey-Lohn 55 f.
Handelsprodukte (Handelswaren) 60
Handlungsregeln (s. Entscheidungsregeln)
Handwerk 11 ff.
Handwerksbetriebe, Kennzeichnung der 11 ff.
Hauptzeit 130 f.
Haushaltung 9
Herstellungsverfahren (s. Fertigungsverfahren)
Hilfsstoffe 59 f.
Holdinggesetz 59
Hypothese, nomologische 16 f., 20 (s. a. Aussagen, generelle)

Idealmodelle 20 ff.
– heuristische Funktion von 22
Idealtheorien 21
Idealtypen 11
Improvisation 40
Industrie 10 ff.
– Abgrenzung zum Handwerk 11 ff.
– Struktur der westdeutschen 15 f.
– verarbeitende 13, 15
Industriebetriebe 10 ff.
– Begriff der 10
– Kennzeichnung der 10 ff.
– Klassifikation von 13 ff.
– Typisierungsansätze von 11
– Typologie der 10 ff.
Industriebetriebslehre 9 ff.
– Grundlagen der 9 ff.

– realwissenschaftliche 16 ff., 25
– Verhältnis zur Allg. Betriebswirtschaftslehre 9 f.
Industriewerk 11 ff.
Information 22 ff., 26, 36, 68, 81, 82, 83, 133 f., 143
Informationsgehalt (von Aussagen) 25
Informationsgewinnung 133 f.
Informationsorganisation 134
Informationsquellen (der Fertigungssteuerung) 134
Informationsrechte (von Arbeitnehmern) 39, 58
Informationsverarbeitung 133 f.
Input (s. Einsatzgüter)
Input-Output-Modell 74 ff., 87, 90 ff.
Instandhaltungsmeister 127
Investition 61, 170 ff.
Investitionsplan 170
Investitionsplanung 62 f.
Investitions- und Fertigungsprogramm, optimales 170 ff.
Investitions- und Fertigungsprogrammplanung, simultane 170 ff.
– Erweiterung der 174
Isomorphie 18
Iterationen, suboptimierende 175 f.

job shop (s. Verrichtungsprinzip)

Kanten (in Graphen) 89, 146 ff., 152
Kapazität 61 ff.
Kapazitätsallokation 77 f.
Kapazitätsterminierung 141 (s. a. Terminbearbeitung)
– kurzfristige 141
– langfristige 141
Kapazitätsterminierungsprogramm CLASS 134, 136, 140 ff.
Kassenhaltung 36
Katalogverfahren (Arbeitsbewertung) 46 f.
Katalogverfahren (Standortwahl) 71 ff.
– Bewertungskarte 71, 73 f.
Klassifikation 10 f.
Knoten (in Graphen) 89, 146 ff., 152
Können, menschliches (s. Eignung)
Konfidenzgrad (von Aussagen) 25
Konstruktion 112 ff.
– Arten der 114
Konsumbetrieb (s. Haushaltung)
Kooperation, dispositive 58 f.
Kostenersparnisprämien 52
Kostenfunktion 28, 38, 76, 99, 101, 103, 105, 109, 154, 155, 156
KOZ-Regel (Kürzeste Operationszeit-Regel) 177, 179
Kreditgewährung 36
Kybernetik 40

Lagerbestand 85, 98
Lagerbestandswert 98
Lagerbewegungen 98
Lagerentnahme 97 f.
Lagerhaltung 84 f.
Lagerkosten(satz) 97 ff., 153 f.
Lagerung 36
Lagerungszeiten 60
Leistung (s. Arbeitsleistung)
Leistungsbewertung 50, 58
– Verfahren der 50
Leistungsgerechtigkeit 44, 49 ff., 58
Leistungsgrad 49 f., 53
Leistungswille, menschlicher 41, 42 f., 44
Leistungszusatzprämien 52
Leontief-Produktionsfunktion 75, 90, 158
Lernen 42
Lernkurve 42
Lieferantenstruktur 85 f.
Liegezeiten 60 f.

Linienfertigung (s. Fließfertigung)
Linienordnung 121 f.
Lizenz 117
Lösung (optimale) von Modellen 17, 71, 86, 103 ff., 159 ff., 165 ff., 172 f., 174 f., 179
Lösungsfeld (s. Lösungsraum)
Lösungsraum 26 f., 85, 159
– beschaffungswirtschaftlicher 85
– fertigungswirtschaftlicher 159
Lohn, Begriff des 41 (s. a. Entlohnung)
Lohnbemessungsgrundlagen 44 ff., 58
Lohnformen (industrielle) 44, 49 ff., 58
– Arten der 51 f.
– reine (elementare) 51 ff.
– selbständige 51
– Systematik der 51 f.
– unselbständige 52
– zusammengesetzte 51 f., 55 f.
Lohngerechtigkeit 44 ff.
– relative 44
Lohngruppenkatalog 47
Lohngruppenverfahren (s. Katalogverfahren)
Lohnhöhe 41 f., 44 f., 49
– absolute 44
– relative 44
Lohnkosten 53
Lohnsatz 52 f., 58
Lohnsatzänderung 50
Lohnsatzdifferenzierung 45, 47, 48 f.
– Arten der 48 f.
Losgröße (s. Fertigungslosgröße)

Management-Informations-System (MIS) 143
Manufakturwerk 10, 12
Markterkundung 83 f.
Marktforschung 84
Marktleistungen (s. Absatzgüter)
Maschinenbelegung 174, 179 ff.
Maschinenbelegungsplanung mit Prioritätsregeln 179 ff.
Maschinenstraße 121 f.
Materialbedarfsplanung 128, 132 (s. a. Bedarfsplanung)
Materialbereitstellung 128, 132
Materialwirtschaft 81 f.
– Abgrenzung zur Beschaffung 81 f.
– Begriff der 82
Materialwirtschaftlichkeit 115
Matrix, technologische 165
Mehrliniensystem 127
Meister des Arbeitsbüros 126 f.
Mengenrabatt 100
Mengenwirtschaftlichkeit, Unterziele der 115
Methodenbank 143
Mindestlohn 56
Minimax-Kriterium 110
Mischakkord (s. Halsey-Lohn)
Mitbestimmung 58 f.
– (industrie)betriebliche 58 f.
– überbetriebliche 59
Mitbestimmungsgesetz 38 f., 59
Mitentscheidungsrechte (von Arbeitnehmern) 39, 58
Mittel, lohnpolitische 58
Mittelwert 94
– 1. Ordnung 94
– 2. Ordnung 94
Mitwirkungsrechte (von Arbeitnehmern) 39, 58
Modelle 18 ff., 71, 175 f.
– Anforderungen an 25
– Arten von 19 ff.
– Aufgaben von 24 f.
– heuristische 71, 175 f.
– Klassifikation der 19 ff.
– Implikationszusammenhang von 20
Modellbegriff 18 f.
Modellbildung, Zwecke der 24 f.
Modellklassifikationen 19 ff.
Modularprogramme 134 ff.
– Überblick über 135 ff.

MPM (Metra Potential Method) 144 f.
MTA (Motion Time Analysis) 131
MTM (Methods Time Measurement) 131
Musterregister 118

Näherungsverfahren 71 ff., 175 f. (s. a. Modelle, heuristische)
- der Reihenfolgebestimmung 175 f.
- der Standortwahl 71 ff.
NB-Regel (Next-Best-Rule) 74
Nebenzeit 130 f.
Netzpläne (s. Netzwerke)
Netzwerke 144 ff.
- Anwendung von 144, 152
- Arten von 144 f., 146
- Aspekte von 144 f.
- Berechnung von 147 ff.
- CPM- 144 ff.
- Strukturanalyse von 144 f.
- Zeitanalyse von 144 f.
Netzwerkkonzeptionen 144 f.
Netzwerktechnik, Modelle der 144 ff.
Neuentwicklung 111 f.
Neukonstruktion 114
Nominalgüterphasen 36
Normalgröße (s. Normalleistung)
Normalleistung 45, 49, 50, 58
- Bestimmung der 50, 58 (s. a. Refa-Verfahren)
Normalzeit 131
Normen, Arten von 116
Normung 115 f.
- Begriff der 115 f.
Nutzungszeit 62 f.
- Nutzungshauptzeit 62 f.
- Nutzungsnebenzeit 62 f.

Objektprinzip 121
Optimierungsmodelle 22 f., 74 ff., 96 ff., 102 ff., 108 ff., 153 ff., 157 ff., 170 ff., 174 ff. (s. a. Entscheidungsmodelle)
- bei Unsicherheit 108 ff.
- des Fertigungsbereichs 153 ff., 157 ff., 170 ff., 175 f.
- des Investitions- und Fertigungsprogramms 170 ff.
- der Prozeßstrukturierung 174 ff.
- einvariablige O. des Beschaffungsprogramms 96 ff.
- einvariablige O. des Fertigungsbereichs 153 ff.
- mehrvariablige O. des Beschaffungsprogramms 102 ff.
- mehrvariablige O. des Fertigungsbereichs 157 ff.
- zur Bestimmung optimaler Beschaffungsmengen 96 ff., 102 ff.
- zur Reihenfolgeplanung 175 f.
- zur Standortbestimmung 74 ff.
Ordnungsbeziehungen 38
Ordnungsrahmen 38 f.
Ordnungssystem 40
Organisation 29, 38, 40, 118 ff.
- Begriff der 40
- des Fertigungsprozesses 118 ff.
Organisationsform 40
Organisationstypen der Fertigung 118 ff.
Output (s. Endprodukte)

Papierindustrie, Standortwahl der 75 ff.
Patent 116 f.
Patentabteilung 118
Patentamt, Deutsches 117
Patentfähigkeit 117
Patentgesetz 117
Periodenbedarf 85, 87 ff., 93 ff., 102, 105 (s. a. Bedarf, Gesamtbedarf und Güterbedarf)
Periodenbedarfsrechnung 87 ff., 93 ff.
Personalvertretungsgesetz 59

Personalwesen 82
PERT 144 f., 146
PERT/COST 144 f.
Phasen der Produktion 36, 81 ff., 111 ff.
Planungsansatz, simultaner 170
Planungsmodelle 87 ff., 93 ff., 96 ff., 102 ff., 144 ff., 153 ff., 157 ff., 163 ff., 170 ff., 174 ff.
- des Beschaffungsbereichs 87 ff., 93 ff., 96 ff., 102 ff.
- des Fertigungsbereichs 144 ff., 153 ff., 157 ff., 163 ff., 170 ff., 174 ff.
Planungsrechnung 87 ff., 96 ff., 102 ff., 144 ff., 153 ff., 157 ff., 163 ff., 170 ff., 174 ff. (s. a. Optimierungsmodelle)
- dynamische 175 f.
- ganzzahlige 175 f.
- lineare 102 ff., 157 ff., 163 ff., 170 ff., 174 ff.
Polarkoordinatendarstellung von Zielfunktionen 29
Polylemmata der Ablaufplanung 177
Prämien 51 f., 55
- Arten von 51 f.
- stetige 52
- stufige 52
Prämienlöhne 51 f., 55 f.
- Arten von 51 f.
- Bestandteile von 55
Prämienstücklöhne 51, 55
Prämienzeitlöhne 51, 55 f.
Primärbedarf 89
Primärbedarfsvektor 93
Prinzipien, fertigungstechnische 115
Prioritätsregel 179 ff.
- Arten von 179 f.
- Zieleffizienzen von 180 f.
Prioritätsregelkombination 180 f.
Prioritätsregelverfahren 179
Produkte 36, 114 ff., 157 ff. (s. a. Güter)
- Arten von 36
- Form von 114
- Funktion von 114
- Nutzen von 114
Produktgestaltung 114 f.
- Einflußgrößen der 115
Produktion, Phasen der 36, 81 ff., 111 ff.
Produktionsaufgabe 13
Produktionsbetrieb (s. Unternehmung)
Produktionsfaktoren (s. Einsatzgüter)
Produktionsfunktion 37 f., 75, 90, 158
- bei Einproduktfertigung 37
- bei Mehrproduktfertigung 37
- Leontief- 75, 90, 158
Produktionskoeffizient 37, 75, 90, 158
Produktionsprogramm (s. Fertigungsprogramm)
Produktionsprogrammplanung 83
Produktionsprozeß 36
Produktionsstammbaum 89
Produktionstheorie 20, 37
Produktoren (s. Einsatzgüter)
Prognose 16 f., 87 ff., 144 ff.
- des Teilebedarfs 87 ff.
- von Terminen 144 ff.
- wissenschaftliche 16 f.
Prognosefunktionen 94 ff.
- lineare 94 ff.
Prognosemodelle 19 f., 21, 24, 87 ff., 93 ff., 144 ff.
- approximative 93 ff.
- der exponentiellen Glättung 93 ff.
- des Beschaffungsbereichs 87 ff.
- des Fertigungsbereichs 144 ff.
- des Teilebedarfs 87 ff.
- Netzwerke als 144 ff.
Projektanfang 150 f.
Projektende 144 f., 147, 149, 150 f.
Prozeßauslösung 133
Prozeßfolgeprinzip (s. Objektprinzip)

Prozeßkontrollen 133
Prozeßlenkung 128, 132 f.
Prozeßmodelle 23 f.
Prozeßregulierung 133
Prozeßstrukturierung 40, 128 ff., 174 ff. (s. a. Ablaufplanung und Reihenfolgeplanung)
– optimale 174 ff.
Prüfmeister 127
Pufferzeit (totale) 151 f.
purchasing mix 85

Rabatte 86 f., 100
RAL ([Reichs-]Ausschuß für Lieferbedingungen und Gütesicherung) 116
Randbedingungen 16 f.
Rangfolgeverfahren 46 f.
Rangreihenverfahren 46 ff.
Rationalisierungsinvestitionen 61, 170
Realexperiment 24
Realgüter 36, 81 f. (s. a. Güter)
– Arten von 81 f.
Realgüterphasen 36, 81 ff., 111 ff.
Realmodelle 20 ff.
Realtheorien 21, 25
Realtypen 11
Realwissenschaft 16 ff.
Rechtsnorm 38 f.
REFA (Verband für Arbeitsstudien e. V.) 43, 50 f., 60, 62, 130 f.
– Verfahren (zur Leistungsbewertung) 50, 131
– Zeiten 51, 60, 62, 130
Reifephasen industrieller Produkte 111 ff.
Reihenfertigung (s. Fließfertigung)
Reihenfolgemodell 177 ff.
Reihenfolgeplanung 174 ff. (s. a. Ablaufplanung und Prozeßstrukturierung)
– Verfahren der 175 f.
– Zielvorstellungen der 176 f., 180
Reihenfolgeprobleme 174 ff.
– Näherungslösungen für 175 f.
– Rechnungsmethoden der 175 f.
Reihung 47 f.
Restriktionen von Entscheidungsproblemen 27, 68, 76, 103, 108, 159, 165, 169 f., 172, 174, 178
Risiko 23 f., 84, 112
Risikopolitik 84
Rohstoffe 59, 102 ff.
Rowan-Lohn 56
Rucker-Plan 57
Rüstkosten 153 f.
Rüstzeit 130 f.
Ruhezeit 51

Sachgüter 10, 27, 36 (s. a. Güter)
Satisfizierungswerte 27
Satzsysteme (s. Aussagensysteme und Modelle)
Scheintätigkeit (in Netzwerken) 146 ff.
Schisma (von Zielen) 29
Schleifen (in Graphen) 147
Schlupfzeitregel 179 f.
Schueler-Plan 57
Schutzrechtwesen 116 ff.
– Arten des 116
Schwierigkeitsgerechtigkeit 44 ff., 50, 58
Sequenz (von Zielen) 29, 180
Sicherheit (von Aussagen) 24
Simplexkriterium 161
Simplexverfahren 105 ff.
Simulationsmodelle 22 f. (s. a. Modelle, heuristische)
Situationsbedingungen 16 f.
Sozialgerechtigkeit 44, 56 ff.
Sozialleistungen (betriebliche) 56 ff.
– freiwillige 57 f.
– tarifvertragliche 56 f.
Soziallohn (industrieller) 44, 56 ff.
– Arten des 56 ff.
– Bestimmungsgrößen des 56 ff.
Sozialversicherung 57

Spezialisierungsprinzip
(s. Verrichtungsprinzip)
Standardisierung 115 f.
Standardprogramme für die
Fertigungssteuerung 134 ff.
Standort, industriebetrieblicher
68 ff.
Standortanalyse 69, 71
Standortbestimmung 71 ff.
– der Papierindustrie Westdeutschlands 75 ff.
– Optimierungsmodelle zur
74 ff.
– Näherungsverfahren zur 71 ff.
Standortbestimmungsgrößen
(Standortfaktoren) 69 f.
– Klassifikation der 69 f.
Standortfaktoren-Katalog 71 ff.
Standortmodelle 71 ff.
– exakte 74 ff.
– heuristische 71 ff.
– überbetriebliche 74 ff.
Standortplanung 69
Standortprobleme 68 f.
Standortwahl 68 ff., 77 f.
– betriebsindividuelle 68 ff.
– gesamtwirtschaftliche 78
Status, sozialer 44, 58
Stellenbedarfsplanung 128, 132
Straßenfertigung (s. Fließfertigung)
Strategie (s. Alternative)
Strukturanalyse bei Netzwerken
144 f.
Struktur der westdeutschen
Industrie 15 f.
Strukturierung, integrative 40
Stückkosten der Bestellung 97,
99, 101
Stückliste 90, 112 f., 130
– Arten von 130
Stücklistenauflösung 90
Stücklistenausfertigung 128, 130
Stücklohn 51 f., 54 ff.
– Anwendung des 54 f.
– Arten des 54
– Begriff des 54
– Berechnung des 54

Stufenwertzahlverfahren 46 ff.
Stufung 47 f.
Stundenverdienst 53
Stundenverdienstdifferenz 55 f.
Systemtheorie 40

Tätigkeitszeit 51
Tatbestände, soziale 41
Technizität 115
Teilebedarfsprognose 87 ff.
(s. a. Bedarfsprognose)
– in Matrizenform 90 ff.
– mit Gozintographen 88 ff.
Teilefertigung 163 ff.
Teilungslohn (s. Halsey-Lohn)
Termin 144 f., 149, 150 f.
– frühester 149, 150 f.
– spätester 149, 150 f.
Terminbearbeitung 128, 132 f.,
157
Terminberechnung nach CPM
147 ff.
– rückwärtslaufende 150 f.
– vorwärtslaufende 150
Terminierungsmodell 144 ff.,
177 ff.
Terminüberschreitung 177 ff.
– Minimierung der 177 ff.
Terminunterschreitung 178
Theorien 16 f., 19 f.
– Arten von 20
Transferstraßen 126
Transportgerechtigkeit 115
Transportplanung 128, 131
Typenbildung 10 f.
Typisierung 10 f.
Typologie der Industriebetriebe
10 ff.
Typologie der Werksysteme
11 f.
Typung 115 f.

Überführung (von Zielen) 29
Umkonstruktion 114
Unsicherheit 23 f., 108 f.
Unternehmung 9 ff.
– Gründungsstadium der 68
Unternehmungsplanung 29

Unternehmungspolitik 16 f., 26
Unternehmungsprozeß 18, 19, 26, 36, 40
Unternehmungstheorie 16 f.
Unternehmungswerk 12
Unternehmungsziele 26 ff., 58 (s. a. Entscheidungsziele, Ziele und Zielvorstellungen)
- und lohnpolitische Mittel 58
Unterweisungsbeamter 127

Veränderungszeit 60 f.
Verbrauchsfunktion 37 f.
- bei Einproduktfertigung 38
- bei Mehrproduktfertigung 37
Verbrauchsnutzen (s. Grundnutzen)
Verflechtungsbedarf 91
Verflechtungsmatrix 91 ff., 163 f.
Vergenztypen 131
Verhaltensvorschriften 26
Verlagswerk 10, 12
Verrichtungsprinzip 119 f., 126
Verteilzeiten 50, 130 f.
Verwendungszweck von Gütern 14
Vollenumeration 175
Vollkommenheit der Information 22 ff.
Vorbestimmte Zeiten, Verfahren der 131
Vorgabezeit 50
Vorgänge (in Netzwerken) 145 ff.
- kritische 148, 152
Vorratsbeschaffung 84 f.
Vorrathaltung 36 (s. a. Lagerhaltung)
Vorrichtungsmeister 127

Wahrheitswert (von Aussagen) 22, 25
Warenzeichen 116, 118
Warenzeichengesetz 118
Warenzeichenrolle 118
Warteschlangenmodell 179
Wartezeiten 51
Weg, kritischer 148, 152
Weiterentwicklung 111 f.
Werksmeister 126 f.
Werkstätten 119 f.
- Arten von 119 f.
Werkstattfertigung, Organisationstyp der 118 ff.
- Beispiel für 119
- Nachteile der 121
- Vorteile der 120 f.
Werkstattlosgröße, optimale 154 ff.
- Erweiterung der 156
Werkstattvorbereitung 128, 132
Werkstoffe 36, 59 ff.
- Arten von 59 f.
- Begriff der 59 f.
Werkstoffzeit, Gliederung der 60 f.
Werksysteme, Typologie der 11 f.
Werktypen 11 f.
Wertregel, dynamische 179
Wertschöpfung 57
Wiedereinsatzgüter 36 (s. a. Güter)
Willen, menschlicher (s. Leistungswille)
Wirtschaften 9 ff., 36 ff.
- Ordnungszusammenhänge des 38 ff.
- Politik des 16 f., 26
- Theorie des 16 f.
Wirtschaftsausschuß 39
Wirtschaftsrecht 38
Wirtschaftszweige 9
Wissenschaftsziel 16 ff.
- deskriptives 16, 19
- pragmatisches 17 f., 20
- theoretisches 16 f., 20

Zeitakkord 54 f.
- Anwendung des 54 f.
Zeitanalyse bei Netzwerken 144 f.
Zeitbeamter 127
Zeitbedarfsmatrix 165
Zeitlohn 51 ff.
- Anwendung des 52 f.

– Begriff des 52
– Formen des 52
Zeitplanung 128, 130 f.
Zeitstudien 43, 130 f.
Zielbündel 17, 27, 29, 39 f.
Ziele 17, 22 ff., 27 ff. (s. a. Entscheidungsziele und Zielvorstellungen)
– Anzahl der 22 ff.
– Arten von 17, 27 ff.
– formale (ökonomische) 17, 27 ff.
– materiale 17, 27 ff.
– Priorität von 27 f.
– soziale 17, 27 ff.
Zielfunktionen 26 f., 28 ff.
– Arten von 28, 30
– Darstellung von 29
Zielfunktionsbeziehungen 28 ff.
Zielkombinationen 30
Zielkonflikte 28 ff., 167, 176 f., 180 f.
– Lösung der 28 f., 180 f.
Zielkonzeptionen 26 ff., 68
Zielsetzung (präskriptive) 17
Zielsystem 27
Zielvorstellung(en) 20, 26, 42, 76, 84, 99, 101, 103, 110, 154, 155, 156, 159, 166, 167, 172, 174, 176, 179, 180 f. (s. a. Entscheidungsziele und Ziele)
– der Beschaffung 84, 99, 101, 103, 110
– der Fertigung 154, 155, 156, 159, 166, 167, 172, 174, 176, 179, 180 f.
– der Prozeßstrukturierung 176, 179, 180 f.
– der Standortwahl 76
Zinskosten(satz) 97 ff., 153 f.
Zusatznutzen 114
Zusatzprämienlöhne 52
Zustandsmodelle 22 f.
Zweckforschung 112
Zwischenlohn (s. Halsey-Lohn)

Wirtschaft in der
Sammlung Göschen

A. Paulsen

Allgemeine Volkswirtschaftslehre
4 Bände
I: Grundlegung, Wirtschaftskreislauf. 9. Aufl. 164 S., 11 Abb. 1970. DM 4,80 (Bd. 1169)
II: Haushalte, Unternehmungen, Marktformen. 9. Aufl. 203 S., 35 Abb. 1970. DM 7,80 (Bd. 1170/1170 a)
III: Produktionsfaktoren. 6., erg. Aufl. 288 S., 25 Abb. 1969. DM 7,80 (Bd. 1171/1171 a)
IV: Gesamtbeschäftigung, Konjunkturen, Wachstum. 5. Aufl. 188 S., 11 Abb. 1968. DM 4,80 (Bd. 1172)

S. Wendt

Geschichte der Volkswirtschaftslehre
2. neubearb. Aufl. 184 S. 1968. DM 7,80 (Bd. 1194/1194 a)

H. Ohm

Allgemeine Volkswirtschaftspolitik
2 Bände
I: Systematisch-theoretische Grundlagen. 4., verb. u. erg. Aufl. 179 S., 8 Abb. 1972. DM 7,80 (Bd. 4195)
II: Der volkswirtschaftliche Gesamtorganismus als Objekt der Wirtschaftspolitik. 2., verb. u. erg. Aufl. 184 S. 1969. DM 7,80 (Bd. 1196/1196 a)

H. Kolms

Finanzwissenschaft — 4 Bände
I: Grundlegung. Öffentliche Ausgaben. 3., verb. Aufl. 165 S. 1966. DM 4,80 (Bd. 148)
II: Erwerbseinkünfte, Gebühren und Beiträge, Allgemeine Steuerlehre. 3., verb. Aufl. 154 S. 1966. DM 4,80 (Bd. 391)
III: Besondere Steuerlehre. 2., verb. u. erg. Aufl. 205 S. 1967. DM 7,80 (Bd. 776/776 a)
IV: Öffentlicher Kredit, Öffentlicher Haushalt, Finanzausgleich. 191 S. 1964. DM 7,80 (Bd. 782/782 a)

Bei Fragen zur Produktsicherheit wenden Sie sich bitte an:
If you have any questions regarding product safety,
please contact:

Walter de Gruyter GmbH
Genthiner Straße 13
10785 Berlin
productsafety@degruyterbrill.com